大学与现代中国 ◎ 主编 朱庆葆

骆威 著

南京国民政府时期的高等教育立法

南京大学出版社

图书在版编目(CIP)数据

南京国民政府时期的高等教育立法 / 骆威著.
— 南京：南京大学出版社，2016.5
(大学与现代中国 / 朱庆葆主编)
ISBN 978 - 7 - 305 - 15892 - 6

Ⅰ.①南… Ⅱ.①骆… Ⅲ.①高等教育法－立法－研究－中国－民国 Ⅳ.①D922.164

中国版本图书馆 CIP 数据核字(2016)第 077815 号

出版发行	南京大学出版社		
社　　址	南京市汉口路 22 号	邮　编	210093
出 版 人	金鑫荣		

丛 书 名　大学与现代中国
书　　名　南京国民政府时期的高等教育立法
著　　者　骆　威
责任编辑　官欣欣　李鸿敏　　　　编辑热线　025 - 83593947
照　　排　南京南琳图文制作有限公司
印　　刷　江苏凤凰通达印刷有限公司
开　　本　700×1000　1/16　印张 16.25　字数 220 千
版　　次　2016 年 5 月第 1 版　2016 年 5 月第 1 次印刷
ISBN 978 - 7 - 305 - 15892 - 6
定　　价　52.00 元

网址：http://www.njupco.com
官方微博：http://weibo.com/njupco
官方微信号：njupress
销售咨询热线：(025) 83594756

* 版权所有，侵权必究
* 凡购买南大版图书，如有印装质量问题，请与所购
　图书销售部门联系调换

序　言

朱庆葆

现代意义上的大学起源于欧洲。19世纪以来,随着西方文明在全球范围内的帝国主义化和殖民化,大学在全世界迅速扩展。著名的比较高等教育学者许美德将这一进程称为"欧洲大学的凯旋"[①]。是否是"凯旋"姑且不论,但大学的扩展给世界各国带来了深远的影响。

（一）

中国传统意义上的高等教育机构源远流长。远者如起源于汉代的太学,鼎盛时期东汉太学生多达三万;近者如宋元以来的书院,讲学之风兴盛,一时蔚为风气。但现代大学在中国的出现,至今不过百余年的历史,梅贻琦便曾指出:"近日中国之大学教育,溯其源流,实自西洋移植而来。"[②]作为一种新兴的组织机构,中国大学自诞生之日便受到社会各界的关注。在现代中国波澜壮阔的变迁历程中,大学以及活跃于大学场域的社会群体,对中国的历史进步和社会发展产生了广泛且深远的影响。这种影响不仅表现在教育、学术和文化领域,而且触及政治的更替、民族的救亡和广泛意义上的社会变革。

首先,大学是推动中国学术独立和文化重建的中心。从根本上

[①] ［加］许美德:《中国大学:1895—1995一个文化冲突的世纪》,许洁英译,教育科学出版社,2000年,第32页。

[②] 梅贻琦:《中国人的教育》,中国工人出版社,2013年,第12页。

来说，大学是由学者组成的学术性组织，并以知识的生产和传播为本职。蔡元培说："大学者，研究高深学问者也"。① 强调的就是大学以学术为本位的组织特征。近代以来，在现代西方学术和文化冲击下，中国传统的知识体系和价值观念分崩离析，如何构建现代中国的学术和知识体系，推动中华的文化重建，是大学不可替代的历史责任。罗家伦在就任清华大学校长时说："要国家在国际间有独立自由平等的地位，必须中国的学术在国际间也有独立自由平等。"②并把追求学术独立作为新清华的使命。胡适在1915年留学美国时也说："中国欲保全固有之文明而创造新文明，非有国家的大学不可。"学术独立和文化重建，是百余年来大学孜孜以求的理想。③

其次，大学成为新兴知识分子汇聚的舞台和社会流动的新阶梯。随着科举的废除和现代学校体系的建立，大学这种新兴的学术机构成为城市知识分子安身立命的新场域。知识阶层在从传统的"士人"向现代知识分子的转变中，学术成为一门职业，使他们在大学找到了施展抱负的舞台，并致力于构建"学术社会"的努力。而对于有着数千年以读书为进身之阶传统的中国社会，"上大学"也成为各个阶层谋求改变社会地位、实现人生理想的重要途径。大学成为社会晋升阶梯中至关重要的一环。

再次，大学是政治变革的先导者和国家建设的担负者。大学还深度介入到现代中国的政治变革和国家建设之中。大学对政治和社会有着敏锐的洞察，并有着致力于国家政治建构的时代担当，屡屡成为政治变革的先导力量。正所谓"政治一日不入正轨，学子之心一日不能安宁"④，大学因其特殊地位和知识阶层汇聚的特征，成为近代政党鼓吹主义、发展组织、吸纳成员的重要场域。使得每一次政治变

---

① 高平叔编：《蔡元培全集》第3卷，中华书局，1984年，第5页。
② 罗家伦先生文存编辑委员会：《罗家伦先生文存》第5册，台北"国史馆"，1988年，第18页。
③ 姜义华编：《胡适学术文集（教育）》，中华书局，1998年，第23页。
④ 刘伯明：《论学风》，《学衡》1923年第16期。

动,都在大学有着相应的呈现。同时大学作为国家培育人才之地,又是国家建设的砥柱中流。如何服务于国家战略目标,应对政府的意志和需求,也深刻体现在大学的知识生产和人才培育之中。

最后,大学是推动中华民族救亡和复兴的先驱力量。在20世纪上半叶国难深重的时代环境中,大学体现出了沉毅的勇气和担当的精神,成为民族救亡的先驱。这不仅仅体现于五四运动、"一二·九"运动这些重大的爱国事件,也表现为大学为推动中华民族学术独立所做的不懈努力。而在当前中华民族实现伟大复兴的历史进程中,作为现代社会的"轴心机构",大学是时代的引领者,也是社会进步最为重要的推动力量。

(二)

由此看来,现代中国的大学早已不再是那种潜心于学术创获的"象牙之塔",其"担负"是如此沉重,乃至难以承受。这也使得人人都在评论大学,但在如此错综复杂的矛盾纠缠中难得要领。

在大学与外界复杂的互动中,大学与国家、大学与政府的关系尤为引人注目。虽然在民国时期曾存在为数不少的私立大学(包括教会大学),但公立大学是现代中国大学的主体。在这种制度环境下,大学受国家政治变动和政策变化的影响更为直接、显著;而大学对外界政治的反应和参与也显得积极且主动,卷入的程度也更为深切。大学与国家、大学与政府的关系对于理解学术与政治、知识与权力在现代中国大学场域的运作和交互影响提供了很好的视角。

在现代中国,大学是培养国家精英和社会栋梁之所,对于国家的发展和社会的变革有着重要的影响。曾任中央大学校长的罗家伦说过:"后十年国家的时事就是现在大学教育的反映,现在的大学教育好,将来的情形也就会好,现在的大学教育坏,将来的情形也就会坏。"[①]国家的命运和大学教育的得失成败密切相关。现代中国社会的精英阶层来自于大学,他们在大学中接受的知识训练、选择的政治立场和养成的文化主张,都深刻关系到国家和社会未来的发展方向。

国家和政府对大学的影响则显得直接且强烈。现代中国的大学是国家教育系统的组成部分,被纳入现代民族国家建构的进程,紧密服务于国家现代化建设和民族性知识生产的需要。国家意志和政府需求深刻影响着,乃至主导着大学的知识生产和传播。大学生产什么样的知识,怎样生产知识,培养何种人才,都紧密围绕国家的目标展开。这既有权力对知识的引导,也有大学对国家需求的主动适应。急国家之所急,想政府之所想,所谓"与民族共命运、与时代同步伐",大学与民族国家的建构紧密结合在一起。

国家对大学的影响还突出体现在意识形态上的控制。无论是清末的忠君尊孔,还是国民政府时期的三民主义教育,抑或是此后的无产阶级专政,政府都把大学视为灌输主流意识形态、加强思想文化统治的主要场域。通过引导、规范乃至钳制大学的知识生产和传播,国家意志和党派观念对于大学学术自由和创造性的知识生产都造成了不同程度的影响。

(三)

基于上述理解,我们组织编写了这套"大学与现代中国"丛书。从宏观上来讲,该丛书的主旨有两个。

第一,以大学作为观察和认识现代中国社会变化的一个重要的着力点。著名教育学家弗莱克斯纳曾说过,大学"是时代的表现",它"处于特定时代总的社会结构之中而不是之外"[②]。大学不是抽象的概念、结构和组织,大学是它所置身的社会环境的体现。对于大学的

[①] 中国第二历史档案馆编:《中华民国史档案资料汇编》,第5辑第1编,教育(一),江苏古籍出版社,1994年,第287页。

[②] [美]亚伯拉罕·弗莱克斯纳:《现代大学论——美英德大学研究》,浙江教育出版社,2001年,第1页。

研究不能局限于大学本身,而要把它置于周遭复杂的社会、政治、文化环境之中,来展示大学对于更为广阔的历史发展和社会变迁的影响。现代中国的社会精英阶层绝大部分都在大学接受教育,他们的知识结构、政治主张、文化立场在很大程度上都是在大学中形成。通过培育社会的精英阶层,大学对于现代中国的历史发展和社会变迁产生了广泛而深远的影响。对中国社会变化的理解,难以绕开大学。不理解大学,不理解大学培养的社会精英,不理解大学在知识生产、社会流动、政治变革和社会变迁中的作用和影响,就很难对现代中国的历史发展和的社会变动给予深层次的阐释和解读。

第二,为探索具有中国特色的大学建设道路提供鉴戒。当前,建设具有中国特色、体现民族文化的大学和高等教育体系已经成为国家的意志。这既需要有国际视野,学习西方国家的先进的办学经验;同时更需要有本土情怀,继承现代中国大学发展历程中积累的丰厚历史遗产。作为一种西方文明的产物,大学要植根中国大地,才能生根成长、枝繁叶茂。如何形成自身的大学理念、大学模式和学术文化传统,如何处理大学与国家、大学与社会的关系,近代以来的中国大学有着卓有成效的探索,并积累了很多经验,当然也有教训。这些在今天都需要给予认真的反思和总结,并根据时代环境的变化加以采择。

英国教育家阿什比曾说过:"任何类型的大学都是遗传与环境的产物。"[1]所遗传的是大学对于知识创获和文化传承的一贯责任,而面对的则是变动的历史环境和互异的文化土壤。希望"大学与现代中国"丛书能以大学作为切入点,加深对于现代中国的理解,加深对于大学的理解,加深对于现代中国大学的理解。

---

[1] 杨东平编:《大学二十讲》,天津人民出版社,2009年,第274页。

目 录

引 言 ………………………………………………………………… 1
 一、问题缘起 …………………………………………………… 1
 二、学术史回顾 ………………………………………………… 13
 三、研究方法及写作视角 ……………………………………… 17

第一章 近代中国高等教育立法的初期发展 ………………… 21
第一节 近代中国高等教育制度的缘起 ……………………… 21
 一、中国高等教育制度的起源 ………………………………… 21
 二、近代高等教育制度的初期发展 …………………………… 24
 三、高等教育制度产生的意义 ………………………………… 26

第二节 民国初期高等教育立法概况 ………………………… 28
 一、"壬子癸丑"学制 …………………………………………… 29
 二、"壬戌"学制 ………………………………………………… 38

第三节 民国初期高等教育发展进程 ………………………… 42
 一、高等院校的实际办学状况 ………………………………… 42
 二、民国初期高等教育制度存在的问题 ……………………… 47

第二章 南京国民政府时期高等教育立法的渊源与法律体系 … 52
第一节 高等教育立法的渊源 ………………………………… 52
 一、西方高等教育思想的移植与借鉴 ………………………… 52
 二、本土高等教育文化的传承与转型 ………………………… 61

第二节 高等教育制度的主要立法机关 ……………………… 67
 一、教育行政委员会 …………………………………………… 68

二、大学院大学委员会 ······ 69
　　三、行政院教育部 ······ 72
第三节　高等教育立法的体系 ······ 76
　　一、根本法的宏观调控 ······ 77
　　二、一般法的具体规范 ······ 83
　　三、法规、法令的细化 ······ 86
第四节　高等教育立法的重要补充——大学章程 ······ 87
　　一、大学章程的制定概况 ······ 87
　　二、从三江师范学堂到国立中央大学的章程制定沿革 ······ 91
　　三、从三江师范学堂到国立中央大学大学章程的特色与借鉴
　　　　 ······ 98

第三章　南京国民政府时期高等教育立法的内容与结构 ······ 102
第一节　政府对高校的控制与管理 ······ 102
　　一、高等教育宗旨的确立 ······ 102
　　二、高等教育的政府管理 ······ 104
第二节　学校权力的组成与运行 ······ 109
　　一、高校的组织与行政 ······ 109
　　二、高校的权力与决策 ······ 116
　　三、高校的财政与经费 ······ 119
第三节　教职人员的聘用及待遇 ······ 124
　　一、教职人员的资格及聘任 ······ 124
　　二、高校教员的薪俸与待遇 ······ 128
第四节　高校学生的录取与培养 ······ 133
　　一、高校招生规程 ······ 133
　　二、学科建设与课程设置 ······ 136
　　三、研究院所及研究生教育 ······ 140

第四章　南京国民政府时期高等教育立法的实效与评价 ······ 144
第一节　高校办学的实际效果 ······ 144
　　一、国立大学 ······ 144

二、私立大学 …………………………………………………… 147
　　三、教会大学 …………………………………………………… 150
  第二节　立法对教育制度的影响 ………………………………… 153
　　一、政府通过立法加强对高等教育的控制 …………………… 153
　　二、大学注重自身独立精神的坚守与传承 …………………… 155
　　三、大学自治与政府集权之间的博弈分析 …………………… 158
  第三节　高等教育立法的评价 …………………………………… 159
　　一、确立了中国近代高等教育法律体系 ……………………… 159
　　二、奠定了中国现代高等教育思想基础 ……………………… 162

第五章　南京国民政府时期高等教育立法的现代性反省 ……… 168
  第一节　注重通才教育、培养学生的全面自由发展 …………… 168
　　一、通才教育培养模式的沿革与发展 ………………………… 168
　　二、高等教育应注重学生的全面培养 ………………………… 171
  第二节　建立知识集权、形成教授治校的管理模式 …………… 173
　　一、教授学术权力与行政权力的实现 ………………………… 173
　　二、建立起教授治校的民主办学机制 ………………………… 176
  第三节　以育人为本位、同时兼顾学术与科研工作 …………… 180
　　一、人才培养是高校办学的中心任务 ………………………… 180
　　二、科研工作应与教学活动相辅相成 ………………………… 181
　　三、建立现代化的教研结合培养机制 ………………………… 183

结　语 ………………………………………………………………… 187
附录1　民国时期(1912—1948)高等教育立法年表 ……………… 190
附录2　民国时期重要高等教育法律、法规、法令 ……………… 199
  教育部公布教育宗旨令 …………………………………………… 199
  教育部公布学校系统表令 ………………………………………… 199
  教育部公布专门学校令 …………………………………………… 200
  教育部公布大学令 ………………………………………………… 201
  教育部公布私立大学规程令 ……………………………………… 203
  高等师范学校规程 ………………………………………………… 205

学校系统改革令 ·················· 209
南京国民政府教育行政委员会公布大学教员资格条例 ······ 212
国民政府颁布大学组织法 ·················· 213
教育部公布大学规程 ···················· 215
南京国民政府公布修正大学区组织条例 ············ 219
学校系统原则、系统表及说明 ················ 220
南京国民政府公布大学院大学委员会组织条例 ········ 222
南京国民政府公布修正中华民国大学院组织法 ········ 223
国民政府颁布专科学校组织法 ················ 225
教育部订定私立大学、专科学校奖励与取缔办法 ······ 226
修正专科学校规程 ····················· 227
教育部颁发《施行学分制划一办法》 ············· 230
教育部颁发专科以上学校组织职业介绍机关办法 ······ 231
教育部关于专科学生或专科毕业生升学办法的训令 ······ 231

参考文献 ························· 233
索　引 ·························· 242
后　记 ·························· 244

引 言

一、问题缘起

(一) 价值目标:大学之道的探寻与弘扬

教育是人类社会永恒的历史范畴,对任何一个人类文明而言,教育都可以说是一个族群或民族传递经验的必要手段。在世界文明中,中国的教育可以说发端较早。在中国古代文献中,教育一词最早见于《孟子·尽心上》中的"得天下英才而教育之"。《说文解字》对"教育"一词的解释为:"教,上所施下所效";"育,养子使作善也",所谓"教育"就是教人仿效而从善的意思。西周时期,官府垄断了教育及学术文化,有"学在官府"之说,到了汉代,朝廷开始正式设立中央官学,即由中央政府直接举办和管辖,以及按照行政区划在地方所办的学校系统。到了唐代,中央官学逐渐发展到顶峰,至南宋以后开始走下坡路。明清时期,中央官学逐步衰败,慢慢转变成了科举制的附庸,名存实亡。及至清末变法时期,中国古代教育制度完全被西方近代教育制度所取代,而"高等教育"和"大学制度",从根源上讲,更是西方近代教育文化的产物。

纵观中国的传统教育制度,涵盖的内容不可谓不广,主要包括以"礼、乐、射、御、书、数"为主要教育内容的"六艺",以及追附儒家思想的核心价值观,在整个教育过程中"把道德教育作为教育的中心,主张'尊德性而道学问',强调知识教学道德化,使知识教学与道德教育有机地统一起来"①;另外涵盖的制度体系也不可谓不庞杂,主要包括以"科举制"为代表的考试制度,以"太学""国子学""国子监"为代表的官方办学形式,最终走向了教育制度与选官制度的深度契合,"形成了一整套以选拔官吏为中心的人才建设体系,整个教育制度遂围绕选官的制度而展开"②。但如果论及教育的精神层面,恐怕多少有些不够丰富,甚至有些缺失。虽然春秋时期的孔子就已经阐发出"有教无类"的教育思想,《礼记·大学》记载的"大学之道,在明明德,在亲民,在止于至善",后被之为"大学之纲领",以及朱熹倡导的学问相济、思辨结合的理念,至今仍对当代大学教育影响深远。但是中国传统教育的依附性过强,工具性的色彩过于浓厚,以及缺乏独立性、学术性、自主性等先天性缺陷,导致我国的传统教育中无法孕育出当代所普遍认同的教育精神,这一点也是我们在接纳西方教育模式的过程中所无法否认的。

在高等教育日渐普及的今天,我们应当再回过头来仔细分析一下,当我们接纳和引进现代教育制度的同时,有没有相应地塑造出这种制度所应当具有的精神空间?在高等教育层面,经过这么多年的探寻和摸索,我们是否真正找到了所谓的"大学之道",使得当代的教育制度得到深层次的文化指引?从中国传统文化层面理解,"道"一直是个比较抽象的概念,比如《礼记·大学》中所谓的"大学之道",在我国的传统教育制度中实际上就涵盖了包括传统教育的基本理念、终极目标等几个层面,更重要的是"大学之道"很深刻地与当时的社会基本价值观念——"儒家思想"契合,最终形成了一整套与社会紧密融合的制度体系。那么当代"大学之道"应当如何定义?同时它的

---

① 周菲:《论中国古代教育思维方式》,《社会科学辑刊》1993年第5期,总第88期,第111-112页。
② 沈骊天:《中国古代教育制度的历史反思》,《南京大学学报(哲学·人文·社会科学)》1996年第1期,第173页。

内涵究竟应该包括哪些内容？笔者认为，目前值得探索的"大学之道"可以包括以下四点：一、必须是良好法治环境下的产物，因此"道"必须包含系统的规范以及良性的引导；二、必须与当代社会的核心价值观相契合，甚至对社会核心价值观有修正及导向的作用；三、必须指明当代大学的使命与责任，对大学存在的必要性及社会价值给出一个完美的诠释；四、必须阐明"教育"这一永恒的历史命题的意义，以及"大学精神"的实质与内涵。

基于以上的理解与定位，我们可以把"大学之道"看作：一、大学本身的运作模式以及围绕大学而建立的一整套制度体系；二、大学与社会之间的互动关系；三、"大学精神"的构建。其中，"大学精神"是核心，是"大学之道"的根本所在。

就制度体系而言，自清末变法以来，以"科举制"为核心的传统教育制度被废除，取而代之的是西方近代教育制度。中国逐步开始仿效西方，从办学模式、课程体系、考试制度等方面建立新的教育体制。另外，辛亥革命的爆发也使得中国学人两千年来以忠君为取向的精神根基发生了动摇，进而确立了民主、科学的理念。因此在民国初年，教育部就颁布了《大学令》《大学规程》《专门学校令》《公立私立专门学校规程》等一系列法令，初步确立了我国近代的大学制度。虽然随着新中国的建立，我国的高等教育立法已日趋完善，但是研究民国时期的高等教育立法仍然有助于我们探寻该制度产生的源流与演变历程，并且对探寻近代"大学精神"有着不可替代的作用。

就大学与社会之间的互动关系而言，随着社会的发展以及大学角色定位的不断变化，两者之间的关系也在发生着微妙的改变。在当代社会，"经济的发展，效益的提升依赖于社会分工的细化，社会分工密度的增大对人才专业的细分也提出了要求，为了适应这种需求的变化，大学无论是从学科门类还是课程设置的数量都进行了革新，以确保培养出的人才是社会所需的"①。我们可以发现,随着社会的发展和科技的进步,大学的使命和责任也相应地在不断增加,同时与社会之间的互动关系也在逐渐增强,因此"德国大学的'教学＋科研'发展模式和美国大学'教学＋科研＋社会服务'模式之所以能成为世界上大学的主流发展模式,也正是因为它们具有的开放和包容性"②。同时这种开放和包容性,也使得大学绝不再仅仅是一个固步自封的教学机构。

随着大学使命与责任的不断增强,"大学精神"的构建在当今社会就显得尤为重要,因为大学不仅是一种物质的存在,更是一种精神的存在。因此,是否具有独立的"精神",也是大学区别于其他社会组织的重要标志。20世纪初,民国肇造,在这样一个破除旧制、政治涤荡的特殊时期,很多像蔡元培、叶圣陶这样的教育家却能够用毕生精力,探索并弘扬了中国近代的"大学精神",培养出了一批杰出的实用人才及学问大家,留下了一笔宝贵的精神财富。可令人担忧的是,当代大学教育功利化、市场化、专业化等特点越来越突出,"往昔的大学精神已经渐行渐远,而如今匮乏的大学精神又尚未建立,也因此,回望过去,重构中国大学精神的实质与内涵,将会是我们一代代人去努力并为之而行的事情"③。随着"大学精神"的日益淡化和衰弱,大学的价值定位日益模糊,这使得我们不得不重新反思大学存在的意义和使命,也不得不重新回过头来探索究竟什么才是"大学精神"。

当大学这片潜心治学的圣地逐步被功利主义、实用主义所异化的时候,大量的学者和知识分子开始摒弃严谨求实的治学态度,把教学、科研与现实利益挂钩,使得原本圣洁的"大学精神"被污染,这使得大学的本质开始遭受社会的质疑。但是,"只要人类还存在着实现从必然王国到自由王国的上升与飞跃的光荣和梦想,还希望以其创

---

① 汤雯:《解读大学精神——组织文化的视角》,《改革与开放》2009年第10期,第201页。
② 齐志凯:《大学精神的培养和现实意义》,《前沿》2010年第12期,第167页。
③ 宋文生:《浅谈大学精神的演变与重构》,《改革与开放》2011年12期,第113页。

造性和超越性从狭隘的生存状态和各种自然的、社会的、思想的异己力量中解放出来实现自身的价值,人类就必须拥有大学"①,就必须不断探索与弘扬"大学之道"。

(二) 制度背景:法律体系的构建与完善

新中国成立以来,我国高等教育制度的建设经历了漫长而曲折的过程。建国初期,由于"高校人才培养的规模不适应国家经济建设的需求。全国高等学校仅227所,大学教师近19 500人。按照当时的高校人才培养规模,在'一五'计划期间只能向国家培养输送4万人,这距离各行业的整体需要(约30万人)以及工业行业的需要(约18万人)有很大的差距"②,因此当时国家与高校之间的关系仿效的是"苏联模式",而且是自上而下的、命令式的调控模式,并以此来解决经济建设需要与人才培养能力不足之间的矛盾。

1950年,在全国第一次高等教育会议上,教育部提出院系调整计划,并要求高校对人才的培养模式从"通才教育"转换为"专才教育"。1952年5月,教育部对全国高校院系调整工作提出原则指导和具体计划,调整的方针是"以培养工业建设人才和师资为重点,发展专门院校,整顿和加强综合性大学"③,最终经过五年左右的时间按计划完成了全国性的院系调整工作,实质上就是按照国家发展规划以及区域经济建设的需要将原有的院系设置打散,再按照国家认可的人才培养模式重新整合。由此可见,在建国初期,我国的高等教育制度基本上是行政指令式的、计划性的,并且主要以经济建设为中心,导致高校缺少应有的独立性和自主性。在这样一种制度设置的模式下,我国高等教育制度长期处于一种特殊的局面:"高等学校办学的主体是国家及教育主管部门,高等学校隶属于政府,高等学校的建立、经费来源、专业设置、招生计划、教学过程、科学研究、毕业分配、

---

① 余凯:《大众高等教育时代大学的理想》,《高等教育研究》2002年第3期,第17页。
② 郑璐:《建国初期高校院系调整的评价与反思》,《教育评论》2011年第6期,第145页。
③ 何东昌:《中华人民共和国重要教育文献(1949—1975)》,海南出版社,1998年,第376页。

基本建设、后勤服务等等方面，都遵循国家或主管部门的指令办事，形成了一种以单一的行政配置机制为主要内涵的运行机制。"①

经过二十余年的尝试，国家逐渐认识到"苏联模式"教育体制存在的一些弊端。1985年，党中央颁布了《中共中央关于教育体制改革的决定》，其中指出我国高等教育体制的弊端主要是："在教育事业管理权限的划分上，政府有关部门对学校主要是对高等学校统得过死，使学校缺乏应有的活力；而政府应该加以管理的事情，又没有很好地管起来。"②这个决定说明国家在改革开放之后，逐步开始厘清政府与高校之间的角色定位，并且重新确定了当时高等教育体制改革的关键，"就是改变政府对高等学校统得过多的管理体制，在国家统一的教育方针和计划的指导下，扩大高等学校的办学自主权，加强高等学校同生产、科研和社会其他各方面的联系，使高等学校具有主动适应经济和社会发展需要的积极性和能力"③。这一决定，一是有助于改变以往大学的行政附属地位，提高了大学的办学自主权；二是有助于在新形势下重新对大学的功能进行定位，明确了大学的科研任务和社会服务任务；三是有助于建立一套有利于高校良性发展的高等教育制度体系。

1993年，《中国教育改革和发展纲要》的制定，进一步为高等教育制度的改革指明了方向，在政府与大学的权责关系上，提出"要按照政事分开的原则，通过立法，明确高等学校的权利与义务，使高等学校真正成为面向社会自主办学的实体"。同时又进一步明确提出要提高大学的独立性与自主性，提出"学校要善于行使自己的权利，承担相应的责任，建立起主动适应经济建设和社会发展需要的自我发展、自我约束的运行机制"。在这样的指导原则之下，我国高等教

---

① 毛亚庆：《我国高等教育制度创新乏力分析》，《北京师范大学学报（社会科学版）》1998年第4期，总第148期，第14页。
② 张应强、程瑛：《高校内部管理体制改革：30年的回顾与展望》，《高等工程教育研究》2008年第6期，第33页。
③ 郭齐家主编：《中华人民共和国教育法全书》，北京广播学院出版社，1995年版，第69页。

育制度进一步深化改革,如"高校办学权力的下放,高校间的联合、兼并,原来部委院校办学自主权的地方化,发展社会力量办学等",这一系列的深入改革,使得我国高等教育制度建设进入到了一个崭新的时期。[①]

1998年8月,我国正式通过了《中华人民共和国高等教育法》(以下简称《高等教育法》),这使得我国的高等教育制度建设正式被纳入了法治进程,并且第一次以法律的形式明确了高等学校的法人地位,规定大学在民事活动中依法享有民事权利,承担民事责任。同时也明确规定了高等学校享有的七项自主权利:

1. 高等学校根据社会需求、办学条件和国家核定的办学规模,制定招生方案,自主调节系科招生比例。

2. 高等学校依法自主设置和调整学科、专业。

3. 高等学校根据教学需要,自主制定教学计划、选编教材、组织实施教学活动。

4. 高等学校根据自身条件,自主开展科学研究、技术开发和社会服务。国家鼓励高等学校同企业事业组织、社会团体及其他社会组织在科学研究、技术开发和推广等方面进行多种形式的合作。国家支持具备条件的高等学校成为国家科学研究基地。

5. 高等学校按照国家有关规定,自主开展与境外高等学校之间的科学技术文化交流与合作。

6. 高等学校根据实际需要和精简、效能的原则,自主确定教学、科学研究、行政职能部门等内部组织机构的设置和人员配备;按照国家有关规定,评聘教师和其他专业技术人员的职务,调整津贴及工资分配。

7. 高等学校对举办者提供的财产、国家财政性资助、受捐赠财产依法自主管理和使用。高等学校不得将用于教学和科学研究活动

---

① 王宝玺:《改革开放三十年高等教育制度变迁分析》,《黑龙江高教研究》2008年第12期,总第176期,第6页。

的财产挪作他用。①

《高等教育法》的公布,构建了我国当代高等教育法律体系的核心内容,它不仅以法律形式规范了我国高等教育的任务和宗旨、基本制度,还规范了高校的设立及基本权利义务,以及教师、学生的权利和义务,另外还确立了国家举办的高等学校的行政领导方式,即"中国共产党高等学校基层委员会领导下的校长负责制"。

2010年7月,《国家中长期教育改革和发展规划纲要(2010—2020年)》正式发布,明确提出了高等教育的发展任务是:"全面提高高等教育质量,提高人才培养质量,提高科学研究水平,增强社会服务能力,优化结构办出特色。"确定的高等教育发展目标是:"到2020年,高等教育结构更加合理,特色更加鲜明,人才培养、科学研究和社会服务整体水平全面提升,建成一批国际知名、有特色、高水平的高等学校,若干所大学达到或接近世界一流大学水平,高等教育国际竞争力显著增强。"②从该纲要的主要内容来看,可以说是对高等教育制度的建设提出了三点意见:一是规范政府对大学的指导和管理,明确各级行政机关的管理权限和职责,避免大学成为政府的附属机构;二是增强大学的自主性和独立性,使大学在教学科研、招生和学生管理、人才培养、经费使用等方面有更多的自主权;三是进一步完善我国的高等教育制度,从而营造良好的学术环境,倡导优良学风,弘扬大学精神。

随着各项高等教育法律、法规的出台,我国的高等教育制度建设迈入了一个崭新的台阶,并且不断地朝着法制化、现代化的方向发展。这些与时俱进的进步与突破,都有利于我们对当代"大学之道"的探索与弘扬。

---

① 国务院法制办公室编:《中华人民共和国教育法典(注释法典18)》,中国法制出版社,2012年版,第201页。
② 载中华人民共和国中央人民政府网站,网址:http://www.gov.cn/jrzg/2010-07/29/content_1667143.htm.

(三) 现实困境：体制与精神的难以统一

随着以《高等教育法》为核心的一系列高等教育法律、法规的出台，我国高等教育制度的发展逐渐步入法制轨道，而高等教育立法，也逐步成为我国高等教育制度建设的核心问题。所谓高等教育立法，就是"通过立法程序，把国家的教育方针政策和教育目标，用法律的形式确定下来，并调整高等教育内部和外部各行为主体的关系，使高等教育的改革和发展有法可依，保持高等教育政策的权威性和稳定性"[①]。通过立法的方式来确立高等教育制度，具有稳定性高、可诉性强等特点，更加有利于我国高等教育制度建设向着规范性、国际化的方向发展。以《高等教育法》为代表的高等教育立法属于行政管理法，"是国家管理各类高等教育的法律依据，用于调整和约束政府、社会、学校，特别是管理者、举办者、办学者的行为及其相互关系"[②]。这一系列法律、法规的制定，有利于我国的高等教育制度发展有法可依、有规可循，很多之前依靠政策、命令解决的问题也逐渐开始通过法律手段来解决。但是，由于我国高等教育立法起步较晚、底子较为薄弱，因此在整个制度建设上还存在着很多问题，尤其是高等教育的体制建设层面与预期的精神层面难以做到真正统一，主要表现为以下三点：

首先，立法的整体结构不合理，导致与高等教育发展的不同步。

从我国高等教育立法的结构和层次来看，由国家最高权力机关制定和颁布的法律只有如《中华人民共和国教育法》《中华人民共和国国防教育法》《中华人民共和国民办教育促进法》《中华人民共和国高等教育法》等为数不多的几部，而其他高等教育行政法规与部门规章占绝大多数，这与前文提到的大学之道所应当具备的"系统的规范以及良性的引导"不相符合。

一个良性的法治环境，应当由最高权力机关制定的法律作为主

---

① 王昆:《高等教育立法与高等教育改革》,《辽宁高等教育研究》1994年第4期,第52页。
② 同上。

导,以立法层次较低、效力较为有限的行政法规和部门规章作为补充。反之的话,必然会导致整个制度稳定性及可诉性的降低。由于我国高等教育制度"部分法规不够规范。政策性、行政性的通知和决定较多,条文化、规范化、权威性的法律较少;试行性、暂行性的规范性文件较多",以及有的法律法规"适应性差、无实施细则,导致在日常的教育管理和司法环节中难以操作"。① 再加上教育部和各地教育厅依然主要依靠政策和行政命令来管理和指导高校工作,高校也依然习惯按照上级指令办事的这一现状,导致我国教育行政部门与高校之间、学生与高校之间的法律关系无法厘清,纠纷难以解决。面对这样的情况,我们应当尽快优化当前的高等教育立法体制:一是适时通过立法程序,修订高等教育法律,并出台配套的法规、规章,增强可操作性与可诉性;二是"加强法律责任和程序性条款的制定。在我国现行的高等教育法律法规中,涉及法律责任的往往参照其他法律规定进行,或是只进行原则性的规定,这无形中扩大了教育行政主管部门的权力,限制并弱化了高校的权力和受教育者的权利"②。只有逐步加强"法律责任和程序性条款的制定",才能使得大量与高等教育相关的体制问题、管理问题、纠纷问题都能通过法律途径得以解决。

其次,高校的实际主体地位不清晰,难以独立享受权利、承担责任。

1998 年 8 月 29 日颁布的《高等教育法》第三十条规定:"高等学校自批准设立之日起取得法人资格。高等学校的校长为高等学校的法定代表人。高等学校在民事活动中依法享有民事权利,承担民事责任。"通过法律明确了高等学校的法人地位。关于法人地位,我国《民法通则》第三十六条也做了相关规定:"法人是具有民事权利能力和民事行为能力,依法独立享有民事权利和承担民事义务的组织。"因此,我国高校属于法人,是法人分类中的非企业法人,是非企业法

---

① 刘淑华:《试论我国高等教育立法的完善》,《教育与职业》2010 年第 9 期,第 172 页。
② 同上。

人中的事业单位法人。《民法通则》及《高等教育法》对高校法人主体地位所做的规定,在立法上使我国的高校明确了法人的主体地位,使其依法能够独立享有权利、承担责任。但是在实际的实施与执行过程中,我国高校是否真正具备了法人地位,这依然是值得商榷的问题。因为"我国的行政文化传统以及长期运行的行政管理体制,造成的政府在履行高等教育管理职能时的'越位'现象以及高校内部管理的'行政化'倾向,都不利于高校法人地位的落实,进而影响了高校法人权利的行使以及责任的担当"[①]。

一个良好的高等教育法律环境,不仅需要在立法上确立、规范高校的法人主体地位,更需要在实际的实施与执行过程中真正体现出其主体地位。我国目前就亟须立足于高校的法人地位,合理区分教育行政部门与高校之间的管理权限,真正探寻出一条可以做到政事分开、权责明确的制度体系。就以往的高等教育制度来看,"由于政府集举办权、管理权和办学权于一身,政府在很大程度上代替高校成为高等教育活动的行为主体,在这种情况下,政府自然成为了高等教育制度创新的主体"[②]。在这样一种政府主导、高校普遍缺乏独立性的体制之下,"高等学校由于缺乏退出和不接受效率低下的制度安排的选择权和另择的自由,这意味着高等学校缺乏自我发展,自我约束的发展机制,意味着不存在不同效率水平的高等学校之间的竞争和与这种竞争相联系的筛选机制"[③],高校想要获得主体地位,真正体现大学在社会中的创造性价值以及实现独立的大学精神,是非常困难的。

再次,高校的内部管理体制不够灵活,缺乏创造"大学精神"的能动性。

[①] 史万兵:《我国高校法人地位及其内部治理结构研究》,《国家教育行政学院学报》2011年第8期,第45页。

[②] 王宝玺:《改革开放三十年高等教育制度变迁分析》,《黑龙江高教研究》2008年第12期,总第176期,第6页。

[③] 毛亚庆:《我国高等教育制度创新乏力分析》,《北京师范大学学报(社会科学版)》1998年第4期,总第148期,第18页。

探寻"大学之道"、孕育"大学精神",不仅需要良好的社会环境、法治氛围,同时也需要高校内部具有创新性、成长性、革命性的管理体制和发展机制。一个僵化的、保守的,依靠行政命令来运转的高校,不仅无法孕育出"大学精神"、无法引领社会和民族的意识形态,甚至不能称之为现代意义上的"大学"。

诚然,探寻"大学之道"、孕育"大学精神",无论对于一个国家和民族,抑或是对于每个大学个体本身而言,都将是一个漫长而系统的摸索过程,绝不会一蹴而就。在我国高等学校产生的初期,通过借鉴西方近代大学制度,"在蔡元培、梅贻琦等教育家的努力下,逐渐确立了中国的大学理念,如研究高深学问,思想自由,兼容并包,教育独立,教授治校,发展学生的个性、特长,加强通识教育等等,并形成了北大精神、清华精神等中国的大学精神"[①]。这其中实际上涵盖了包括大学的决策机制、财务运作、人事制度、学生培养模式等一系列涉及高校内部管理体制的问题,如果认识不清、把握不好,极易产生负面的效果。因此,当代教育者若想探寻和弘扬"大学之道",就不能不把高校的内部管理体制当作一个极为重要的课题来研究。

就高校学生的培养模式而言,我国在建国初期按照国家发展规划以及区域经济建设的需要将原有的院系设置打散,再按照国家认可的人才培养模式重新整合,实际上就是以行政命令的方式,在学科设置和人才培养路径上,把"通才教育"转变为"专才教育"。随着社会的发展,当时政策设置的时代性弊端逐渐凸显,把学生固定在某个狭窄专业区域内的人才培养模式已经无法满足现代人才培养的需求。笔者作为南京大学 2009 年启动的"三三制"本科教学改革的参与者和见证者,深刻体会到了"三三制"本科教学改革,就是要力求打破我国长期以来标准化、单一化的本科生培养模式,以及过于狭窄的专业教育模式,强调从学生的个性、兴趣和全面发展的需要出发,为学生设计了不同层次、不同类型的课程体系,让学生在四年的本科学

---

① 刘涛:《论大学精神失落的理论根源》,《湖北社会科学》2009 年第 1 期,第 179 页。

习时间里有多次选择机会,尽可能地实现因材施教、适应个性发展的教育目标。我们可以发现,"从人的全面发展来看,单纯的技能训练与专业培养都把人视为'工具'性存在而忽略了人之为人的本质存在;只有致力于人格完善的通识教育才符合大学的理想"①。

就我国高校的决策机制和组织结构而言,"我国大学的内部组织制度是模仿行政组织,围绕行政权力建立起来的,科层化特征比较突出"②。而就大学的本质和价值目标而言,却是单纯的行政命令所远远不能达到的,因为行政组织有与生俱来的保守性、被动性、指令性等特点,均与现代"大学之道"背道而驰,极易导致"政府仍然集权过多,大学与行政级别挂钩越挂越紧,大学内部的运行机制几乎完全行政化,大学至今缺乏面向社会自主办学的活力"③。由此可见,大学的内部管理体制的合理设置,是孕育现代"大学精神"的重要内因,是大学焕发活力,为社会创造经济、文化价值的内在动力。

二、学术史回顾

(一) 关于近代高等教育制度和理论的研究

关于中国近代高等教育制度和理论方面的研究,主要涉及教育学和教育史学研究的范畴,目前学界的著作、论文对此多有论述。如复旦大学夏兰的博士学位论文《民国时期现代大学制度演变研究》(2012年)一文,主要研究的是中国现代大学制度的起源和演变,同时从内在和外在两个层面展开对民国时期大学制度的研究,包括大学的内部办学机制,以及大学与政治、经济、文化等社会因素之间的

---

① 刘涛:《论大学精神失落的理论根源》,《湖北社会科学》2009年第1期,第179页。
② 马廷奇:《大学管理的科层化及其实践困境》,《清华大学教育研究》2006年第1期,第33页。
③ 王冀生:《文化个性与争创一流》,《西安交通大学学报(社会科学版)》2005年第4期,第7页。

关系;山东大学王言法的博士论文《近代中国高等教育与社会的嬗变》(2011年)一文,论述了近代中国高等教育与社会、政治、经济、科技的关系,并论证了高等教育对于社会发展的先导作用;华东师范大学荀渊的博士论文《中国高等教育从传统向现代的转型——对1901—1936年间中国高等教育变革的考察》(2002年)一文,主要论述了在近代社会转型的过程中的中国高等教育,尽管过程和目标都以西方现代高等教育为蓝本,但前提却是以对传统高等教育的改造和继承为基础,因而不能完全说是移植的结果。

关于我国近代高等教育史方面的论著,学界也有很多代表性的成果。例如:熊安明1988年主编的《中国高等教育史》,对于中国近代高等教育的产生及发展,思想的源流及演变,机构的创设及发展,学科的设置及演变,以及自清末至民国时期的高等教育发展历程,都有着较为全面的介绍和分析,对于研究近代高等教育有着重要的参考价值;郑登云1994年编撰的《中国高等教育史》,也是一部全面介绍中国高等教育发展史的重要著作,对其他学者的研究提供了很大的帮助;朱先奇等2006年编著的《制度创新与中国高等教育》,以本土高等教育制度的借鉴与创新为视角,阐述了中国近现代高等教育制度产生的背景与现状,并通过借鉴西方国家的现代高等教育制度,提出了对策与建议;由陈元晖任总主编,1997年出版的十册《中国近代教育史资料汇编》,汇总了包括中国近代教育思想家的言论、高等教育法律法规、大学章程,以及大量的数据统计等原始材料,为其他相关学者的研究提供了较为丰富全面的史料;值得关注的还有朱国仁1996年编著的《西学东渐与中国高等教育近代化》一书,对于近代各个时期教育思想的源流演变,制度的建立和完善,以及各个时期高等教育的目标,教学方式与方法的改革和革新,均做出了专门的论述;此外,霍益萍1999年编著的《中国近代高等教育》,高奇2001年编著的《中国高等教育思想史》,以及金以林2000年编著的《近代中国大学研究1895—1949》等著作都以不同的视角论及中国近代高等教育制度及思想,为学者在此领域的研究提供了大量史料。

除了以上学者的著述之外,民国时期许多近代著名大学的校史也为本文的研究提供了史料依据,如:《从清华学堂到清华大学》《北京大学校史 1898—1949》《南开大学校史(1919—1949)》《北洋大学——天津大学校史》《南大百年实录(上卷)·中央大学史料选 1902—1949》《中山大学校史(1924—2004)》等众多近代中国著名大学的校史。以及包括《基督教高等教育在中国 1880—1950》《燕京大学》《沪江大学》《齐鲁大学》《圣约翰大学》《福建协和大学》等十余所教会大学的校史,均为后世学者研究近代高等教育发展提供了内容详实的历史资料,也为研究中国近代大学提供了直接的史料依据。

中国近代高等教育制度及思想等方面的诸多论著,都是与本命题密切相关的重要资料来源,这些著作比较全面和系统地论述了中国近代高等教育的发展轨迹和变迁过程,为笔者在研究近代高等教育发展过程中的高等教育发展概况、高等教育思想等方面,提供了比较详尽的基础资料。从而对于研究中国近代的高等教育立法,有着很高的参考价值。

(二) 关于南京国民政府时期高等教育立法的研究

关于南京国民政府时期高等教育立法,目前学界的系统研究还比较少,博士学位论文中鲜有类似题目。硕士学位论文中略有论述,如陕西师范大学任艳红的《民国高等教育立法与现代大学制度的形成》(2006 年),分析了民国时期高等教育立法在现代大学制度中的作用,对当代大学制度的制定、效果及社会影响进行了宏观分析与评述;西南政法大学胡仁智的《南京国民政府前期教育立法的历史考察》(2002 年)一文,将南京国民政府前期(1927—1937 年间)的教育立法,通过比较研究的方法,放入近代中西方教育法制建设的历史发展中进行研究。不仅从宏观上考察了南京国民政府教育立法的动因、法规体系、法律原则,而且从微观上对南京国民政府的教育法律制度进行综合分析,从而寻求一些对当代高等教育立法可供借鉴的内容;东北师范大学高志刚的《民国前期教育立法研究》(2007 年)一文,阐述了民国前期我国教育立法和谐发展、效仿欧美的立法原则,政府主导、多方推动的立法主体,以及中央为主、多级并存的立法权限和科学民主、有序可循的立法程序等基本特色。

此外,学界对于南京国民政府时期的高等教育立法也有一些相关研究,如:陈鹏、苏华锋撰写的《略论民国高等教育立法的特点》(《理论导刊》1999年第6期,第46-47页),阐述了民国高等教育立法的概况以及高等教育立法的特点,论述了民国时期高等教育立法就法规内容本身而言,体系的完整性、内容的全面性以及法律的稳定性,对于我国当前的高等教育法制建设具有一定的启示意义;李罡撰写的《略论南京国民政府初期的高等教育立法》(《清华大学教育研究》1997年第2期,第93-97页),主要阐述了从1927—1937年间,南京国民政府初期制定和颁布的各种有关高等教育法律的基本内容,并力求吸取这一时期高等教育立法的法制经验,为当前高等教育的立法提供借鉴;戴显红、侯强撰写的《民国高校自主办学教育改革立法及其历史启示》(《现代教育科学》2007年第9期,第59-62页),主要从民国高校自主办学教育改革立法的演进、自主办学教育改革立法内容的特点以及自主办学教育改革立法的历史启示等三个方面,总结了民国高校自主办学教育改革立法所提供的一些经验和教训。这些文章都紧扣民国时期高等教育立法的特点、历史意义及当代价值,但缺乏系统、完整的阐释,难以对整个南京国民政府时期的高等教育立法做出一个梳理性的归纳,因此也难以提出切实可行的合理化建议。

关于南京国民政府时期高等教育法律、法规以及法令的史料整理,民国时期及当代都有一些比较有价值的成果。如商务印书馆1912年出版的《中华民国教育新法令》、1925年出版的《教育法令选》,以及中华书局1947年出版的《教育法令》等法律法规汇编,全面系统地整理了民国时期自1912年至1949年间大部分教育立法方面的重要史料;再如商务印书馆编订的《第一次中国教育年鉴》及《第二次中国教育年鉴》,系统地记叙了国民政府自成立以来的教育发展及立法实况,为民国时期高等教育立法研究提供了大量的史实依据;还有中国第二历史档案馆出版的《中华民国史档案资料汇编》教育编，也提供了很多南京国民政府时期重要的教育立法资料。此外，还有宋恩荣等选编的《中华民国教育法规选编》（江苏教育出版社，2005年版），收集了自1912年至1949年间的教育法规条文，不仅着眼于有关教育法规的历史作用，同时也兼顾了其对现实教育改革的借鉴作用，便于人们了解民国时期的教育政策的全貌。

三、研究方法及写作视角

（一）相关概念

1. 大学之道

从中国传统文化层面理解，"道"一直是个比较抽象的概念，比如《礼记·大学》中所谓的"大学之道"，在我国的传统教育制度中实际上涵盖了包括传统教育的基本理念、终极目标等几个层面，更重要的是"大学之道"深刻地与当时的社会基本价值观念——"儒家思想"相契合，最终形成了一整套与社会紧密融合的制度体系。那么当代"大学之道"应当如何定义？同时它的内涵究竟应该包括哪些内容？笔者认为，目前值得探索的"大学之道"可以包括以下四点：一、必须是良好法治环境下的产物，因此"道"必须包含系统的规范以及良性的引导；二、必须与当代社会的核心价值观相契合，甚至对社会核心价值观有修正及导向的作用；三、必须指明当代大学的使命与责任，对大学存在的必要性及社会价值做出一个完美的诠释；四、必须阐明"教育"这一永恒的历史命题的意义，以及"大学精神"的实质与内涵。

基于以上的理解与定位，我们可以把"大学之道"看作：一、大学本身的运作模式以及围绕大学而建立的一整套制度体系；二、大学与社会之间的互动关系；三、"大学精神"的构建。其中，"大学精神"是核心，是"大学之道"的根本所在。

2. 南京国民政府时期高等教育立法

南京国民政府时期,是中国近代史上一个重要的发展阶段。1927年,蒋介石在南京召开会议,决定定都南京。1927年4月18日,南京国民政府举行成立典礼。1928年12月29日,张学良宣布"东北易帜",接受南京国民政府领导。31日,国民政府任命张学良为东北边防军司令长官。至此,南京国民政府成为得到国际承认、代表中国的中央政府。这个政权一直持续到1949年10月中国共产党夺取政权、建立中华人民共和国。南京国民政府时期,国民政府开始加强对高等教育内部的调整和宏观控制,除了强调以"三民主义"思想为一切活动的主旨外,更以不断加强立法的形式来加强对高等教育的管理。总的来看,南京国民政府时期的高等教育法律,已经逐渐形成体系,从宪法到各种法律、法规、法令,以至高等教育的各项规章制度及地方性教育法规等各个立法层面,都从不同方面、不同角度对高等教育进行了诠释和约束,使高等教育向法制化管理迈进了一大步。

(二) 研究方法

总的来看,南京国民政府时期高等教育立法,已经逐渐形成体系,从宪法到各种法律、法规、法令,以至高等教育的各项规章制度及地方性教育法规等各个立法层面,都从不同方面、不同角度对高等教育进行了诠释和约束,使我国的高等教育向法制化管理迈进。本书共分为五个章节,先后运用了历史分析方法、逻辑分析方法、实证分析方法和价值分析方法,对南京国民政府时期的高等教育立法展开论述。

首先,作者以历史分析方法,阐述了我国近代高等教育制度的缘起与初期发展,以及民国初期高等教育法律体系初步确立过程中高校的发展状况与亟须解决的制度性问题。近代中国在鸦片战争之后开始反思落后的根源传统的教育体制已经无法适应现代社会对新式人才的需求;民国初年国家立法机构颁布的相关法律及教育法令,相继形成了1912—1913年的"壬子癸丑"学制和1922年的"壬戌"学制,从根本上改变了清末教育法规"钦定"或"奏定"的状况,使中国的高等教育体制向近代化迈出了重要的一步。

其次,作者运用逻辑分析方法,对南京国民政府时期高等教育立法的本体与内涵进行剖析,包括南京国民政府时期高等教育立法的思想及文化基础、制定主体与效力、法律体系与结构等几个部分。在资产阶级民主思想的影响下,中国直接搬入和逐渐移植西方先进的教育法律体系与制度,成为这一时期中国教育立法的主旋律。同时,南京国民政府初期的高等教育立法,已经逐渐形成了体系,从宪法到各种有关高等教育的法律、法规、法令,到高等教育的各项规章制度及地方性教育法规等都逐步系统和规范,使高等教育向法制化管理迈进。

再次,作者主要以实证分析方法,论证了南京国民政府时期高校基于高等教育立法的实效,包括国立大学、私立大学、教会大学等各类高校在高等教育法制下的实际发展状况及法律实施情况;同时论证了高等教育立法的历史意义,即通过法律移植和借鉴确立了中国的高等教育法律体系,以及通过制度的构建奠定了中国现代高等教育精神和理念。

最后,作者主要以价值分析方法,通过对南京国民政府时期高等教育立法的深度解读,以期进一步透析中国大学之道,并为当代中国高等教育制度建设提供理论借鉴。具体包括三个方面:一、注重通才教育、培养学生全面发展;二、建立知识集权、形成教授治校的高校管理模式;三、以育人为本位、兼顾学术与科研工作。

(三) 创新之处

本书创新主要体现在六个方面:一、指出了当代高等教育立法的内在需要和现实困境;二、界定了中国"大学之道"的定义,并从制度层面和精神层面对我国"大学之道"的内涵进行分析;三、梳理了近代以来中国高等教育立法的历史发展,总结了可供借鉴的经验;四、在现有研究成果的基础上,通过逻辑分析的方法,对南京国民政府时期的高等教育法律体系进行解析,并对法律体系各个组成部分的逻辑关系进行深层次解读;五、从法理、历史、文化三个层面分析南京国民政府时期高等教育立法的意义,并对当代中国高等教育立法提供了理论借鉴和立法建议;六、总结南京国民政府时期高等教育的立法经验,通过价值分析的方法,将近代中国的大学发展理念与精神归纳为三个方面,并对当代中国高等教育立法提出了自己的建议。

第一章

近代中国高等教育立法的初期发展

第一节 近代中国高等教育制度的缘起

一、中国高等教育制度的起源

中国近代高等教育无论是从词源、概念而言,还是从教育的内容、形式来讲,都与中国本土教育的发展没有直接的传承关系,反倒可以看作因西方文化侵略和渗透而剧烈突变的产物。中国的本土文化以儒家思想为核心,重内心修为而轻技能,古代中国任何一个时期的士族阶层,在儒家文化的影响下,都不会把主要精力放在生存技能和生产技术的学习上。因此在中国传统社会,越是高层次的教育,就越与技术和技能无关,这样一种教育宗旨和理念,必然就和崇尚科学和技术的西方高等教育相差甚远。

本土文化一直影响着中国传统教育。《大学》开宗明义的一句便是"大学之道,在明明德,在新民,在止于至善"。在儒家思想的影响下,无论是董仲舒、朱熹,还是程颢、程颐,他们的教育理念都传承了《大学》的根本思想。而中国传统的教育机构无论是太学、书院还是私学,也都遵循着《大学》以及《中庸》等儒家经典所确立的大学理念。而西方自18、19世纪工业革命开端、发展以来,逐渐开始把教育与科技、生产紧密地结合在了起来,使教育逐步适应经济结构与生产力的发展。

既然中西文化传承路径有着如此大的差异,那为何中国要从近代开始发展高等教育,从教育的层次、学校的筹办、科目的设置、考试的形式等方面全面学习西方?其直接原因,是中国在鸦片战争中失败之后先进国人开始反思落后的根源,认为必须学习西方的技术来强大国力,即所谓的"师夷长技以制夷"。而究其根本原因,还是在于传统的教育体制,已经无法适应现代社会对新式人才的需求。中国传统教育体制丧失生命力,借助西方经验探索新的道路,也就成为近代中国高等教育制度产生的基础。但普遍的意见仍是,"国外高等教育的传播及其影响程度是由中国接受先进文化的需要决定的。中国社会发展对中国高等教育提出的要求才是其发展的决定力量。外来影响为中国高等教育的发展提供了参照。其先进的部分对中国高等教育发展具有推动作用,但不起决定作用"[1]。

自两次鸦片战争以来,中国丧失了部分教育主权,西方各国开始以教会办学等形式公开在中国进行文化教育活动,西方的教育思想开始初步传入中国。1860 至 1890 年,为了学习西方的科技与文化,中国展开洋务运动,开始有针对性地引进和学习西方先进的科学技术,在"中学为用"的基础上萌生了近代教育的萌芽。在这一时期,中国的教育仍以科举考试为基础,高等教育虽未正式成为一种教育形式,但却已经基本具备了高等教育的雏形。就探寻近代中国高等教育的源头而言,在 1994 年全国首届高等教育史学术研讨会上,与会代表基本上达成了共识,即认为"现代意义上的中国高等教育的发轫是以洋务学堂的兴办为标志的,产生并发展于 19 世纪 60 年代,以京师同文馆的创建为上限"[2]。

---

[1] 谷贤林:《百年回眸:外来影响与中国高等教育发展》,《北京科技大学学报(社会科学版)》,2001 年第 1 期,第 87 页。

[2] 王运来:《试谈我国高教史研究的现状和走势》,《高教研究与探索(哲社版)》,1994 年第 4 期,第 4 页。

近代中国高等教育产生的根源,究竟是外来文化侵略的结果,还是出于本土文化发展的内在需要？笔者认为不能割裂来看,应当把两者结合起来分析。因为中国传统文化本身是"一种包容性极强的文化,其中既有重道轻器、重义轻利、重礼仪而轻权谋等成分,也有注重实务反对空言、尚经世致用而鄙华而不实等成分"①,虽然经历过多年的战乱,但中国传统文化因其极强的生命力和包容性,不仅没有灭亡,反而形成了影响范围极广的中华文化圈,其影响时间和影响力都十分深远。中国传统的教育制度、考试制度,也逐渐形成了一种相对成熟、稳定的体系。这样一种深厚的文化基础,不可能简单地因为武力侵略或文化侵略而彻底丧失生命力。但从另一个方面来看,近代中国由于闭关自守,对外来先进文化存有抵触心理,既没有彻底了解和学习近代西方工业革命的科技成果,也没有接纳西方先进的政治、经济与法律制度,因此在整个文化上不仅没有融入近代国际社会,反而因为迷醉于自身原始的强盛而渐被孤立了。

闭关自守导致的文化封闭,并不代表中国传统文化完全丧失了活力,而是需要一剂强心针来刺激其继续发展,西方列强的文化侵略,正好充当了这一角色。中国传统文化的内在张力表现为"其中既包含有滋生和促动近代化的因子,也包含有抑制和阻碍近代化的因子,这决定了高等教育乃至整个文化近(现)代化的发展进程"②。近代化的潮流是不可逆的,因为伴随着经济全球化以及科技现代化,整个世界的政治、经济与文化都在发生着剧变,同时列强的侵略又势必会打破滋养中国本土文化的温床,强迫其正视并参与世界发展的潮流。而近代中国政治、经济、科技的进步,除了制度的保障,也必然离不开先进教育制度的支撑。因此,近代中国高等教育的发端,究其根源,还是本土文化为适应世界先进文化潮流而内在产生的制度需求,尤其在教育制度上体现得更为明显。

---

① 刘华:《试论中国高等教育近代化初期的基本特征——以京师同文馆为例》,《南京师大学报(社会科学版)》,2002年11月第6期,第59页。

② 同上。

二、近代高等教育制度的初期发展

正如前文所述,近代中国高等教育发轫于洋务运动时期。两次鸦片战争之后,中国的部分革新派逐步认识到,想要抵抗外辱、发奋自强,首先要学习西方先进的科学技术。左宗棠曾深刻认识到:"夫习造轮船,非为造轮船也。欲尽其制造、驾驶之术耳;非徒求一二人能驾驶也,欲广其传使中国才艺日进,制造驾驶展转接受,传其无穷耳。故必开艺局,选少年聪颖子弟习其语言文字,诵其节,通其算学,而后西法可衍。"[①]可见当时的洋务派已经认识到西方技术的先进,而中国想要学习,只派一两个人获取技术是不够的,必须要通过创办新式学堂,从而对整个教育制度进行改良,培养一大批新式人才才行。因此在中国引进西方教育制度的初期,所创办的一批洋务学堂基本上都是从实用目的出发,教授政治、法律制度的还比较少,大多以教授较为务实的语言、技术、军事类为主:

表1-1 洋务运动时期创办洋务学堂分类一览表

类别	语言类	技术类	军事类
学堂名称	京师同文馆 上海广方言馆 广东同文馆 湖北自强学堂	上海机器学堂 福建船政学堂 福州电报学堂 天津电报学堂 广东实学堂 上海电报学堂 天津西医学堂 自强学堂	天津水师学堂 广东水师学堂 江南水师学堂 天津武备学堂 湖北武备学堂 广东陆师学堂 江南陆师学堂 南洋水师学堂

资料来源:刘敬坤、徐宏:《中国近代高等教育发展历程回顾(上)》,《东南大学学报(哲学社会科学版)》2004年第6卷第1期,第114页。

以京师同文馆为例,鉴于中国两次鸦片战争战败的痛苦教训,再加上《中英天津条约》中"嗣后英国文书俱用英字书写……遇有文字难辩之处,总以英文作为正义"等强行规定,主持外交事务的奕䜣等

[①] 《左宗棠全集》奏稿,第3册,岳麓书社出版社2009年版,第342页。

人以与西人交涉必先识其语言文字为由,于清同治元年(1862年)设立了京师同文馆。设立的主要目的在于培养翻译人才从而能够更为方便地与西方各国进行交流,为外交和学习西方技术提供便利。恭亲王奕䜣曾认为"各夷以英国为强悍,俄国为叵测,而法、美从而阴附之"[①]。可见当时学堂的角色定位及专业设定都是比较有针对性的,或者说是比较应急或功利性的。据此,京师同文馆最初设立了英文馆,随后又增设了俄文馆与法文馆。1866年,基于洋务运动的迅速发展,奕䜣等人又以天文、算学是西方各国"制器之根本"为由,奏请京师同文馆增设天文算学馆,聘请西人教习,扩大招生范围。对于是否增设天文算学馆,朝野上下展开了长达半年的激烈争论。持反对意见的大学士倭仁等人认为,"立国之道尚礼义不尚权谋,根本之图,在人心不在技艺"[②],坚决反对把西方的所谓"奇技淫巧"作为学堂教育的主修课程。而奕䜣等人则认为其"不识实务","语曰:'一物不知,儒者之耻'。士子出户举目见天,顾不解列宿为何物,亦足羞也"[③]。双方的争论其实代表了当时中国的保守派与革新派之间的根本矛盾,即本土文化的宗旨究竟是固守还是修正的矛盾。在长达半年的争论后,由于洋务派的坚持,同文馆于1867年增设了天文算学馆。至此,京师同文馆开始由一所单一的外语学校向多学科共同发展的综合类学校转变,在形式上基本具备了近代高等教育的雏形。

天文算学馆成立后,鉴于中国落后的社会经济状况以及学习西方先进技术的迫切需求,洋务派逐步认识到,西学的内容不仅应包括西方的语言文字,还应包括西方得以击败中国的先进科学技术。在学习西方的语言文字之后,也必须要学会西方列强得以强盛的技术根本,因为"若不从根本上用着实功夫,即习学皮毛,仍无俾于实用",要从根本上寻求中国的富强之道,就必须进一步学习西人演算、天文、制炮、造船等技术。在这样一种迫切需求下,许多其他的西方自

[①]《筹办夷务始末(咸丰朝)》,中华书局,1979年版,第71页。
[②]《筹办夷务始末(同治朝)》,中华书局,1979年版,第47页。
[③] 同上,第46页。

然科学和社会科学课程也陆续被引进京师同文馆:

表1-2 京师同文馆课程设置及教习人员一览表

序号	设立时间	课程名称	教习
1	1868	算　学	李善兰
2	1869	国际公法	丁韪良
3	1871	德　文	伟　贝
4	1871	化　学	毕利干
5	1872	医学生理	德　贞
6	1878	天　文	海灵敦、费理饬
7	1879	物　理	欧理斐
8	1898	东　文	杉矶太郎

资料来源:刘华:《试论中国高等教育近代化初期的基本特征—以京师同文馆为例》,《南京大学学报(社会科学版)》2002年第6期,第59页。

以京师同文馆为代表的一系列洋务学堂,在教学内容上偏重于对西方自然科学和社会科学的学习,在科目设置上逐步开始与国际接轨。虽然这一系列显著变化"并非中国文化和高等教育发育到成熟阶段的逻辑产物,而是为应付中外交流之急的一种迫不得已的措施,是外力催生的结果。从文化同化的角度看,是一种被动同化"[①],但是这对于推进中国教育近代化、建立中国本土的高等教育制度,有着不可估量的作用。

三、高等教育制度产生的意义

中国本土文化及教育制度经过长时间的自我调适与发展,已经形成了一套完善的制度体系,这样一种体系在没有外力的作用下,有着极强的稳定性和延展性。因此如果没有西方列强的侵略作为改革的契机,那么传统的制度体系也许还会长时间地继续发展下去,并且很难会出现深刻的变革。随着一系列洋务学堂的出现,近代中国已

---

① 刘华:《试论中国高等教育近代化初期的基本特征—以京师同文馆为例》,《南京大学学报(社会科学版)》2002年第6期,第60页。

经产生了近代高等教育制度的雏形,这对推进中国教育近代化、培养大批实用性人才等方面都有着不可估量的作用:

(一)开始设立注重与社会实际相结合的课程,改变了原本的科目体系

中国传统教育的内容以包括"礼、乐、射、御、书、数"的"六艺"为主,以道德教育为核心,在科目的设置上与社会现实生活基本脱节。而洋务学堂在科目的设置上开始注重与社会实际相结合,虽然科目内容还保留了一些中国传统经典,但更多的是偏重于对西方自然科学和人文学科的学习,在科目的设置上,增加了如天文、地理、航海、算学、电学、数学、地质学、法学等课程,大大改变了延续数千年的传统科目体系。这不仅有利于开拓学生的学习领域和视野,帮助国家培养急需的应用型人才,同时对于中国近代高等教育制度的学科建设、课程体系的确立,也有着重大的推动作用。

(二)重新确立教育培养目标,培养了大批应用型、专业型人才

中国传统教育的特点是重道德伦理、轻技术技巧,目标是培养能够通过科举考试脱颖而出的士大夫阶层。这样一种教育培养目标,无法培养出适应当时社会形势的新型应用型人才,更无法建立适应近代社会需求的教育体制。而洋务学堂的设立,最直接的目的就是尽快培养一批应用型、专业型人才,以便于为提升近代中国的经济、技术、军事服务。从培养的效果来看,确实也达到了一定的目的,如"福州船政学堂先后培养出628名航海、造船、蒸汽机制造方面的管理及工程技术人员,北洋武备学堂自开办到1900年毁于八国联军炮火的15年间也培育近千名近代军事指挥员。这些人才放眼世界,学习时代领先技术,打开了中国近代外交的新局面,促进了中国近代交通、通讯等新兴部门的发展"[1],为中国早期的近代化奠定了基础。

(三)引进了西方先进的教育理念,推进了中国教育制度的近代化

中国的传统教育思想强调"立国之道尚礼义不尚权谋,根本之

---

[1] 胡万庆、林美群:《浅析晚清洋务学堂》,《宜宾学院学报》2005年第2期,第15页。

图,在人心不在技艺",认为高层次的教育应当强调内心的修养,而不是学习实用性的科学技术。洋务运动之后,洋务派认识到如果要强盛国力,必须学习西方先进的技术,于是率先提出了"中学为体、西学为用"的口号,在教育理念上打破了以往培养高等人才只谈孔孟,不论技艺的情况。基于这样一种先进理念的推动,中国逐步开始了教育近代化的进程,在此后的维新变法运动中,"维新派广设学堂,改革科举考试制度,并彻底地废除了八股取士这一制度,维新派将西学引入考试内容,以便选拔有真才实学的人为统治阶级服务,这就改变了衡量人才的标准"[①]。先进教育理念的传播,使得国人能够放眼世界,了解和学习西方的教育内容和方法,并使之与本土教育理念中值得保留的部分相结合,推进了中国近代高等教育制度的建立。

第二节 民国初期高等教育立法概况

民国初期,即1912年南京临时政府成立至1927年北京国民政府结束这段时间,是中国近代高等教育立法的发展阶段。这个时期的高等教育立法,已基本能够规范高等院校的类别、高等教育的学制、课程的设置与分科、教育的设施条件以及教育管理等各个方面,并且因为国体政体的变革、教育立法的改革以及国际形势的变化,体现出了与清末教育立法不同的显著特色。所谓"教育立法",是指"有关国家机关在其职权范围内,依照法律程序制定、修改和废止有关教育的法律和其他规范性教育文件的活动,其功能是把国家的教育方针和政策固定下来,并赋之于法律的权威地位,以保障教育事业的持续、稳定发展"[②]。随着1912年南京临时政府的成立,君主专制政体正式结束,教育制度也随之发生了巨大的变革,无论是高等教育的立

---

① 胡万庆、林美群:《浅析晚清洋务学堂》,《宜宾学院学报》2005年第2期,第16页。
② 涂怀京、陈冬:《民国元年教育立法探微》,《阿坝师范高等专科学校学报》2006年3月第23卷第1期,第17页。

法机构还是立法程序,都体现了资产阶级共和国的法制特点。在这一历史时期,国家立法机构颁布的相关法律和教育部颁布的相关教育法令,相继形成了1912—1913年的"壬子癸丑"学制和1922年的"壬戌"学制,从根本上改变了清末教育法规"钦定"或"奏定"的状况,使中国的高等教育体制向近代化迈出了重要的一步。

一、"壬子癸丑"学制

1912年,民国肇造,在新的国体和政体之下,必须创造新的教育制度以适应新形势之需。而清末的教育、考试制度大多附庸于帝制,是旧时代的产物,因此其中很少可以用来借鉴。南京临时政府教育部成立之初,时任教育部秘书长的蒋维乔曾向第一任教育总长蔡元培建议,"军事未毕,实施教育,尚非其时。不过,帝制推翻,民国成立,前清学制全不适用,且为天下诟病已久,不若于此数月中,先行草拟民国学制"[1],从中足以见得在民国政府成立初期建立新型教育制度的急迫性。于是在北京国民政府成立之初,教育部就召开了临时教育会议,审议各项教育草案,陆续颁布了壬子癸丑学制的各项法规,其中与高等教育制度有关的法规主要有:

表1-3 1912年9月—1913年8月期间"壬子癸丑"学制颁布法令一览表

颁布时间	法令名称
1912年9月	教育宗旨
	学校管理规程
	学校制服规程
	学校仪式规程
	学校系统令
	学校学年学期及休业日期规程
	师范教育令
	学校征收学费规程

---

[1] 陈学恂主编:《中国近代教育史教学参考资料(中册)》,人民教育出版社,1987年版,第163页。

(续表)

颁布时间	法令名称
1912年10月	专门学校令
	大学令
	暂准法政专门学校设立别科令
	学生操行成绩考查规程
	学生学业成绩考查规程
1912年11月	法政专门学校规程
	工业专门学校规程
	公立私立专门学校规程
	医学专门学校规程
1912年12月	实施部定学校系统各学校令及各项规程的办法
	商船专门学校规程
	外国语专门学校规程
	商业专门学校规程
	农业专门学校规程
	师范学校规程
1913年1月	大学规程
	私立大学规程
1913年2月	高等师范学校规程
1913年3月	师范学校课程标准
	高等师范学校课程标准
1913年8月	实业学校令
	实业学校规程

资料来源:根据《教育法令选》(上海商务印书馆,1925年版)整理。

壬子癸丑学制各项法令的制定,均采取召开教育会议的办法进行,这与清末癸卯学制采用"钦定""奏定"的立法方式有着本质的区别,属于近代资产阶级政权的立法形式。同时学制中关于高等教育的法规数目也增加了很多,涵盖了大学的学制、类别、分科、课程设置、学生管理等各个方面,以及涉及学校放假、征收学费、考试、制服、仪式等具体方面的立法。

(一) 民国初年高等教育宗旨的确立

清末"癸卯"学制的教育宗旨具有显著的"中学为体、西学为用"特征,具体描述为:"无论何等学堂,均以忠孝为本,以中国经史之学为基,俾学生心术一归于纯正,而后以西学瀹其智识,练其艺能,务期他日成才,各适实用,以仰副国家造就通才,慎防流弊之意。"①可见清末学制改革虽然认识到应当学习西方的"智识"和"艺能",但是在教育宗旨上依然要坚持儒家的"忠孝"之根本。1906 年,清政府又颁布上谕:"兹据该部所陈忠君、尊孔与尚公、尚武、尚实五端,尚为扼要"②,如此一来,又把中国传统君主专制政体下所崇尚的"忠君""尊孔""尚公""尚武""尚实"等思想看成是教育的根本要点。在学问的研究和课程的设置上,癸卯学制也以传统经史之学为教学的根基,而向西方所学则是注重实用的技术。如此看来,清末变法之后的教育宗旨从根本上来说还是没有实质性的改变,只是增加了"尚实"的内容,力求在技艺上学习西方,增强了一点教育的实用性而已。

民国初年,随着新式政治制度的建立,中国迫切需要革除清末旧制,围绕资产阶级政权建立新的教育宗旨,为国家培养新式人才。因此在南京临时政府教育部成立伊始,时任教育总长蔡元培就认为应当通过立法,尽快"先行草拟民国学制"。1912 年 1 月 19 日,教育部颁布了民国时期第一个教育法令《普通教育暂行办法》,旨在建立新的教育秩序,其内容主要包括:"学校管理上,统一名称为学校,初小阶段允许男女同校,中学校废止文、实分科,废止毕业生奖励出身;修习年限上,中学及初级师范学校均由五年改为四年;教育内容上,废止小学读经科,注重手工科,三年级以上加设珠算,教科书要符合民国教育宗旨,禁用清学部颁行的教科书,高等小学以上的体操应注重

---

① 璩鑫圭、唐良炎:《中国近代教育史资料汇编·学制演变》,上海教育出版社,1991 年版,第 289 页。

② 同上,第 539 页。

兵式操。"①该办法进一步革除清末癸卯学制中旧的教育体制,如"废止毕业生奖励出身",促进了教育的平等和平民化,限制了贵族和特权阶层;"废止小学读经科,注重手工科",使学生不再囿于传统的经史子集,知识体系得以进一步拓展,同时提升了教学内容实用性和技能性;"教科书要符合民国教育宗旨,禁用清学部颁行的教科书",逐步消除了君主专制思想的影响,弘扬了当时社会上盛行的实用主义、自由、民主、平等观念。

1912年9月,北京国民政府教育部正式公布了民国教育宗旨为:"注重道德教育,以实利教育、军国民教育辅之,更以美感教育完成其道德"②;同年10月,教育部又公布了《大学令》,其中第一条规定大学的宗旨为:"大学以教授高深学术,养成硕学闳材,应国家需要为宗旨"③。这其中蕴含的教育平等及民主观念、普及国民教育思想、培养学生全面发展等现代教育精神,在当时的确具有启蒙意义。

(二)壬子癸丑学制确立了中国近代教育系统

北京国民政府于1912年9月3日颁布了《教育部公布学校系统表令》,确立了由初等小学校、高等小学校、中学校、实业学校、师范学校、大学、高等师范学校、专门学校等构成的近代教育系统,其中大学、高等师范学校、专门学校属于近代高等教育范畴。该系统表将国民教育划定为三个层次:

1. 小学层次(初等教育阶段):包括初等小学校、高等小学校和实业学校(乙种)。其中,初等小学校"4年毕业,为义务教育,毕业后得入高等小学校或实业学校"④,这一阶段男女同校,学龄7至10岁;

---

① 王炳照、阎国华:《中国教育思想通史(第六卷)》,湖南教育出版社,1994年版,第28页。
② 同上,第29页。
③ 《大学令》,载《教育法令选(第一册)》,上海商务印书馆,1925年版,第63页。
④ 《学校系统表令》,载《中华民国教育新法令(第一册)》,商务印书馆,1912年版,第9页。

高等小学校"3 年毕业,毕业后得入中学校,或师范学校,或实业学校"①这一阶段男女分校,学龄 11 至 13 岁。小学教育以"留意儿童身心之发育、培养国民道德之基础、授以生活所必需之知识技能为宗旨"②。

2. 中学层次(中等教育阶段):包括中学校、师范学校、实业学校(甲种)。其中,中学校"4 年毕业,毕业后得入大学,或专门学校,或高等师范学校",师范学校"本科 4 年毕业,预科 1 年"③,这一阶段男女分校,学龄 14~18 岁,以"完成普通教育、培养健全国民为宗旨"④。

3. 大学层次(高等教育阶段):包括大学、专门学校、高等师范学校。其中大学本科"3 年或 4 年毕业,预科 3 年",高等师范学校"本科 3 年毕业,预科 1 年",专门学校"本科 3 年或 4 年毕业,预科 1 年"⑤,这一阶段学龄为 18~24 岁,以"教授高深学术、养成硕学闳材、应国家需要为宗旨"⑥。

在新的学制下,儿童从 7 岁入学到大学毕业,整个教育期共分为初级教育、中级教育、高级教育三个阶段共 18 年。其中初等教育阶段分初等、高等两级小学共 7 年;中等教育阶段 4 年到 5 年;高等教育分预科、本科,分别为 4~7 年。此外,大学毕业后设大学院,属大学毕业后继续深造,不计年限。

壬子癸丑学制明确规定了各个教育阶段的教育年限和教育类别,对小学、中学、大学等各个教育阶段及基础教育、高等教育、职业教育、师范教育等教育类别有了清晰的划分,同时对民国初期学校的

---

① 《学校系统表令》,载《中华民国教育新法令(第一册)》,商务印书馆,1912 年版,第 9 页。
② 《小学校令》,载《中华民国教育新法令(第一册)》,商务印书馆,1912 年版,第 20-21 页。
③ 《学校系统表令》,载《中华民国教育新法令(第一册)》,商务印书馆,1912 年版,第 10 页。
④ 《中学校令》,载《中华民国教育新法令(第一册)》,商务印书馆,1912 年版,第 32 页。
⑤ 《学校系统表令》,载《中华民国教育新法令(第一册)》,商务印书馆,1912 年版,第 10 页。
⑥ 《大学令》,载《教育法令选(第一册)》,上海商务印书馆,1925 年版,第 63 页。

表1-4 壬子癸丑学制学校系统表

分支				年龄
	大			24岁
				23岁
				22岁
高等师范学校(预科)	(预科)	专门学校(预科)		21岁
				20岁
				19岁
师范学校(预科)	学校(预科)			18岁
	中学校			17岁
		实业学校(甲种)		16岁
				15岁
				14岁
	高等小学校	实业学校(乙种)		13岁
补习科				12岁
				11岁
	初等小学校			10岁
				9岁
				8岁
				7岁

资料来源:《学校系统表令》,载《中华民国教育新法令(第一册)》,商务印书馆,1912年版,第10页。

体系做出了比较完整的设计,并且具有一定的科学性和规范性。例如,在基础教育中,初等小学毕业后有一次分流,可选择升入高等小学校或进入实业学校(乙种);高等小学毕业后也有一次分流,可选择升入中学、师范学校或实业学校(甲种)。这两次分流是符合当时中国国情的,"因为国力的原因,只规定普及初小4年,在普及教育年限之上分流出职业教育是世界通行的做法,高小3年后再二次分流为中学和甲种实业学校,即更高一级的实业教育,这样的学制设计也就降低了实业教育的门槛,对改变我国'轻技术、重学问'的教育传统尤有裨益,也对1917年以后近代中国职业教育的发展起到促进作用"[①]。此外,该学制教育系统中对高等教育的划分包括本科教育、专门教育和高等师范教育,这在形名上已与现代高等教育的体系称谓基本一致,并且符合当时发达国家教育的通行做法,为中国教育体系的进一步完善打下了基础。

(三)壬子癸丑学制高等教育科目与课程的设置

壬子癸丑学制中高等教育阶段主要分为大学、专门学校和高等师范学校。教育部在高等教育的课程设置上,既要废止讲经读经,使学生在知识的获取上不再限于传统的经史子集,又要实现教育的平民化、增强教育的实用性,从而"引导学生的质量规格向着为工农业生产、社会现实生活服务的方向转变,而非脱离社会和生产的实际需求,各方面知识成为有用的社会服务工具而非纯粹的装饰品"[②]。但由于缺乏近代高等教育的制度基础和文化基础,新兴的资产阶级政权想要在短时间内建立一套适应当时社会需要的科目与课程体系也绝非易事。在这样的情况下,通过引进和借鉴来快速建立国内高校的科目与课程体系也是可以理解的。回顾成立于1912年5月的北京国民政府教育部,其"一厅三司70人中,有60余人有留日背景,学

[①] 周文佳:《民国初年"壬子癸丑学制"述评》,《河北师范大学学报(教育科学版)》2011年第11期,第49页。
[②] 周文佳:《民国初年"壬子癸丑学制"述评》,《河北师范大学学报(教育科学版)》2011年第11期,第50页。

制起草主要参与人也多为留日归来者,参加临时教育会议的代表82人中,留日背景的人也远比留学欧美的人多"①,因此壬子癸丑学制在高等教育的科目与课程设置上,有着明显借鉴日本的倾向。

1. 大学的科目及课程设置

1912年10月24日,北京国民政府教育部公布了《大学令》,其中第二条规定:"大学分为文科、理科、法科、商科、医科、农科、工科。"②次年1月12日,又公布了《大学规程》,规定了大学的修业年限,"文科、理科、商科、农科、工科及医科之药学门为3年,法科及医科之医学门为4年"③,并具体规定了大学所分每科的具体科目,详见表1-5:

表1-5 壬子癸丑学制大学科目一览表

大学科目	文科	(一)哲学、(二)文学、(三)历史学、(四)地理学
	理科	(一)数学、(二)星学、(三)理论物理学、(四)实验物理学、(五)化学、(六)动物学、(七)植物学、(八)地质学、(九)矿物学
	法科	(一)法律学、(二)政治学、(三)经济学
	商科	(一)银行学、(二)保险学、(三)外国贸易学、(四)领事学、(五)税关仓库学、(六)交通学
	医科	(一)医学、(二)药学
	农科	(一)农学、(二)农艺化学、(三)林学、(四)兽医学
	工科	(一)土木工学、(二)机械工学、(三)船用机关学、(四)造船学、(五)造兵学、(六)气工学、(七)建筑学、(八)应用化学、(九)火药学、(十)采矿学、(十一)冶金学

资料来源:《大学令》,载《教育法令选(第一册)》,上海商务印书馆,1925年版,第64页。

2. 专门学校的科目及课程设置

1912年10月22日,北京国民政府教育部公布了《专门学校令》,

---

① 周谷平、章亮:《蔡元培和民初学制改革——纪念蔡元培诞辰130周年》,《杭州大学学报》1998年第4期。
② 《大学令》,载《教育法令选(第一册)》,上海商务印书馆,1925年版,第64页。
③ 《大学规程》,载《教育法令选(第一册)》,上海商务印书馆,1925年版,第67页。

把专门学校的种类划分为"法政专门学校、医学专门学校、药学专门学校、农业专门学校、工业专门学校、商业专门学校、美术专门学校、音乐专门学校、商船专门学校、外国语专门学校"[①]等十类,并于1912年11月至12月间陆续公布了《法政专门学校规程》《工业专门学校规程》《医学专门学校规程》《药学专门学校规程》《商船专门学校规程》《外国语专门学校规程》《商业专门学校规程》《农业专门学校规程》等系列专门学校规程,具体规定了各类专门学校所分每科的具体科目,详见下表:

表1-6 壬子癸丑学制专门学校科目一览表

专门学校科目	法政专门学校	(一)法律科、(二)政治科、(三)经济科
	工业专门学校	(一)土木科、(二)机械科、(三)造船科、(四)电气机械科、(五)建筑科、(六)机织科、(七)应用化学科、(八)采矿冶金科、(九)电气化学科、(十)染色科、(十一)窑业科、(十二)酿造科、(十三)图案科
	农业专门学校	(一)农学科、(二)林学科、(三)兽医学科、(四)蚕业学科、(五)水产学科
	医学专门学校	不分科
	药学专门学校	不分科
	商船专门学校	(一)驾驶科、(二)机轮科
	外国语专门学校	(一)英语学科、(二)法语学科、(三)德语学科、(四)俄语学科、(五)日本语学科
	商业专门学校	不分科

资料来源:《专门学校令》,载《教育法令选(第一册)》,上海商务印书馆,1925年版,第8页。

3. 高等师范学校的科目及课程设置

1913年2月14日,北京国民政府教育部公布了《高等师范学校规程》,将高等师范学校的本科分为"国文部、英语部、历史地理部、数学物理部、物理化学部、博物部";预科科目规定为"伦理学、国文、英

---

① 《专门学校令》,载自《教育法令选(第一册)》,上海商务印书馆1925年版,第8页。

语、数学、图画、乐歌、体操"等①,具体科目详见表1-7:

表1-7 壬子癸丑学制高等师范学校科目一览表

高等师范学校科目	本科 国文部	(一)国文及国文学、(二)历史、(三)哲学、(四)美学、(五)言语学
	英语部	(一)英语及英文学、(二)国文及国文学、(三)历史、(四)哲学、(五)美学、(六)言语学
	历史地理部	(一)历史、(二)地理、(三)法制、(四)经济、(五)国文、(六)考古学、(七)人类学
	数学物理部	(一)数学、(二)物理学、(三)化学、(四)天文学、(五)气象学、(六)图画、(七)手工
	物理化学部	(一)物理学、(二)化学、(三)数学、(四)天文学、(五)气象学、(六)图画、(七)手工
	博物部	(一)植物学、(二)动物学、(三)生理及卫生学、(四)矿物及地质学、(五)农学、(六)化学、(七)图画
	各部通习	(一)伦理学、(二)心理学、(三)教育学、(四)英语、(五)体操
预科		(一)伦理学、(二)国文、(三)英语、(四)数学、(五)心理学、(六)图画、(七)乐歌、(八)体操
研究科		研究科就本科各部择二三科目研究之

资料来源:《高等师范学校规程》,载《教育法令选(第三册)》,上海商务印书馆,1925年版,第45页。

二、"壬戌"学制

(一)壬戌学制下的学校体系

由于壬子癸丑学制多模仿照搬日本的学制体系,在还没有充分结合中国当时的教育基础和具体国情的情况下,就仓促出台并通令全国,以至于在当时出现了很多现实性的问题。随着1919年新文化运动的蓬勃开展,中国的教育界又出现了新的局面,原有的学制体系

---

① 《高等师范学校规程》,载《教育法令选(第三册)》,上海商务印书馆,1925年版,第45页。

与新形势的矛盾逐渐凸显,教育体制改革势在必行。1922年9月,北京国民政府召开全国学制会议,向全国征集学制改革的提案,并将通过的《学制系统草案》提交全国教育会联合会第八届年会征求意见,制定了《学校系统改革案》,并于同年11月1日以大总统令向全国公布。这就是所谓的1922年"新学制"或"壬戌学制"。

表1-8 壬戌学制学校系统改革表

年龄	阶段			
25岁	高等教育	大学院		
24岁				
23岁		大学		
22岁				
21岁			专门学校	
20岁				
19岁		学校		
18岁				
17岁	中等教育	师范学校	高级中学校	职业学校
16岁				
15岁				
14岁			初级中学校	
13岁				
12岁				
11岁	初等教育	高级小学校		
10岁				
9岁				
8岁		初级小学校		
7岁				
6岁				
6岁以下		幼稚园		

资料来源:《教育法令选(第一册)》,上海商务印书馆,1925年版,第1页。

壬戌学制主要是采取当时美国一些州已经实行的"六三三制",

即改中学四年为六年,分高中、初中各三年,正式改各学科下的门为系,并取消了大学预科,缩短高等教育阶段的教育年限,使大学不再担任普通教育的任务,有利于大学进行专业教育和科学研究。这样一来,"中国的大学即形成三级行政管理制,即大学—科—系。也由此开始,中国的高等教育遂逐渐走上充实与完善的道路"[①]。在新的学制之下,我国近代高等教育最大的改革和变化主要有四点:"一、得设单科大学;二、高等师范学校改称为师范大学;三、大学用选科制;四、废止预科。各专门学校、高等师范学校,多升格改为大学或师范大学,高等教育骤形发达,学术研究大有进步。"[②]其中,"准设单科大学"和"高等师范学校改称为师范大学",实际上就是在称谓上及性质上将以往的专门学校和高等师范学校改为大学,明确了这两类学校的层次和地位,将综合大学、单科大学和师范大学正式纳入高等教育体系。

(二) 壬戌学制的教育指导思想

如前文所述,我国民国初期的学制以模仿日本学制为主,而日本的教育制度又根源于德国的教育思想和教育理论,因此,民国初期"中国教育界以学习德国教育学说为主。不管是壬寅癸卯学制还是壬子癸丑学制,都深深地刻上了德国赫尔巴特教育学说的烙印。湖南省教育会提议的《改革学制系统案》和后来全国教育会联合会几个与学制有关的议决案,同样也摆脱不了德国模式的影子"[③]。此后,随着德国在第一次世界大战中的战败以及中日"二十一条"的签订,中国逐渐开始走上一条主动摆脱日德教育体系的道路。

在美国杜威的实用主义教育理论的影响下,北京国民政府各省区教育会将讨论的焦点指向了废除教育宗旨的问题,认为教育应该

---

① 刘敬坤、徐宏:《中国近代高等教育发展历程回顾(上)》,《东南大学学报(哲学社会科学版)》2004年第6卷第1期,第118页。
② 《第二次中国教育年鉴》,商务印书馆,1948年版,第489页。
③ 梁尔铭:《全国教育会联合会与壬戌学制》,《河北师范大学学报(教育科学版)》2010年第9期,第39页。

避谈宗旨,而应当以实用为主,并于全国教育会联合会第五次年会中通过了《请废止教育宗旨宣布教育本义案》,该案指出:

> 新教育之真义,非只改革教育宗旨、废止军国主义之谓。若改革现时部颁宗旨,为别一种宗旨,废止军国主义,为别一种主义,仍是应如何教人之问题,非人应如何教之问题也。从前教育只知应如何教人,不知研究人应如何教。今后之教育,应觉悟人应如何教,所谓儿童本位教育是也。施教育者,不应特定一种宗旨或主义以束缚被教育者,盖无论如何宗旨、如何主义,终难免为教育之铸型,不得视为人应如何教之研究。故今后之教育,所谓宗旨,不必研究修正或改革,应毅然废止。①

在这样一种教育思潮的影响之下,1922年的壬戌学制不提教育宗旨,而以七项标准作为改革的指导思想:一、适应社会进化之需要;二、发挥平民教育精神;三、谋个性之发展;四、注意国民经济力;五、注意生活教育;六、使教育易于普及;七、多留各地方伸缩余地。从中不难看出,这七项标准并不是高深或宏大的口号,而是尽量寻求一条符合国情能够满足大众教育需要的道路。如"使教育易于普及""注意生活教育""发挥平民教育精神",是为了普及国民教育,改善我国当时在国际社会中教育、文化较为落后的局面;"适应社会进化之需要""注意国民经济力",是为了能够根据现实国情,按照国家经济文化发展的实际情况来制定教育体系。

(三)壬戌学制的历史意义

1. 避免了照搬盲从,开始贴近中国国情

如前文所述,壬子癸丑学制是在民国建立之初,新政权对新式教

---

① 《请废止教育宗旨宣布教育本义案》,载《历届教育会议议决案汇编》,教育编译馆,1935年版,第2页。

育尚未充分调研和实践的情况下照搬日本模式设计的。而壬戌学制的制定，则是在壬子癸丑学制实施的十年之后。在这十年间，北京政府能够有充分的时间结合国情具体分析，找到更适合自身发展的教育理论和教育制度。虽然是从效法日本转向了效法美国，但却并非是盲目照搬美国的教育制度，而是中国教育界经过长期酝酿、充分研讨，最后集思广益的结晶。

2. 开始由军国主义教育转向平民教育

壬子癸丑学制的设置表现出了较强的功利性，也体现了民国初期富国强兵、迅速培养专业人才的急迫性，类似于德国和日本的军国主义教育。而壬戌学制则表现了教育重心的下移，开始更加重视基础的、民众的教育，注重培养各个层次的人才，不仅学制简明，而且留有充分的灵活性，在满足了国家和社会需要的同时，也照顾到了个体的需求。

3. 标志了近代学制体系建设的基本完成

在新文化运动与西方自由主义思想的影响下，1922年颁布施行的壬戌学制逐渐形成了学术自由、教授治校、学生自治、通才教育等先进的理念与制度。并完善了初等教育六年、初级中学三年、高级中学三年、高等教育取消预科的"六三三"学制，同时在建设大学制度的过程中，开始与国际接轨，进行学分制、选课制的实践，学制中的很多内容一直沿用至今。因此，壬戌学制的颁布和实施，不仅标志着中国资产阶级新的教育制度的确立，也标志着中国近代以来的学制体系建设的基本完成。

第三节 民国初期高等教育发展进程

一、高等院校的实际办学状况

民国建立初期，国家政局不稳，南北纷争不断，全国军阀割据，各地区经济文化水平发展极不平衡。加上中国幅员辽阔、省区众多，因此想要在当时的社会环境下从无到有,建立一套符合中国国情的高等教育体系,是极为困难的。在这样一种前提下,为了将高等教育的理念、制度推行全国,配合新学制建立一整套高等教育制度,使之在全国的发展趋于平衡,并且根据各地社会、经济、文化的发展有计划地培养专门人才,1912年的中央临时教育会议即决定"在10年之内将全国划分为4个大学区,设立4所大学,分别以北京、南京、武昌、广州为本部;同时,在全国划分6个高等师范学区,以北京、南京、武昌、广州、成都、沈阳为本部,分设6所高等师范学校"[①],以期由点及面,先由国家进行投入,试点创办几所大学,再向其他省份辐射,最终带动全国的高等教育全面发展。

虽然有了计划,然而实际实施的情况却未尽如人意。在民初的十年间,全国不过只有一所国立大学——北京大学,直到1921年才有在南京高等师范学校基础上建立的东南大学。不过,划分6个区域建设高等师范学校的主张却得以顺利实施,不但在北京、南京、武昌、广州、成都、沈阳六地通过改建清末师范学堂或新建成立了6所高等师范学校,而且为当地培养了一批合格的师资力量,改善了民国初年师资匮乏的局面。

表1-9 民国初期公立、私立大学概况

年份	学校数 公立	学校数 私立	教职员工	学生数 专科及专修科	学生数 预科	学生数 合计	毕业生数 本科及专修科	毕业生数 预科	毕业生数 合计
1912	2	2	229	481	1 595	2 076	273	439	712
1913	3	2	319	1 371	1 713	3 084	24	247	271
1914	3	4	319	730	2 478	3 208	18	381	399
1915	3	7	319	1 219	2 239	3 458	131	739	870
1916	3	7	420	1 446	2 163	3 609	344	554	898

资料来源:根据《第二次中国教育年鉴》(商务印书馆1948年版)相关内容整理。

---

① 霍益萍著:《近代中国的高等教育》,华东师范大学出版社,1999年版,第103页。

如表1-9所示,在1912年至1916年的5年间,公立和私立大学的数量都略有增加,虽然公立大学在这5年间仅由两所增加至三所,但私立大学由1912年的两所增加到1916年的七所,大学的学生数和毕业生数也基本保持上升趋势。同时,大学占高等学校总数的比例也得到增加。截至1916年,我国的国立大学仅有北京大学1所,省立大学有直隶北洋大学、山西大学两所;私立大学有复旦公学、中国公学、大同学院、北京中华大学、朝阳大学、武昌中华大学、明德大学7所。除了国立、省立院校外,还有一些由其他政府机构设立的高等学校,最为著名的就是交通部设立的交通大学和外交部设立的清华学校。交通部设立的高等学校最初为分设三地的北京邮电学校、铁路管理学校,唐山工业学校和上海工业专门学校。1920年,交通部提议将4校合并,组成交通大学,经北京政府国务会议通过,任命交通总长叶恭绰兼任交通大学校长,三地校名分别改为交通大学北京学校、交通大学唐山学校与交通大学上海学校。另外还有外交部所辖的高等院校两所,一所是俄文专修馆,一所是清华学校。

民国初期,私立大学在数量上要大大多于公立大学。1912至1913年间,由于民初的壬子癸丑学制取消了清末癸卯学制中的高等学堂,因此原有的高等学堂不得不改建为中学或专门学校,以至于全国的高等教育机构大量减少。在这种情况下,由于私立大学不需要国家资金支持,再加上民国初期急需各类专业人才,私立大学有了广阔的发展空间。至1925年,私立大学数量大幅增加,由1917年的7所上升至27所,其中比较著名的有:"一、1917年,由复旦公学改办的复旦大学,设文、理、工、商、社会科学、生物系、中国文学等科;二、1918年,由南开学校改办的南开大学,设文、理、商三科;三、1920年,留法俭学会将原法文预备学校和生物研究所扩充为文理两科,改办为中法大学;四、1921年,陈嘉庚创办的集美大学等"①。民国初年兴

---

① 参见霍益萍著:《近代中国的高等教育》,华东师范大学出版社,1999年版,第111-112页。

办私立大学的热潮,一是与国家对于各类专业人才的渴求息息相关,二是得益于 1922 年的新学制放宽了私立大学设立的条件,使原来的一些专门学校得以升格为单科大学。虽然速度发展过快,导致一些滥竽充数的情况时有发生,但还是有一些基础设施和师资条件比较好的私立大学,如复旦大学、南开大学等,在当时弥补了公立大学数量的不足,培养了一批社会亟需的各类专业人才。

表 1-10 民国初年全国专门学校概况表

年份	专门学校数											教员数
	公立	私立	合计	高师	法政	医药	农	工	商	外语	其他	
1912	77	34	111	12	64	5	5	10	5	5	5	2 033
1913	76	33	109	12	56	5	7	10	6	5	8	2 148
1914	71	24	95	11	44	7	7	13	5	2	6	1 985
1915	67	27	94	10	42	9	7	13	5	1	6	2 051
1916	55	21	76	7	32	9	6	11	5	2	4	1 616

年份	专门学校学生数								
	高师	法政	医药	农	工	商	外语	其他	专科合计
1912	2 304	3 080	233	1 341	2 312	1 236	554	845	39 633
1913	2 298	2 784	353	1 554	2 394	1 034	641	880	37 002
1914	1 076	2 300	637	1 274	2 488	987	316	561	31 346
1915	1 108	15 405	900	1 305	2 558	940	202	605	24 023
1916	1 481	880	950	985	1 807	680	283	806	15 795

资料来源:根据《第二次中国教育年鉴》(商务印书馆,1948 年版)相关内容整理。

在大学整体数量增加的同时,同处于高等教育体系内的专门学校在这一时期的绝对数量却呈下降趋势,由 1912 年的 111 所下降到 1916 年的 76 所,学生数也由 39 633 人下降至 15 795 人。其中法政专门学校的下降趋势最为明显,由 1912 年的 64 所下降到 1916 年的 32 所,下降比例达 50%。法政专门学校数量的大幅调整与高等学校相关政策和法令的出台密切相关,如1913年1月15日教育部规定禁止法政类专科毕业,改为本科并申明本科年限。但法政类学校由于"与仕途关系紧密,家长和学生受到'学而优则仕','以政法为官之利器,法校为官所产生,腥膻趋附,熏莸并进'等思想的影响偏好法政科,同时法政学堂增加,出现了每省至少设立一所法政类专门学校的现象,法政类别专科和预科学生数量较大"①。民初开始对专门学校结构实施调整,大力整顿法政学堂,主要就是因为政法学堂数量过多,1912年时甚至占到专门学校总数的57.7%之多。在1913年教育部在学员提出的关于私立法政高等学校办学调查报告的基础上,下令一律停办私立法政大学与法政专门学校,公立法政专门学校则通过严格检定学生入学资格、审查各校试卷等办法予以限制和整顿。至1916年,法政专门学校降至32所,其余种类之专门学校数量则有所增长:医药9所、农业6所、工业11所、商业5所、外国语2所,虽法政学堂仍居多数,但学生数已不占优势,高师与工业专门学校则后来居上,专门学校的结构进一步趋于合理。

由于1912—1913年的壬子癸丑学制规定:"大学以文理二科为主,须合于左列各款之一,方得名为大学:一、文理二科并设者;二、文科兼法商二科者;三、理科兼医农工三科或二科一科者"②,因此在该学制下单科的高等学校只能设立为专门学校,这也是民国初年专门学校多而大学少的原因之一。至1922年,壬戌学制在对大学的定义上做出了新的规定:"大学校设数科或一科均可,其单设一科者,称为某科大学,如医科大学、法科大学之类。"③自新学制规定可设立单科大学之后,各地纷纷设立新的大学,全国甚至掀起了兴办大学的热潮。自1917年至1927年间,大学由10所一下子陡增到52所,多是由专门学校升格而成。此外,壬戌学制还规定:"专门学校和高等师

---

① 米红、李小娃:《曲折中前进:民国初年高等教育的发展及其特点》,《煤炭高等教育》2009年第二期,第2页。
② 《大学令》,载《教育法令选(第一册)》,上海商务印书馆,1925年版,第63页。
③ 《学校系统改革令》,载《教育法令选(第一册)》,上海商务印书馆,1925年版,第2页。

范学校入学资格同大学一样,专门学校修业4年的毕业生可享受大学4年制本科毕业生待遇,高等师范学校毕业生可以同等学力入大学研究院深造。这实际上意味着专门学校和高等师范学校基本上获得了同大学相当的地位。"①

在民国初期(1912—1927)这15年间,中国高等教育经历了从无到有,慢慢摸索的过程;也经历了从一开始的盲目照搬,到后来的依据实际国情逐步消化吸收的过程。虽然道路曲折,但毕竟为南京国民政府时期高等教育的进一步制度化和规范化提供了宝贵的经验,奠定了坚实的基础。

二、民国初期高等教育制度存在的问题

(一)学术权力官僚化、高校事务行政化问题突出

我国高等教育萌发不同于西方,而是基于国家对各类新式人才的迫切需要应运而生,这也注定了我国民初高等教育事业发展的功利性和目的性。因此,中国的高等教育自建立伊始,就一直无法摆脱政治势力的干预,再加上我国本土文化孕育近代化教育的根基不足,导致了民国各政府都必须依靠强有力的行政力量来推动高等教育事业的发展。而以政府集权为核心的管理体制,就势必会制约大学的独立发展。从中国的高等教育建立伊始,中国的大学就不具备真正的独立地位,无论学制怎么改革,体制怎么变化,除了蔡元培先生在1927年以大学院代替教育部的那一次短暂却终失败的尝试外,这么多年沿革下来,教育行政集权化是没有改变过的。可见,我国民国初期的政治权力"对教育不但有着直接的制约作用,而且,这种制约作用波及教育的一切方面。从教育的领导权到教育的享受权,从教育事业发展的规模到速度,从教育的总目标到各级各类学校教育的具体目标,从国家教育制度到学校管理制度,从教育内容到教育方法,从学校教育到非学校教育,无不反映出政治对教育的作用"②。这样一种制约作用

---

① 郑登云编著:《中国高等教育史(上)》,华东师范大学出版社,1994年版,第142页。
② 叶澜著:《教育概论》,人民教育出版社,1991年版,第146页。

直接体现为学术权力的官僚化,以及高校事务的行政化。

南京临时政府成立后,即于1月19日设立教育部。1912年8月3日,北京国民政府以临时大总统令公布了教育部官制,设教育总长一人,管理全国教育事务,设次长一人辅助总长处理部务,下设总务厅、普通教育司、专门教育司和社会教育司。1914年7月10日,北京国民政府又以总统令公布了修正教育部管制,规定教育部隶属于大总统,依法指挥监督各省、县教育局行政首长。虽然当时整个教育行政管制还没有真正完善,但却明确了政府对全国教育所拥有的管理、指导和监督职权,带有浓厚的中央集权制的特点。地方教育行政主要划分为省、县两级,省级教育行政机关主要附属于各省的都督府,县级则直接沿用了晚清学务公所,作为县级教育行政机关。

通过不断修正教育行政机关的组织和职能,民国初期最终确立了以教育部为中央教育行政管理机关,以省教育厅和县教育局为地方教育行政管理机关的中央集权式教育行政管理体制。这样一种教育部—教育厅—教育局三级体制的设计,对后来中国的教育行政制度产生了颇为深刻的影响。在行政权力主导下的大学,很容易在学校内部滋生"官本位"的观念,高校的内部管理也更多以行政权力为主导。再加上近现代中国大学校长多为政府官员,即便由学者担任校长一职主持校务,也时常会有校长与教育部门主管领导相互转任的现象,同时校长的任免权也一直保留在政府手中。因此,从历史来看,我国高等教育在一开始就难以从体制上真正实现教育家们所提倡的"教授治校""高校自治""学术自由"等理念。

此外,经费的紧张在民国初期也成为政府控制高校的一个有效手段。对于当时的高等院校来说,经费多少往往成为其能否延续下去的决定因素,因为它关系到学校基础设施建设、教授的聘用以及学生的教学培养等各个方面。正因为财务的依附性,导致了学校成为教育行政机关的附庸,难以做到独立自主。而教育工作者们所希望的"教育经费务必急谋独立,脱离政治藩篱,明定预算,指定拨款,由教育界直接取用,共同保管"①,也不过是一个美好的愿望罢了。因此,经费的依附性制约了大学的自由发展,而早期在中国出现的私立大学、教会大学,最终也被纳入政府的管控范围,甚至是被官办大学兼并重组。即便是勉强维持,但由于时局动荡,也会因为难以得到政府的资金支持而未能很好发展,无法与官办大学抗衡,而只能作为官办大学教育的补充而已。

总之,民国初年高等学校的发展不平衡,很大程度是高等学校在政府加强控制的背景下被动适应的反映,学校受到更多外部因素的影响从而阻碍了高等学校的正常发展,造成高等学校在学校类型、教育规模以及教育质量上出现畸形发展的倾向,以至于民国初年高等教育发展速度相对缓慢。因此,行政体制渗透到高等教育,导致学术权力官僚化、高校事务行政化,成为民国初期高等教育办学的一大特点。甚至在其后的数十年里,高校的行政化、官僚化逐渐成为中国高等教育难以根治的顽疾,官僚化的行政管理模式进一步渗入高校,令学术权力官僚化、高校事务行政化的局面愈演愈烈,从而在体制建设上与现代大学精神背道而驰。

(二)以借鉴为主的高等教育体制难以与中国本土国情相融合

欧美化与本土化是中国高等教育变革必须面对的问题,因为欧美化与本土化的矛盾贯穿了整个20世纪中国高等教育改革与发展过程,在很大程度上即表现为保护本土文化与照搬西化教育模式的冲突,以及注重本国特定的国情与迅速建立整套新式高等教育制度之间的矛盾。在对待这样一个严肃的问题上,民国时期的高等教育建设表现出了囫囵吞枣、简单模仿的倾向。

清末民初是中国重要的法律变革时期,因此在立法上需要大量借鉴一些西方先进国家的法制,尤其是在高等教育立法上,甚至存在很多对西方立法照搬照抄的状况。例如,"清末立法的外籍修律顾问主要仰赖日本专家,因此,立法的蓝本间接来自欧陆法,而直接则借

---

① 朱汉国、杨群:《中华民国史》(第五册),四川人民出版社,2006年版,第133页。

助日本法。北洋政府时期的修法则在借鉴德国、日本法的基础上,还参考了法国、瑞士、英美等国家的立法。立法过程中,虽也体察中国民情,但总体上参酌各国法理的多,考虑本国风土民情者少"①。当然,向西方学习也是中国高等教育制度建设中不可忽略的因素,正是自20世纪初开始,首先通过借鉴日本,中国才逐渐建立起了具有现代意义的教育体系。其后,又通过借鉴美国等西方国家的高等教育理念,我国高等教育制度拥有了更多的现代性特征,如"学术自由""大学自治",等等。但在引进和借鉴的过程中,如果不加以消化吸收,则很有可能就会造成水土不服的情况。

民国前期,"揖美追欧,旧邦新造"的思想渗透到社会各个领域,效仿西方国家的先进制度逐渐成为这一时期教育立法的一个重要原则。由于民初学制直接承自清末学制,又多有直接模仿日本学制之处,因此未及实行几年即暴露出诸多弊端。1915年湖南教育会即在全国教育会联合会第一次大会上提出《改革学校系统案》,列举了民初学制的六条弊害,可谓条条中肯,无不切中要害:"一是学校种类太简,不足谋教育多方面的发展;二是学校名称不正确,过于强调中小学的准备性;三是学校目的不连贯;四是学校教育不完善,忽视学生的社会生存能力的培养;五是学校的阶段互不衔接且多有重复;六是学习年限过长,且各阶段分配不当。"②可见在缺乏充分调研的基础上简单照搬的话,很快便会在制度运行过程中发现体制与实际情况格格不入的地方。此外,纵观从中央到地方的教育行政组织立法,包括《教育部官制》《教育厅暂行条例》《学务委员会规程》《特别市教育局规程》《县教育局规程》等法令法规,均显现出欧美国家教育体制对于中国教育制度的影响。例如,教育部官制中设立社会教育司就是效仿自欧洲的教育行政组织机构,而省、县级别的教育行政组织同是效仿欧美。另外,1922年新学制,更是极大程度上参考了欧美这方面的立法

---

① 黄源盛著:《法律继受与近代中国法》,智胜文化事业有限公司,2007年版,第32页。
② 《第二次中国教育年鉴》,商务印书馆,1948年版,第345页。

内容,开始了民国教育模式由日本模式到美国模式的转变。

  盲目照搬的过程中,极易产生急功近利的心态。在1917年《修正大学令》和1922年新学制的相继颁布后,政府对于大学设立之规定大大放宽,设数科或一科均可称为大学,由此引发了大学升格运动,导致了专门学校升格为大学的情况比比皆是。而就当时中国国力而言,教育经费的匮乏根本无法支持这么多的大学数量,这不免导致当时不少大学被迫停办。在教学课程的设置上,民国初期的高等教育把外语提到了相当高的地位,却一定程度上忽视了对本国文化的重视。1920年的全国教育会联合会会议中议决通过的改革学制案,提出大学校学生限定至少习两种外文;1921年的全国教育会联合会会议中议决通过了"将世界语加入师范学校课程案",考察当时各校公共外语科的课时,大都排在第一,大大超过国文课和其他公共基础课,如东南大学规定的必修科,国文是6个学分,而英文则达到12个学分。

  其实,中国自清末洋务运动时期开办高等教育开始,就一直挣扎于欧美化和本土化的困境之中。因为西方的近现代高等教育无论是从理念、体系还是具体制度而言,都与中国古代的高等教育有着本质上的差别。从中西高等教育发展的渊源上来看,"西方的大学与中国古代的高等教育,无论在形式还是内容方面,本来就有着巨大差别。西方大学以工具理性主义为核心,而萌芽于洋务运动的中国大学则具有很强烈的应急性质。有学者将此种做法归结为官方'西学中用'思想使然"[1]。诚然,在一个新政权的制度建立之初,以借鉴、照搬的方法建立一套新的法律制度体系,有利于迅速破除旧弊,将国家的发展引向一个新的轨道上来。但是照搬制度本身也是一把双刃剑,如果不结合本国的基本国情加以深入研究、反复验证就盲目照搬照抄的话,必然会在高等教育制度实施的过程中遇到一系列棘手的问题。

---

[1] 陈康:《民国时期高等教育的本土化表现及主要动因探析》,《河南师范大学学报(哲学社会科学版)》,2011年第6期,第262页。

第二章

南京国民政府时期高等教育立法的渊源与法律体系

第一节 高等教育立法的渊源

一、西方高等教育思想的移植与借鉴

西方的高等教育萌芽较早,可以追溯到古希腊时期:有苏格拉底创办的修辞学校,柏拉图创办的图雅学园,以及亚里士多德创办的吕克昂哲学学校,等等。自古希腊时期到公元 476 年西罗马帝国灭亡这一段时间里,整个西方文明经历了一个缓慢而又特殊的历史发展过程。但也就是在这样一个缓慢的发展过程中,孕育了欧洲中世纪城市的兴起和资本主义萌芽的产生,也出现了汇聚当时著名学者以及志学青年系统进行教学活动的欧洲中世纪大学。以西方文明为基础应运而生的中世纪大学,立刻成为西方新文化、新思想的发源地,同时也为欧洲当代高等教育制度留下的一笔宝贵遗产。由于教会经院哲学思想的禁锢,西方高等教育经历了 17 至 19 世纪初长达两百多年的黑暗期。但随着欧洲科技革命带来的巨大社会变革,大学教育开始逐步冲破教会经院哲学思想的枷锁,大学的封闭性和保守性得到进一步消解,并开始了新一轮的变革。由此,高等教育制度逐渐成为西方制度文明的核心。

(一) 欧洲中世纪大学的发展奠定了现代高等教育制度的基础

对于中国而言,近现代高等教育缺乏文化基础,基本属于舶来品。而且就中国自身的本土文化而言,也缺乏西方高等教育制度所拥有的在文化和制度上的传承性。高等教育的出现对于西方而言,是历史发展过程中的必然产物。因此可以说,欧洲中世纪大学的产生是必然的,同时也可以说是当时欧洲社会政治、经济、文化等多种因素相互作用的结果。从西方的历史发展进程来看,大学无疑是存在最久的社会机构之一,世界各个著名的大学都有着上千年的发展历程,例如剑桥大学、牛津大学、巴黎大学,等等。大学之所以有着如此强大的生命力,根本原因即在于其有着自身的特色:既独立于社会,以学术自由、大学自治为宗旨,进行科学研究;同时又服务于社会,不断向社会贡献新的科技成果和文化成果,培养了大批有用人才,推动了社会的发展和繁荣。而且,"产生于欧洲文化氛围的中世纪的大学,是那个时代留给后世的一笔宝贵的知识财富。作为现代高等教育的鼻祖,它的影响并非只局限于现代大学的名称、仪式、组织等一系列外在形式上,而是更为深刻则是在文化传统上。这种传统孕育了人类的进步。现代文明社会更是将对文化传统的重视归功于高等教育。因此只有通过揭示大学的诞生以及产生的历史意义,才能更好地了解大学的责任,以及更好地借鉴此教育模式,为人类社会发展提供更有力的保障作用"[①]。

中世纪大学的产生与发展,与出现于12世纪的行会组织有着密切的关系。所谓行会组织,实际上是一种独立的法人组织,与当时西欧城市化发展需求相适应。行会的内部有规章制度,规范了成员的权利和义务,强调成员之间通过协商讨论行会事务。通过借鉴行会的组织经验,欧洲逐渐产生了具有行会性质的中世纪大学。拉丁文

---

① 刘孝勇:《浅论欧洲中世纪大学的起源》,《佳木斯教育学院学报》2009年第3期,第3页。

"universitas"原意是"行会""组合"的意思,因此行会即现代"大学"(university)名称的渊源。到了"12世纪末,该词开始含有各种社团、共同体或法人团体、行会、协同组织、兄弟会等意义,但并不限于大学或学者行会。在整个中世纪,'university'都是泛指从事知识传授或研究的各种学术团体和组织,并不像今天一样特指由教师或者学者传授高深学问或进行研究活动的学术机构"①。经过长期的发展和演变,英语"university"便开始专指从事高水平学习和研究的特殊法人团体。这种法人团体具有区别于其他团体的明显特征,比如:由学院(college)和系(faculty)构成,雇用了一定比例和数量的教职人员,招收一定数量的学生,开设规定的课程,在通过正式考试后颁发被社会认可的毕业证书或学位,等等。就院系设置而言,"中世纪大学奠定了现代大学的基础,这应该是欧洲中世纪大学最直接的影响。在中世纪,大学虽然没有形成完整、严密的组织和机构,但现代大学的组织系统却与中世纪大学有着直接的历史联系。例如,'系'是现代大学组织的基本单位,是所教学科不同而形成的教师组织,这种组织在

表 2-1　公元 1600 年以前欧洲部分国家中世纪大学一览表

	意大利	法国	英国	西班牙和葡萄牙	德国、波西米亚和低地国家
12世纪	1. 萨莱诺 2. 博洛尼亚 3. 雷吉纳	1. 巴黎 蒙彼利埃	1. 牛津		
13世纪	1. 维琴察 2. 阿雷佐 3. 帕多瓦 4. 维尔切利 5. 锡耶纳 6. 那不勒斯 7. 罗马教廷 8. 皮亚琴察	1. 奥尔良 2. 昂热 3. 图卢兹	1. 剑桥	1. 帕伦西 2. 巴莱多利 3. 萨拉曼卡 4. 塞维利亚 5. 里斯本-科英布拉	

---

① 周婕:《试论欧洲中世纪大学的特征与历史地位》,《哈尔滨学院学报》2005 年第 11 期,第 96 页。

(续表)

	意大利	法国	英国	西班牙和葡萄牙	德国、波西米亚和低地国家
14世纪	1. 罗马 2. 佩鲁贾 3. 特雷维索 4. 比萨 5. 佛罗伦萨 6. 帕维亚 7. 费拉拉	1. 阿维尼翁 2. 卡欧尔 3. 格勒诺布尔 4. 奥朗日		1. 莱里达 2. 佩尔尼昂 3. 维斯卡	1. 布拉格 2. 维也纳 3. 埃尔福特 4. 海德堡 5. 科隆
15世纪	1. 都灵 2. 卡塔尼亚	1. 埃克斯 2. 多勒 3. 普瓦蒂埃 4. 卡昂 5. 波尔多 6. 瓦朗斯 7. 南特 8. 布尔日	1. 圣安德鲁 2. 格拉斯哥 3. 阿伯丁	1. 巴塞罗那 2. 萨拉戈萨 3. 帕尔马 4. 西奎恩扎 5. 阿尔卡拉 6. 瓦伦西亚	1. 维尔茨堡 2. 莱比锡 3. 罗斯托克 4. 卢汶 5. 特里尔 6. 格雷福沃德 7. 弗莱堡 8. 巴塞尔 9. 因戈斯塔特 10. 美因茨 11. 图宾根
16世纪	1. 马切拉塔 2. 西西里 3. 萨萨里 4. 卡利亚里	1. 南希	1. 爱丁堡 2. 都柏林	1. 塞维利 2. 圣地亚哥 3. 马德里 4. 格林纳达 5. 奥维多	1. 哈雷-维滕堡 2. 法兰克福 3. 马尔堡 4. 柯尼斯堡 5. 耶拿 6. 阿尔缪茨 7. 斯特拉斯堡 8. 不伦斯堡 9. 雷顿 10. 赫尔姆斯泰德 11. 阿尔托夫 12. 格拉茨

资料来源：Hastings Rashdall, *The Universities of Europe in the Middle Ages* (Vol. 1), Oxford University Press Inc. New York, 1936.［美］E.P.克伯雷选编,华中师范大学、西北师范大学、福建师范大学教育系译。华中师范大学出版社1991年版,第68-69页。

13世纪下半叶的巴黎大学就形成了,最初的系是指知识和科学,后来逐渐演变成为指人的机构。虽然中世纪大学的系的组织与现代大学有所不同,但就最基本的方面而言,二者有相同之处,即都是一种教师组织,而且是按学科划分的"①。

可以说,中世纪的教师和学生通过类似于行会的形式最终缔造了欧洲中世纪大学。至15世纪末期,欧洲各个国家和地区以巴黎大学及波隆那大学为模式,创办了80余所大学,虽然这些大学中有些存在的时间很短,有些影响甚微,但是像巴黎大学、波隆那大学、剑桥大学等著名学府延存至今,一直是世界最为著名的学府之一。此外,像柏林大学、伦敦大学等著名的欧洲高等学府都是参照欧洲中世纪大学的模式而建。因此,欧洲中世纪大学的兴起对世界当代高等教育的发展有着非常显著的影响。

(二)西方近代大学教育理念的转型与发展

大学在中世纪的欧洲有了长足的发展,可到了17世纪初,欧洲的大学教育却经历了长达两个多世纪的"黑暗时期"。虽然当时欧洲大学的数量依然在增加,从公元1500年的80所,增加到1600年的105所,但大学还是不可避免地爆发出了内在的危机并逐渐衰落,这使得欧洲大学的发展走入了"冰河期"。

到了19世纪,随着近代科技革命的爆发,科学技术的研究逐渐成为社会发展的重要因素,自然科学也开始分门别类地形成系统的学科体系,同时为大学院系结构的进一步发展提供了科学的基础。虽然在19世纪的早期,大学受到僵化的经院哲学统治,曾拒绝科学革命,并抵御着科技浪潮的进入。但实际上,科学已经从根本上改变了人类的知识结构,欧洲社会已经涌现出了近代科学革命的洪流,大学作为重要的科研机构,已经无法将科学革命导致的社会结构、社会生产方式的变化拒之门外,冲破经院哲学思想禁锢的深刻变革势如

---

① 周婕:《试论欧洲中世纪大学的特征与历史地位》,《哈尔滨学院学报》2005年第11期,第98页。

破竹。后来,"科学主义"作为一种哲学思潮,也在以理性为主导的前提下逐渐地形成和发展,"随着近代科学的确立和近代科学以及在某种程度上基于近代科学而发展起来的技术应用和工业化所取得的巨大成就,一种以对于科学及其方法的确信对科学的文化及其传统的热情为基础的意识形态逐渐形成,这就是被称之为科学主义的思潮"[①]。

到了19世纪初,随着威廉·洪堡关于"大学的科学研究取向"理论的提出,使德国大学开始了步入现代化大学的进程。在威廉·洪堡看来,所谓"纯粹科学"(Wissenschaft),"不是一件事物,而是一个过程,不是一种专门化的知识,而是一种学习方法、一种心理态度、一种思维能力和技巧。它不是要确保掌握这种或那种知识,而是要在学习的过程中,确保记忆力受到锻炼,理解力得以提高,判断力得以纠正,道德感情得以升华,只有这样,才能获得为从事任何专业——它是出于自由的意愿和为了专业本身的理由,而不是为了糊口谋生所必需的技能、自由和能力"[②]。在洪堡看来,"纯粹科学"不是一般的为了谋生而必须具备的具体技能和经验,而是建立在理性、科学的观念之上,从而以此统领各种专业知识的取向。由此可见,"纯粹科学"的意义远远超出了自然科学,它不仅仅基于科技革命时代社会对专业技术人才的需要,却反而更接近于由中世纪欧洲传承而来的人文主义传统。因此,洪堡所主张的"纯粹科学"有利于培养教师和学生的理性精神,而片面强调职业化和实用性的职业教育和实用主义教育不属于洪堡"纯粹科学"理论的范畴。在科学研究与人才培养等方面,洪堡曾提出过"由科学而达至修养"的观念,这与德国所推崇的高等教育理念——"国家服务于大学,大学服务于理性的国家"也是相一致的。洪堡的高等教育改革,对德国乃至世界都产生了巨大、深刻的影响,"以洪堡思想为理念创建的柏林大学是德国近代高等教育近

---

① 刘兵:《从科学主义到人文主义》,《史学月刊》2007年第9期。
② [美]伯顿·克拉克主编,王承绪等译:《高等教育新论——多学科的研究》,浙江教育出版社,1998年版,第38页。

代化形成的标志。世界各国学者不断走访或留学到德国,因而柏林大学的办学理念不断被移植到各国教育中。我国教育家蔡元培先生,曾留学德国,深受德国洪堡思想的影响。他在北大进行的改革中提倡'学术自由、兼容并包''大学生以研究学术为天职,不应以大学为升官发财之阶梯',就是洪堡教育思想的体现"[①]。

洪堡所提出"科学研究"模式下形成的高等教育理念,强调的是对科学问题进行思考的一种过程或者态度、方法及能力,这种模式进而成为西方大学普遍遵循的模式,并逐步把科学研究作为大学的主要任务之一。由此一来,科学研究开始在西方各个大学中迅速发展起来,并且大有取代人文学科的势头。但以柏林大学、牛津大学为代表的西方著名大学,并没有盲从当时流行的以科学研究为主的办学风气,而是力求将科学研究与人文教育紧密结合,并将科学精神和人文精神融为一体。至此,追求理性和自由的西方大学精神基本确立,且逐步走向成熟。

到了19世纪的中后期,随着资本主义工业、农业的全面飞速发展,西方大学由于周围环境的剧烈变化开始更加具有开放性,而社会经济、文化的发展也在引导着人们去重新定位大学的功能和作用。一方面,人们逐步认识到,大学由最初的重理论倾向发展为理论与工程技术并行,同时,社会政治经济与文化的整体发展离不开大学的参与。特别是在第一、二次世界大战中,大学的科研成果对战时工业效率的提高起到了至关重要的作用。此外,大学对于社会的政治意识形态和伦理道德的引导地位也在不断增强,文化影响力日益突出。另一方面,随着西方各国工业革命的深入,经济水平的提高为社会大众享受高等教育奠定了经济基础,高等教育的社会需求迅速膨胀。在这种社会背景下,大学逐步开始由社会边缘机构向社会核心机构转型。

[①] 赵晓明:《洪堡"大学理念"对我国高等教育的启示》,《无锡职业技术学院学报》2009年第4期,第2页。

（三）西方高等教育的基本教育精神和理念

1. 以坚持学术自由为高等教育的灵魂

欧洲中世纪大学的形成和发展，尤其是在其推动下学术自由成为学者心中普遍的价值取向，为现代大学奠定了坚实的基础。所谓学术自由，主要是指大学教师、学生进行教学和科研活动的自由，即他们有权按照他们认为合适或合理的方法进行知识探索和学术研究。西方学术自由精神的起源，最早可以追溯到古希腊时期柏拉图所设立的"学园"。而由学园表达出来的"诉诸理性""存理去情"等理性精神，实际上折射出来的就是古希腊的思想自由与民主意识，同时古希腊的自由学风在中世纪大学得到传承与发扬。

学术自由精神真正演变成为大学的核心价值观，始于1810年德国柏林大学的成立。当时的德国国王腓特烈·威廉三世对大学的创办非常支持，除了捐献宫殿之外，他还指出："大学是科学工作者无所不包的广阔天地。科学无禁区，科学无权威，科学自由！"[①]这句名言肯定了大学学术自由的精神价值。而真正将学术自由精神付诸实践，使学术自由精神贯彻在实际办学过程中的还是柏林大学的创办者洪堡，他始终把学术自由作为现代大学的首要原则。综上所述，我们可以发现，学术自由一直伴随着大学的起源与发展，也正是由于这种自由精神的存在，才使得大学成为追求真理的场域，成为新理论、新思想、新学说、新技术的发源地。

2. 以教学与科研为高等教育的基本职能

资本主义的兴起和科学技术进步的影响，要求大学为社会培养高水平实用型人才。在19世纪初期，依然有部分学者坚持大学的单一职能，如英国的纽曼（1801—1890）坚决主张"大学就是传授所有知识的场所。其目的一方面是理智的培养而非道德的训练，另一方面

[①] 徐亭：《西方现代大学坚守的基本准则》，《福建论坛·人文社会科学版》2010年专刊，第113页。

是知识的传播与推广而非知识的发展"①。如果说 19 世纪前,科技和社会发展对大学的需要还不那么强烈,但在科技创新、工业革命和社会发展对大学与科技、经济和社会联系的要求越来越强烈的 19 世纪中期,纽曼的观点就显得有些保守了。因此,德国洪堡"教学与科研统一"大学办学模式更加符合时代的需求,因而在当时也得到了的广泛推广和传播。

在教学与科研的结合上,德国最先开始了尝试。1810 年,德国正式建立柏林大学,其先进的办学思想及办学理念,使德国大学教育成为世界大学教育的中心。柏林大学在办学过程中,一直把学术自由作为大学的核心理念,由教师和学生自由决定学术领域的问题,并强调大学的知识传授与知识创新,鼓励师生自由地探索真理。此外,柏林大学强调了大学的双重职能,认为大学不仅是单一的教学机构,而且还肩负着科学研究的职能,同时也是产生知识、发现知识的机构。大学教师在教学、科研的过程中,不仅是知识的传授者,同时也是知识的创造者。柏林大学的办学理念开始被更多的人接受,从 19 世纪中期开始,逐渐影响到世界各地。例如,美国约翰斯·霍普金斯大学(1876 年创办)就是效仿柏林大学而创办的。此外,英国的牛津大学、剑桥大学等,也在"大学双重职能"思想的影响下进行改革,同时加强了学校的教学与研究工作,从而推动了世界大学发展的整体进步。

3. 以服务社会作为大学的根本使命

随着社会的进一步发展,西方现代大学开始更加注重"为经济发展服务"的理念,而这一类新型大学的诞生则是以美国威斯康星大学为标志。大学服务于经济发展的思想由威斯康星大学校长查尔斯·范海斯于 1904 年提出,其核心内容是:在传统大学教学职能、科研职能的基础上,通过输送人才和输送知识的渠道,改变大学与社会缺乏

---

① 朱国仁:《西方大学职能观演变之历史考察》,《国外社会科学》1995 年第 3 期,第 16 页。

互动的保守、封闭状态,进一步发挥现代大学为社会提供服务的职能,积极促进社会经济的发展。威斯康星大学注重与地方的联系,并承诺为其所在州的经济发展服务,从而大大拓展了大学的功能范畴,也使得"威斯康星思想"深入人心。因为它把大学引入一个全新的领域,一方面,大学保留了原本的学术自由,另一方面,也使得大学成为促进社会发展的重要组织机构之一。在这种思想的指导下,美国政府相继对各个大学实施改革,使大学为美国国民经济的发展做出了重要的贡献。通过不断地发展,西方现代大学逐步成为促进社会发展的机构,而这一机构既崇尚教学、科研,又强调服务于社会。大学不仅为社会经济发展服务,而且在此基础上继续坚持大学应有的独立品格和自由精神,不断发挥大学在引导社会前进中积极作用,并通过运用大学的精神力量,推动社会的进步与发展。

二、本土高等教育文化的传承与转型

(一)中国文化自身发展的教育组织形式——书院

在研究中国近代高等教育的同时,我们也应当探寻中国本土教育发展的轨迹,以及近代高等教育与本土教育模式之间的传承关系。与西方近现代大学相比,古典书院是中国本土文明自发产生的一种教育组织形式,它与中国传统文化是一个有机结合的整体。随着西方国家的入侵,再加上近代中国社会经济、政治和文化的自身发展,中国古典书院与西方现代大学制度相比,逐渐暴露出了它的诸多弊端和不足,并逐渐走向了终结。在对古典书院的组织形式及教育方法的研究中,我们可以发现,中国古典书院实际上是中国本土文化孕育而生的高等教育组织,它以中华传统文化精神为核心,以书院学规为基本制度构架,集文明传承、大众启蒙、社会批判和学术研究等诸多功能为一体,并且兼具教学与研究职能。

民国初年,即便由西方传入的近代高等教育制度已经基本确立,很多教育家依然对中国古典书院大加赞赏。1920年4月15日,针对有人提出学校教育还比不上书院的说法时,蔡元培坦率地承认"学校确有不及书院之点。我们知道以前书院山长,或擅长文学,从其学者,能文者辈;或者经学与小学,从其学者,莫不感化。因为院长以此为毕生事业,院内尚有自由研究,故能自由发展"①。1923年年底,胡适在东南大学演讲时就对书院制度大加赞赏,认为它在中国教育史上占有相当重要的位置,胡适在演讲中说道:"国内的最高学府和思想渊源,惟书院是赖。盖书院为我国古时最高的教育机关。"清末教育改制后,书院这样一种教育组织彻底被废除,进而导致了中国古典书院式的学术研究传统的丧失。对此,胡适又说:"书院之废,实在是吾中国一大不幸事。一千年来学者自动的研究精神,将不复现于今日了。"②此外,胡适还在《书院的教育》一文中,更为详细地阐述了他对书院改制的评价:"这一千年来的中国教育史,可说是书院制度的沿革史。这是我深信而不疑的。二十年前的盲目革新家不认得书院就是学堂,所以他们毁了书院来办他们的所谓'学堂'!他们不知道书院是中国一千年来逐渐演化出来的一种高等教育制度;他们忘了这一千年来造就人才、研究学问、代表时代思潮、提高文化的唯一机关全在书院里。"③可见在民国初期的很多教育家看来,书院实际上就是中国本土文化所孕育的高度教育机构。这样一种学术机构,不仅具有很多自身的优点,同时真正体现了中国自身的学术发展轨迹。

根据现代学者对中国古典书院的研究,一般认为,书院最初只是一个官方藏书、校书和修书的地方,也有一些书院是供私人读书、研究学问的地方,还不能说是一种真正意义上的教学机构。由袁枚《随园随笔》中的记载"书院之名,起于唐玄宗之时,丽正书院、集贤书院皆建于省外,为修书之地"可见,此类性质的书院始建于唐代唐玄宗时期,如丽正书院,建于718年前后。到了五代末期,逐渐开始有了具有学校性质的书院,例如庐山国学(又称白鹿洞国庠);至北宋时

---

① 蔡元培:《在北京高等师范学校〈教育与社会〉社演说词》(1920年4月15日),高叔平编:《蔡元培全集(第三卷)》,中华书局,1984年版,第395页。
② 胡适:《书院制史略》(1923年12月10日),《北京大学日刊》1923年第12期,第24页。
③ 胡适:《书院的教育》,耿云志主编:《胡适遗稿及秘藏书信》(第五册),黄山书社,1994年影印版,第476、478页。

期,随着讲学之风盛行,私学开始兴起,"白鹿洞国庠"发展成为"白鹿洞书院",进而建立起比较完善的教学制度,很多其他书院也纷纷效仿而设。直到两宋时期,中国古典书院制才真正可以称之为一种独立、完善的教育体制,张拭、朱熹讲学的岳麓书院就是这一时期书院的典型。到了明代,书院的发展更加完备,不仅有以讲学为主的书院,甚至还出现了可以参与议政的特殊书院机构,如东林书院。到了清代,书院主要是一种官办形式的研习机构,研究之风盛行,更加发扬了明代后期产生的考据学,不仅对传统儒家经典进行了系统的整理和研究,而且还对诸子百家、史部、集部等更大范围内的传统文化典籍进行了梳理,使许多面目全非、久已散佚、真伪混杂的文献基本恢复了本来面目,也使得许多晦涩深奥、无法阅读的经典古籍,大体可供阅读研究。

宋明书院之所以能够成为当时主要的教育形式,主要与宋明理学的兴起密切相关。在朱熹、王阳明等教育家在书院的教学实践推动下,古典书院制度逐渐形成和完善,以宋明理学为核心的中华文化根基也得以确立。从明代末期到清代,中国政治经济的发展都出现了新的变化,书院教育模式发展出了新的价值取向和功能:一是更加彰显了书院教育的批判功能,二是书院的学以致用意识通过乾嘉学派考据学、训诂学的发展得以弘扬。因此到了清代,中国古代书院基本具备了比较完善的教育功能,包括教育启蒙、文化传承、政治批判和学术研究等四个方面。

简单回顾中国古典书院的发展历程,我们可以看出,书院可以说是一个集教学、研究为一体的中国传统高等教育机构。根据朱熹及吕祖谦的阐释可以得出:中国古典书院教育的根本目的在于"传承和创新中国文明之德性人文精神,通过教学讲明义理,发扬圣贤之内圣外王之意,化民成俗以收获明德新民之效果"[①]。朱熹的"张朱会讲""鹅湖之会",以及王阳明的"龙场悟道",等等,这些都是书院教育的

---

① [清]王懋竑:《朱熹年谱》,中华书局,1998年版,第96页。

重要组成部分,而且正是通过这些影响深远的会讲活动,宋明时期的理学家才逐步建构了中国的新儒学理论体系,并使书院成为整个社会高等人才培养的有效工具。直到1898年5月22日,清朝光绪皇帝一纸诏书宣告延续千年的书院制的终结,"即将各省府厅州县现有之大小书院,一律改为兼习中学西学之学校,至于学校等级,自应以省会之大书院为高等学,郡城之书院为中等学,州县之书院为小学"[①]。由此,开启了近现代中国教育制度由古典书院向新式学堂转变的历程。

与现代高等教育理念不同的是,中国古典书院更重视品格的塑造和人文精神的养成,其修习的课程主要以《诗》《书》《礼》《易》《乐》《春秋》以及六艺等科目为主,旨在培养服务于帝国统治的有才德的政治人才。从这一点来看,它与建立在工业社会和民主政治基础上的现代大学教育是存在根本差异的。与社会的专业分工相对应,现代大学的课程科目主要被区分为文科、理科、工科等专业类别,旨在培养社会需要的专业型人才。此外,现代大学教育必须强调培养实用型技术人才,以适应现代社会的工业化性质,这又不免导致纯人文课程的边缘化。由此一来,中国古典书院转型便成为历史发展的必然选择。就转型的基础而言,中国古典书院在长期的历史文化积淀中积累了大量的教育实践经验,并形成了系统的教育体系,在西方高等教育制度传入中国之后,这一本土教育模式和教育体系不会立刻消亡,而是会沿着文化发展的惯性,在教育制度层面或教育理论层面,影响近现代新式高等教育的转型。

(二)中国本土高等教育制度在清末民初的转型

从近代中国高等教育自身发展的历史轨迹来看,由于是从中国传统教育模式转向移植与借鉴西方教育制度,并有一个由学习日本向学习美国的过渡阶段,中国近代高等教育就存在着一个历史转型的问题。即由本土传统教育模式转向以日本为参照的近现代高等教

[①] 陈谷嘉、邓洪波:《中国书院史资料(下册)》,浙江教育出版社,1998年版,第2470页。

育模式,再转向直接借鉴以美国为代表的西方高等教育模式。前一个过程基本在教育形式、制度和体系上实现了由传统教育向现代教育的转变,即由书院转变为京师与各省大学堂以及高等学堂。而后一过程则主要是构建了一个类似于西方意义上的现代高等教育形态,即以大学、专门学院为主的高等教育体系。

1840年鸦片战争之后,中国被迫签订了一个又一个丧权辱国的卖国条约,同时西方的现代教育制度也伴随着坚船利炮传入中国,从而促使了中国高等教育从传统向近代化的转变。最初,这种转变是被迫的、非自发的,"中西文化的异质性和西方文化的强行输入及中国人文传统的深远、根深蒂固是造成顽固派这样的文化主体对待西方近代科技文化的排斥和全盘拒绝的文化心态的根源"[①]。后来,虽然洋务派提出了"中学为体、西学为用"的观点,在客观上有助于中国有机会学习西方先进的科学技术,但却在教育的核心思想上与教育内容上存有不可调和的矛盾,因为这是"一种调和中西、不中不西、亦中亦西的文化折中主义思潮的典型表现,其矛盾之一是割裂了文化的整体性原则——文化的'体'与'用'是不可分割的,一定文化因素(如科学文化)的物质层面和精神层面也是不可分割的整体"[②]。

在资产阶级民主思想的影响下,中国传统教育立法思想产生了巨大的变化,教育法制思想也随之面目一新。民国初期,直接照搬和移植西方先进的教育法律制度,成为我国教育立法的主要趋势。民国前期以"壬子癸丑"学制和"壬戌"学制为核心而初步建立的教育法律体系,就是分别以日本和欧美的教育制度为参考,同时其教育立法的基本原则也移植了日本和欧美的教育立法思想。无论是借鉴移植自日本、德国,还是美国,每一次的新式教育立法思想的植入都是对传统教育体制的巨大冲击。在"欧风美雨"的洗礼下,中国的教育立法思想逐渐从"王权至上"的阴影中走了出来,开始逐步建立了"教育

---

① 彭江、刘仲全:《中国高等教育近代化中的科学与人文之争——基于文化心态与斗争轨迹的分析》,载《黑龙江高教研究》2009年第3期,第11页。
② 同上,第12页。

平等""教育乃立国之本"和"权利与义务互为依存"等近现代民主教育法制精神和意念。

从新文化运动兴起到南京国民政府建立前的十余年间,是中国文化界生态环境最宽松、思想最解放、教育改革最活跃的时期。不断蓬勃发展的新文化运动和继之而来的五四运动,高扬民主与科学的两面旗帜,有力地打击了中国封建主义复古思想的同时,也反映了一战期间进一步壮大的中国民族资产阶级在文化教育方面的进步要求,为这一时期的教育改革提供了良好的文化氛围。新型知识分子的增加和留美学生学成归国投身教育,如一批归国留美学生,胡适、陶行知、郭秉文、蒋梦麟、张伯苓等都担任过重要教育行政岗位,并产生重要的社会影响。他们之中不少人在学术造诣、研究能力、思想方法和对学科的开拓建设各方面,都成为当时中国学术界、教育界、文化界、法律界的一时之选。新式教育的经验得以积累和西方学制及教育思想被更加深入地介绍到中国社会,如中国教育界以健全的开放心态,关注世界各发达国家教育的利弊得失与大势所趋,有关西方教育理论、教育方法、教育制度、教育模式被大量引进,军国民教育、实利主义教育、国民教育、美感教育、科学教育、平民教育等各种教育思潮此起彼伏。多元发展的教育思潮,拓展了中国教育界的视野,促进了中国新教育实践和经验的积累,使民主主义教育力量迅速凝聚和组织起来。

新文化运动后,"由于受第一次世界大战后国家主义、平民主义、科学教育、职业教育、儿童中心等教育主张的影响,教育界出现了各种各样的新思潮、新理论、新学说,要求教育科学化。而发源于美国,在当时教育界占据主导地位并影响着世界教育发展潮流的实用主义教育理论和进步主义教育运动,正是以民主和反传统的面目出现的,非常适合中国批判封建旧教育、倡导科学与民主的需要"[①]。在此基

---

① 马娟、周川:《中国近代高等教育由仿日转向仿美的原因探析》,《煤炭高等教育》2008年第1期,第49页。

础上,一批美国自由主义、实用主义教育家,如杜威、孟禄、推士、麦柯尔等教育家来华,在各地宣传他们的思想主张,对教育的发展产生巨大推动作用;民间教育团体的脱颖而出,各省倡导新教育的民间教育社团、教育研究会纷纷成立,在此基础上形成了全国性的教育社团"全国教育会联合会"于1915年成立,1923年中华平民教育促进会成立,并且办起了专门的报刊和杂志,比较著名的有《教育杂志》《中华教育界》《新教育》等。这一切,都孕育并催促着1922年新学制的诞生,成为这一时期及之后教育革新的强大动力。

第二节 高等教育制度的主要立法机关

教育立法实际上是国家通过制定法律来加强对本国教育的控制。教育活动存在种种权利义务关系,而教育立法则是调整这些关系的方法之一。它能保证国家的教育宗旨和教育政策得到有效实施,是政府有效干预大学的重要形式。它从宏观上确立大学教育的目的,使大学培养出国家社会所亟需的人才。总的来看,"国民政府初期的高等教育立法,已经逐渐形成了体系,从宪法到各种教育的法律、法规、法令,到高等教育的各项规章制度及地方性教育法规等,都从不同方面、不同角度对高等教育进行了诠释和约束,使高等教育向法制化管理大大迈进了一步"[①]。南京国民政府时期高等教育立法逐步走向系统化、规范化。

教育立法有广义和狭义之分。"广义的教育立法,指国家权力机关按照特定职权和程序制定各种教育法文件的专门活动。其立法机关包括各级国家权力机关及其授权国家机关,立法内容包括教育法律、教育法规、教育行政规章和地方性教育法规。狭义的教育立法,

---

[①] 李罡:《略论南京国民政府初期的高等教育立法》,《清华大学教育研究》1997年第2期,第94页。

则是国家最高权力机关或专门立法机关制定教育法律的专门活动。"①下文所指主要是广义的教育立法,主要的立法主体机构包括:

一、教育行政委员会

1925年7月1日广东国民政府成立。1926年2月,广州国民政府公布了《国民政府教育行政委员会组织法》,3月1日,教育行政委员会正式成立。从机构的设置来说,教育行政委员会是我国首个采用委员制组成的中央教育行政机关。1927年4月18日南京国民政府成立后,原广州国民政府教育行政委员向北迁移;4月20日,国民政府中央政治会议第76次会议决议案,吴同志敬恒提议:拟添请蔡元培、李煜瀛、汪兆铭三人为教育行政委员会委员,并请即以该会行使教育部职权。4月27日,南京国民政府教育行政委员会正式成立,"俨然成为全国最高教育行政的最高机关"②。根据1927年6月颁布的《国民政府教育行政委员会组织法》,教育行政委员会由委员中推选两位常务委员来处理常务以及对外接洽交涉事件,下设行政事务厅。行政事务厅由秘书处、参事处、督学处构成。南京国民政府的中央教育行政机关之所以采取委员制,是由于广东国民政府的行政机关组成方式"受苏联体制影响,大都采用委员制",而南京国民政府"教育行政委员会与此前的广东教育委员会有一定的渊源,两者的相承关系,在人事脉络上有迹可寻"③。

从1927年6月公布的《国民政府教育行政委员会组织法》来看,具体规定了该委员会的立法权限:第1条"教育行政委员会掌管中央教育行政机关,并指导监督地方教育行政";第8条第1款"督学处设督学若干人,掌理事项如下:1.关于教育诸法规之编订及诸法实施状况之监督视察事项"。由此可以看出,教育行政委员会侧重于掌管教育行政,立法权限也就主要集中于教育行政范围;督学处取代了参

---

① 李露:《中国近代教育立法研究》,广西师范大学出版社,2001年版,第4页。
② 周予同:《中国现代教育史》,良友图书印刷公司,1934年版,第48页。
③ 安东强:《国民政府教育委员会与北伐政局初探》,《中山大学学报(社会科学版)》2007年第2期,第40页。

事室行使教育立法职权,并能对一切教育法规实施状况予以监督视察,集立法、执法监督于一身,这与北京政府时期教育部"管理全国教育、学艺及历象事务"有着很大的不同,同时其权限也远远超过了北京政府时期的参事室。

此时,教育行政委员会的参事处设参事若干人,负责处理"关于教育施设计划之预备、调查及各计划之原则制定事项。关于教育统计作业之指导、统计资料之搜集、调查及统计之编制事项"。而督学处设督学若干人,掌理"关于教育诸法规之编订及诸法规实施状况之监督视察事项。关于教育行政上人事、财务之监督审核事项"[①]。很明显,这时的立法机构应该是督学处。

由于南京国民政府教育行政委员会自建立到裁撤的时间很短,仅存在了不到半年的时间,因此在有限的时间内所发挥的立法作用也较为有限。但是就在这有限的半年时间内,教育行政委员会一方面行使其教育立法权限,制定并公布了《大学教员资格条例》《大学规程》等高等教育法律法规;同时还充分行使了其教育法规的提案权:1927年6月公布的《大学区组织条例》以及7月4日公布的《中华民国大学院组织法》等都是由教育行政委员会提出法案,经国民党中央政治会议审议议决通过而交付国民政府公布的。

二、大学院大学委员会

1927年10月,南京国民政府撤销了教育行政委员会,成立了大学院,而大学院又设立了与以往教育行政机关不同的大学委员会。根据1927年7月公布的《大学院大学委员会条例》,大学委员会为大学院的最高立法机关,"决议全国教育及学术上重要事项"。同时,大学委员会具有独立的、完全的立法权,而且实行合议制。后大学院组织法于1928年1月27日、4月17日、6月13日分别做了3次修改。在后两次修改中,规定大学院仍设参事2至4人,"承长官之命,掌理

[①] 中国第二历史档案馆编:《中华民国史档案资料汇编》第五辑第一编,教育(一),江苏古籍出版社,1994年版,第22-23页。

拟订关于本院主管之法律命令事项"[①]。由此可见,参事处仍为大学院的立法机关,但大学委员会是大学院的最高立法机关。

南京国民政府初期的"大学院"与"大学区"制,是由民国时期著名教育家蔡元培等人所提倡建立,并经当时的国民党中央政治会议议决通过并付诸实施的。从当时的立法过程和提案可以看出,"大学院"与"大学区"制是效仿法国教育制度而来的。在中央成立大学院,下设教育行政委员会,作为统管全国学术及教育行政事务的最高机构;并依各地的教育、经济及交通状况,将全国划分为若干个大学区,撤销原来各省的厅级教育行政建制,"以大学区为教育行政之单元"。每个大学区设校长一人,综理大学区内的一切学术与教育事项。大学院下设大学委员会,议决全国学术上、教育上一切重要问题,这也是大学院区别于以往教育部的最大特色。此外,大学院"设立中央研究院、劳动大学及图书馆、博物院、美术馆、观象台等国立学术机关。承担行政职责的机构只设秘书处和教育行政处,分别负责处理院务之事和办理各大学区互相联及不属于各大学区的教育行政事宜"[②]。

1927年11月6日,大学委员会第一次会议通过了《大学委员会条例》,对大学委员会的地位及其职能做了具体规定:大学委员会"为大学院最高立法机关,决议全国教育上学术上重要事宜:例如(一)大学院组织法之修改事项,(二)教育制度之实施事项(大学区与其他大学及教育厅的创设与改革),(三)大学院及其他直接隶属机关之经费预算决算事项,(四)大学院院长与国立各大学校长之人选事项,(五)教育方针之规定事项,(六)专门委员会之设立事项,(七)其余重要事项"。委员会"议决事项,交由大学院执行之"。[③] 该条例将大学委员会定位为大学院的最高立法机关,表明它是大学院这一教育行政独立体制

[①] 中国第二历史档案馆编:《中华民国史档案资料汇编》第五辑第一编,教育(一),江苏古籍出版社,1994年版,第36页。
[②] 杨卫明、黄仁贤:《中国教育管理体制改革的非凡尝试——民国时期的"大学院"与"大学区"制》,《国家教育行政学院学报》2006年第10期,第90页。
[③] 中华民国大学院编:《大学院公报》,1928年第1期,第66页。

中的重要组成部分,同时表明它比法国的最高教育会议、《教育独立议》中的高等教育会议更进一步,兼有立法与审议两项职能。

表 2-2 大学委员会审议提案摘要

第一次会议 (1927年11月6日)	大学委员会条例案、大学委员会议事细则案、统一党化教育及政治指导案(包括政治教育委员会组织条例、学校训育委员会组织条例、中央青年部特派指导员条例)、国立第四中大呈请变更大学区名称案。
第二次会议 (1297年11月13日)	修正教育会规程案、国立第三中大建议解释私立学校规程疑义并拟酌加但书案、特别市教育局划归第四中大管理窒碍难行请转呈撤销案、江苏特别市教育局暂行条例案、专门以上学校立案,应由大学院统一案、限制各校学生滥兼社会职务案、请国府通令各省区司法行政军事各机关保障学生,以维法治案统一教科图书审查意见书案、浙江收回教会机关产业手续案。
第三次会议 (1927年12月24日)	试行大学区制省份特别市教育局暂行条例案、教育会规程案、请将大学院及中央研究院译名正式公布案、注意各学区学校卫生案。
第四次会议 (1928年2月9日)	教育经费办法之报告及讨论与第四中大名称案、维持教育救济青年案、学生联合会之要求案、国立剧院计划案。
第五次会议 (1928年2月15日)	修正大学院组织法请大学委员会追认案、大学院分掌政务事务案、修正大学委员条例案、修正大学区条例部务主任拟仍称部长案、教育经费案、大学区大学名称案。
第六次会议 (1928年4月5日)	修改大学院组织法案、修改大学委员会组织案、修改中央研究院组织法案、维持教育救济青年案、浙江大学呈请加国立二字案、江苏大学学生代表呈请改名国立南京大学案、陈方之呈请修正大学教员资格条例并制定大学教员任免条例与学位条例以便相辅而行案、中华佛教华严大学校长释可端条陈设立学校寺庙管理局案、南京上海两市请修正试行大学区制省份特别市教育局暂行条例第一条及第十一条案。
临时会议 (1928年4月24日)	江苏大学名称案、修改大学区组织条例、修正大学委员会组织条例案、学生团体组织大纲案。
第七次会议 (1928年6月15日)	中央大学校长人选问题案、中华大学校长人选问题案、高中以上学校军事教案方案、中央义务教育委员会组织条例案、中小学课程标准起草委员会组织条例草案。

资料来源:田正平、张建中:《国民政府时期大学委员会考述》,《华东师范大学学报(教育科学版)》2005年第4期,第91页。

大学院时期,大学委员会一共召集了十次会议,其中所审议的议案涉及了"教育制度、教育经费、大学校长的任命、专门委员会的设立及大学院组织法的修改等内容。这些内容体现出大学委员会承担起立法与审议的职能。其中,有关中央研究院、中小学课程标准起草委员会、政治教育委员会的决议内容,在大学院取消后的一段时间里仍具有效力。这对国民政府发展学术与教育起了一定作用"[①]。但是,大学院所倡导的"教育独立"思想是"强化党制"的南京国民政府所不能容许的。1928年11月,中华民国大学院正式被撤销,改组为教育部,原有的参事处和大学委员会作为教育立法机关仍然保留。根据新颁布的《教育部组织法》,"教育部设参事二人至四人,撰拟审核关于本部之法律命令",而不再是大学院时期的"承长官之命,掌理拟订关于本院主管之法律命令事项",增加了审核法案权。在最初的几年里,大学委员会还经常参与教育立法,但没过几年就逐渐实际丧失了教育立法权限。在实际的立法活动中,基本上都是参事处及部务会议在行使教育部的立法权限,大学委员会开始由立法机构开始向咨议机关过渡。

三、行政院教育部

1928年8月8日,国民党中央在南京召开二届五中全会,向全国宣布军政时期结束,训政时期开始。10月3日,国民党中央常务委员会召开第172次会议,讨论通过了《中国国民党训政纲领》和《中华民国国民政府组织法》。10月8日,中常会又召开第173次会议,决议改组国民政府,实行五院制。10月25日,国民政府行政院宣布成立,蒋梦麟被任命为南京国民政府首任教育部长。随后,蒋梦麟呈请行政院批准,任命了教育部常任次长、政务次长和各司司长。自此南京国民政府新的中央教育行政机构宣告成立。

教育部成立之后,原隶属于大学院的大学委员会并没有被撤销,

---

① 田正平、张建中:《国民政府时期大学委员会考述》,《华东师范大学学报(教育科学版)》2005年第4期,第91页。

仍然是国民政府中央教育行政机关的最高立法机关,但其立法职权与大学院时期相比略有降低,参事处仍为具体的教育立法机关。1928年12月7日南京国民政府公布《教育部组织法》,后经十次修订,其间1933年4月22日国民政府公布的《修正教育部组织法》第十八条规定:"教育部设参事二人至四人,撰拟审核关于本部之法律命令。"1947年2月12日国民政府公布第十次《修正教育部组织法》第十八条规定:"教育部设参事三人至五人,撰拟审核关于本部之法案命令。"由此可见,教育部参事处为教育部的实际立法机关。

自1929年7月起,国民政府及教育部出台了一系列高等教育法律法规,包括《大学组织法》《专科学校组织法》《大学规程》《专科学校规程》《私立学校规程》《大学研究院暂行组织规程》《学位授予法》《学位分级细则》等,对大学、专科学校和私立学校加以整顿,从而一改民国初期各地滥设大学的流弊。以上法律、法规大多经过多次修订,对中国高等教育制度产生了重要影响,同时使中国的高等教育逐步走上了规范化、制度化的发展轨道。就高等教育立法的立法程序来看,各种规程、规章、规则、办法、细则等一般教育法规,通常是由教育部参事处或其他各司、处等提出法案,经教育部内部审核之后再由教育部颁布施行;而重要的教育法规如教育部门单行法、重要教育条例等,则一般先由教育部提请行政院审议,或由行政院通过后送立法院审议,再由国民政府公布。通过南京国民政府时期高等教育立法体系的建立和完善,我国逐步建立起了研究院所、大学、独立学院、专科学校等四个层次的现代高等教育制度,并按国际惯例制订了学位授予制度。这些高等教育立法成果与教育部立法职能的充分行使是分不开的。

表2-3　1929—1949年间南京国民政府制定、修订、颁布重要法令一览

1929年	2月	教育部公布《督学规程》
	7月	教育部颁布《待遇蒙藏学生章程》
	8月	教育部公布《大学规程》《华侨教育设计委员会组织大纲》《专科学校规程》《私立学校规程》

(续表)

1929年	9月	教育部令各省市严厉制止外国人及教会所设学校做宗教宣传
	12月	教育部公布《医学教育委员会章程》
1930年	2月	教育部令颁《各省市对于教会学校应行注意要点》
1931年	3月	教育部修正公布《专科学校规程》
	5月	教育部制定《地方教育经费保障办法》
	6月	教育部公布《省市督学规程》
	8月	教育部公布《教育部督学规程》
	11月	教育部颁布《学生义勇军训练办法》
1932年	10月	教育部颁布《国民体育实施方案》
1933年	3月	教育部公布《师范学校规程》《职业学校规程》《民众教育委员会章程》《职业科教师登记训练办法大纲》
	10月	教育部修正公布《私立学校规程》
1934年	5月	教育部颁发《大学研究院暂行组织规程》
	9月	教育部公布《师范学校课程标准》
1935年	5月	教育部公布《学位分级细则》
1937年	7月	教育部公布《战区内学校处置办法》
	8月	教育部颁发《总动员时期督导教育工作办法纲领》
1938年	3月	教育部颁发《中等以上学校导师制纲要》
	6月	教育部公布《限制留学暂行办法》《青年训练大纲》
	7月	教育部修正公布《图书馆规程》
	8月	教育部公布《师范学院规程》
	9月	教育部规定全国各级学校共同之国训为:忠孝仁爱信义和平
1939年	5月	教育部通令"礼义廉耻"为全国各级学校共同校训
	9月	教育部颁发《训育纲要》
1940年	3月	教育部公布《国民教育实施纲领》《各级学校体育实施方案》
	7月	教育部公布《师范学院辅导中等教育办法》
	10月	教育部公布《大学及独立学院教员资格审查暂行规程》
	11月	教育部订定《员生膳食费用补助办法》

(续表)

年份	月份	内容
1941年	5月	教育部公布《国立专科以上学校教授休假进修办法》《免费公费生条例》
	6月	教育部公布《教育部视导规程》《教育部视导室办事细则》《教育部设置部聘教授办法》
	7月	教育部公布《国立中等以上学校学生贷金暂行规则》
	8月	教育部颁布《教育部设置师范学院初级部办法》
	12月	教育部公布《师范学校(科)学生实习办法》
1942年	3月	教育部颁布《教育部训育委员会章程》
	8月	教育部公布《修正师范学院规程》
	10月	教育部颁布《各省国民教育辅导研究办法大纲》
1943年	3月	教育部公布《专科以上学校导师制纲要》
	5月	教育部颁布《师范学校辅导地方教育办法》
	6月	教育部公布《师范学校及简易师范学校课程标准》
	10月	教育部颁《自费留学生派遣办法》
	11月	教育部公布《私立学校规程》《青年节纪念日办法》
1944年	6月	教育部公布《边疆学生待遇办法》
	7月	教育部颁发《学校卫生设施标准》
	9月	教育部修正公布文、理、法、师范4学院分院共同必修科目表
	12月	教育部公布《国外留学办法》
1945年	4月	教育部公布《国民学校教师进修大纲》
	11月	教育部公布《国民学校教员检定办法》
1946年	1月	教育部拟订《第二次国民教育五年计划》
	12月	教育部修正《大学研究院暂行组织规程》,更名为《大学研究所暂行组织规程》
1947年	4月	教育部公布《国外留学规则》
1948年	12月	教育部修正公布《师范学院规程》

资料来源:根据《教育法令选》(上海商务印书馆,1925年版)、《中华民国教育新法令》(商务印书馆,1912年版)、《第二次中国教育年鉴》(商务印书馆,1948年版)整理。

第三节 高等教育立法的体系

东北易帜之后,随着全国形式上的统一,南京国民政府作为当时的中央政府,也开始加强对高等教育的结构调整和宏观控制。除了强调以"三民主义"思想为高等教育活动的宗旨之外,更是通过不断加强立法的方式来强化对高等教育活动的管理。总的来看,"国民政府初期的高等教育立法,已经逐渐形成了体系,从宪法到各种教育的法律、法规、法令,到高等教育的各项规章制度及地方性教育法规等,都从不同方面、不同角度对高等教育进行了诠释和约束,使高等教育向法制化管理大大迈进了一步"①。经过南京国民政府的努力,当时中国的高等教育立法已经渐成体系。在其宪法性文件对高等教育规定的指导下,逐渐形成了由高等教育法律、高等教育行政法规及条例,以及地方性教育法规组成的高等教育的法律体系,从而实现了多层次对高等教育的管理。

南京国民政府成立前,中国近代的高等教育立法借鉴的主要是日本模式。清末时期,是以"章程"为主的教育立法形式;民国初年和北洋政府时期,是以"法令"为主的教育立法形式。当时的教育立法基本属于行政法规的范畴,法规形式不够规范,而且法律结构也缺乏立体化和层次性。南京国民政府成立后,为了规范法规的效力和层次,国民政府专门制定了规范立法的《法规制定标准法》,除规定宪法为根本大法外,明确了法规形式有法、律、条例、规程、大纲、办法、规则、细则等。据此,南京国政府的教育法规在立法层次上形成了以下结构:

1. 宪法及宪法性文件:南京国民政府成立后,进入了所谓的"训

---

① 李罡:《略论南京国民政府初期的高等教育立法》,《清华大学教育研究》1997年第2期,第94页。

政时期",1931年颁布的《中华民国训政时期约法》实际上是国家的根本大法。该法所设的《国民教育》一章,就是对全国各级各类教育活动做出了根本法层次的规定,也是国家所有高等教育立法的依据和基础。此后1935年5月5日公布的《中华民国宪法草案》中,也专设了《国民教育》一章,内容大致与《训政时期约法》相同。

2. 教育法律:教育法律是有关教育事项的全国性、长期性规定,也是国民政府最高立法机关公布施行的教育法律文件。按照《法规制定标准法》的规定,应当以法律调整的事项包括"宪法或法律有明文规定应以法律定之者;关于人民之权利、义务者;关于国家各机关之组织者;其他重要事项之应以法律定之者。应以法律规定之事项,不得以命令定之"[①]。南京国民政府立法院制定了《教育部组织法》《大学组织法》《专科学校组织法》《学位授予法》等教育法律,此类法律具有较强稳定性,很少有修改和变化。

3. 教育法规、法令:国民政府和教育部制定颁布的"规程""办法""规则""细则"等均属于这一层次的立法。而此类立法侧重于对教育法律的具体事项进行更为细致的规定。例如南京国民政府时期由教育部部令颁行的《大学规程》《专科学校规程》《教育部处务规程》《修正私立学校规程》等,还有一些"办法"和"细则"等,均是对教育法律的具体细化。

综上,可以看出南京国民政府时期的教育立法,无论是从立法结构还是立法效力的层次上,均体现出了立体化、层次化的特点。

一、根本法的宏观调控

南京国民政府自1927年成立至1949年败退的20余年时间里,一共出台了三部宪法性文件。一是1928年中国国民党统一中国后于10月3日由中国国民党中央常务委员会通过了《训政纲领》,并于1931年5月5日召开的国民大会中通过了《中华民国训政时期约法》。在这部约法中,三民主义作为国家基本思想和行政、立法、司

---

① 谢振民著:《中华民国立法史》,中国政法大学出版社,1999年版,第16页。

法、考试、监察五权分立的国家组织方法被确定,于同年6月1日开始施行。二是1936年5月5日国民政府公布了《中华民国宪法草案》(史称"五五宪草"),即后来制定的《中华民国宪法》的前身,该法本来应该通过召开制宪国民大会得以通过,但由于抗日战争在隔年爆发而一度耽搁。三是抗日战争胜利后,1946年1月10日至31日,各党派代表在重庆召开政治协商会议,通过政府改组案、和平建国纲领案、军事问题案、国民大会案、协定五五宪草的修改原则12项,并决定组织宪草审议委员会。政协会议闭幕后,张君劢主持起草了《中华民国宪法草案》,保留"三民主义"与"五权宪法"的形式,落实民有民治民享之民主共和国,以及联合内阁制之民主宪政等精神。11月28日,国民政府向制宪国民大会提出《中华民国宪法草案》,由大会主席团主席胡适接受。12月25日三读通过,于当天闭幕式中由大会主席递交国府主席,并咨请于1947元旦公布《中华民国宪法》。这三次宪法性文件的修订,都包含有关高等教育的章节,是南京国民政府时期高等教育立法体系中立法层次及法律效力最高的部分。

(一)《中华民国训政时期约法》有关高等教育的相关规定

1929年5月,胡适针对国民政府"保障民权"命令发表了《人权与约法》一文,提出"在今日如果真要保障人权,如果真要确立法治基础,第一件事应谈制定一个中华民国的宪法。至少,也应该制定所谓训政时期的约法"[①],由此社会掀起"人权运动"。后来随着民众政治参与意识的逐渐增强,国民党政府为缓和与民众的紧张关系,终于在1931年开始制定《训政时期约法》。约法分为总纲、人民之权利义务、训政纲领、国民生计、国民教育、中央与地方权限、政府之组织及附则等8章89条。

在《训政时期约法》的8章中,专门于第5章设置"国民教育"的内容,对国家的高等教育主要做了几个原则性的规定,如第47条规定"三民主义为中华民国教育之根本原则";第49条规定"全国公私

---

① 胡适:《人权与约法》,《人权论集》,新月书店,1930年版。

立之教育机关一律受国家之监督,并负责推行国家所定教育政策之义务";第51条规定"未受义务教育之人民,应一律受成年补习教育,其详以法律定之";第52条规定"中央及地方应宽筹教育上必需之经费,其依法独立之经费并予以保障";第53条规定"私立学校成绩优良者,国家应予以奖励及补助";第54条规定"华侨教育国家应予以奖励及补助";第55条规定"学校教职员成绩优良久于其职者,国家应予以奖励及保障";第56条规定"全国公私立学校应设置免费及奖金学额,以奖进品学俱优无力升学之学生";第57条规定"学术及技术之研究与发明,国家应予以奖励及保护"[1],等等。

系统分析约法中关于高等教育的规定,可以发现其中第47条和49条实际上确立的是国家高等教育制度的根本性原则,即确立了以孙中山先生所倡导的"民族、民权、民生"为高等教育办学的指导思想及发展的总体目标,并将政府集权作为国家教育管理体制的核心,高校的发展必须以政府推行的教育政策为导向;第52条规定了教育的经费来源,即由中央及地方政府予以筹集和保障,虽然立法本意是希望教育经费能够独立,但由于经费根本上受制于政府,因此依然体现了明显的政府集权特征;第53、54两条,规定了国家对于私立办学、华侨办学的鼓励和奖励,使之成为公办教育的补充;第55、56两条,是对表现优异的教职员工及品学兼优之学生予以经济上的鼓励和保障;第57条,是对学术研究成果的奖励和保护。观察同一时期的高等教育法规、法令,这些宪法性文件中的原则性规定基本上都得到了体现,对当时的高等教育立法有一定的指引意义。

《训政约法》严格来说不是一部宪法。但该约法曾被南京国民政府视为训政时期的宪法性文件和由训政到宪政过渡阶段的重要纲领。因此,《训政约法》时期基本是南京国民政府的宪政预备时期的产物。这部约法以专章规定了国民教育的有关内容,虽然带有一定

---

[1] 参见《中华民国训政时期约法》,宋恩荣、章咸编:《中华民国教育法规选编(修订版)》,江苏教育出版社,2005年版,第243页。

的国家集权主义色彩,但毕竟确立了一些诸如保护私立教育、奖励优秀教育工作者及学生、保护学术成果等一系列教育原则,因此具有一定的积极意义。

(二)中华民国宪法草案有关高等教育的相关规定

1932年12月,国民党在南京召开四届三中全会,决定于1935年3月召开国民大会,并议决孙科回任立法院院长,主持宪法起草工作。1933年1月组成了以孙科为委员长的宪法起草委员会。1934年3月、7月、10月,国民政府立法院连续三次公布修改的《中华民国宪法草案初稿》。1936年5月1日,国民党中央通过宪法草案,5日,国民政府正式公布《中华民国宪法草案》,史称"五五宪草"。该草案主要分为"总纲""人民之权利义务""国民大会""中央政府""地方制度""国民经济""教育"和"附则"八章148条。

在《中华民国宪法草案》的八章中,专门于第七章设置有关"教育"的内容,对国家的高等教育主要做了几项原则性的规定,如第131条规定"中华民国之教育宗旨,在发扬民族精神,培养国民道德,训练自治能力,增进生活知能,以造成健全国民";第132条规定"中华民国人民受教育之机会,一律平等";第133条规定"全国公私立之教育机关,一律受国家之监督,并负推行国家所定教育政策之义务";第136条规定"国立大学及国立专科学校之设立,应注重地区之需要,以维持各地区人民享受高等教育之机会均等,而促进全国文化之平衡发展";第137条规定"教育经费之最低限度,在中央为其预算总额百分之十五,在省区及县市为其预算总额百分之三十,其依法律独立之教育基金,并于以保障。贫瘠省区之教育经费,由国库补助之";第138条规定"国家对于左列事业及人民,予以奖励或补助:一、国内私人经营之教育事业成绩优良者;二、侨居国外国民之教育事业;三、于学术技术有发明者;四、从事教育,成绩优良,久于其职者;五、学生学行俱优,无力升学者"。①

系统分析《中华民国宪法草案》中关于高等教育的规定,可以发现其对1931年的《训政时期约法》有一定的继承,也在其基础上有一定的发展,如第131、132、133条进一步阐明了教育的基本宗旨,并确立了受教育机会平等的现代教育原则,至于有关国家教育管理体制的核心原则,则延续了《训政时期约法》中政府集权的精神;第136条是根据当时全国高等教育地区发展不平衡的现状,提出的教育区域平衡全面发展的原则;第137条,是在《训政时期约法》第52条的基础上,进一步明确了教育经费占政府预算的比例,在立法上保障了教育财政的支出;第138条实际上是延续了《训政时期约法》中第53、54、55、56、57条的规定,将其合并为一条五款,规定了国家对于私立办学、华侨办学的鼓励和奖励,对表现优异的教职员工及品学兼优之学生予以经济上的鼓励和保障,以及对学术研究成果的奖励和保护。

《中华民国宪法草案》在南京国民政府宪政发展进程中起到了一个过渡作用。虽然该法案中被灌入了一些具有专制色彩的内容,但对于国民教育,它开始尝试用宪法条文这种形式来确立人民受教育的权利,并通过保障教育财政支出和鼓励办学等规定来保护国家的高等教育的发展,因此在当时来说,的确对民国高等教育的发展起到了一定的帮助。

(三)《中华民国宪法》有关高等教育的相关规定

《中华民国宪法》于1947元旦公布,规定中华民国基于三民主义,为民有、民治、民享之共和国,规定国民在法律上一律平等。保障人身自由,在政治体制上采用国会制和责任内阁制。这部宪法是"以西方资本主义宪法为范本,结合孙中山关于政体设想而设计、制定出来的,无论在政治制度、经济制度、还是在民族关系、教育制度等方面,都打破了封建制度的框架,与《中华民国训政时期约法》相比,具

---

① 参见《中华民国宪法草案》,宋恩荣、章咸编:《中华民国教育法规选编(修订版)》,江苏教育出版社,2005年版,第293页。

有明显的民主性和进步性"①。从文本上看,这是中国有史以来第一部较为完善的宪法,其不仅在第二章"人民权利义务"中把"受教育权"作为了国民的基本权利,同时还在第十三章"基本国策"的"教育文化"一节中对国家教育做出了十条具体的规定。与之前的两部宪法性文件相比,《中华民国宪法》具有更加突出的进步意义。

《中华民国宪法》第二章第21条规定"人民有受国民教育之权利与义务";第十三章第158条规定"教育文化,应发展国民之民族精神、自治精神、国民道德、健全体格、科学及生活智能";第159条规定"国民受教育之机会一律平等";第161条规定"各级政府应广设奖学金名额,以扶助学行俱优无力升学之学生";第162条规定"全国公私立之教育文化机关,依法律受国家之监督";第163条规定"国家应注重各地区教育之均衡发展,并推行社会教育,以提高一般国民之文化水准,边远及贫瘠地区之教育文化经费,由国库补助之。其重要之教育文化事业,得由中央办理或补助之";第164条规定"教育、科学、文化之经费,在中央不得少于其预算总额百分之十五,在省不得少于预算总额百分之二十五,在市县不得少于其预算总额百分之三十五。其依法设置之教育文化基金及产业,应予以保障";第165条规定"国家应保障教育、科学、艺术工作者之生活,并依国民经济之进展,随时提高其待遇";第166条规定"国家应奖励科学之发明与创造,并保护有关历史文化艺术之古迹古物";第167条规定"国家对于左列事业或个人予以奖励或补助:一、国内私人经营之教育事业成绩优良者;二、侨居国外国民之教育事业成绩优良者;三、于学术或技术有发明者;四、从事教育久于其职而成绩优良者"。

平心而论,1946年《中华民国宪法》从立法的内容上来讲,除了在第二章专门把受教育权作为人民的基本权利之外,其他内容基本沿用了1936年宪草,并没有太多实质性的变化,最多在体例上和表述上做了少许改变。如第158条、159条、162条,基本上沿用了1936

---

① 张学仁、陈宁生:《二十世纪之中国宪政》,武汉大学出版社,2002年版,第225页。

年宪草中的第131、132、133条,规定了教育的基本宗旨、教育平等原则,以及国家教育管理的政府集权原则;第163条沿用了1936年宪草中的第136条,规定了教育区域平衡及全面发展的原则,并增加了国家对落后地区发展教育予以支持的规定;第164条沿用了1936年宪草中的第137条,进一步明确了教育经费占政府预算的比例,在立法上保障了教育财政的支出;第161、165、166、167条沿用了1936年宪草中的第138条,规定了国家对品学兼优之学生予以经济上的鼓励,对教育工作者待遇的保障,对学术研究成果的奖励和保护,以及私立办学、华侨办学的鼓励和奖励,等等。

南京国民政府时期的三次宪法性文件,均对民国高等教育做出了引领性的规定。无论是公民基本的受教育权利、中央及地方政府对教育的财政支持、教育全面均衡发展原则,还是国家对品学兼优学生在经济上的鼓励、对教育工作者待遇的保障、对学术研究成果的奖励和保护,以及私立办学、华侨办学的鼓励和奖励等的,都在当时的法律、法规、法令及地方性教育法规中具体体现出来,这对当时高等教育立法无疑有着重要的指引作用。

二、一般法的具体规范

(一)有关教育行政机构设置的法律

1. 大学院组织法

1927年6月,教育行政委员会公布《中华民国大学院组织法》,规定将"中华民国大学院作为全国最高学术教育机关,直隶于国民政府,依法令管理全国学术及教育行政事宜"。大学院下设大学委员会、秘书处、行政处、中央研究院、劳动大学、图书馆、博物院、美术馆、观象台等行政机构及学术机构。大学委员会"议决全国学术上、教育上一切重要问题"。[①] 其中学术委员会由各学区中大学校长、本院教育行政处主任,及本院院长选聘之国内专门学者5~7人组成,由院

---

① 中国第二历史档案馆编:《中华民国史档案资料汇编》第五辑第一编,教育(一),江苏古籍出版社,1994年版,第172页。

长任委员长。大学院成立后,其组织法经过几次修正,1928年4月17日又公布了《修正中华民国大学院组织法》22条。修正后的大学院组织法强调了大学院管理全国教育的职能和权力,在内部结构上也进行了一些调整,最主要的是废组改处,成立了秘书处、高等教育处、普通教育处、社会教育处以及文化事业处,以增加大学院处理全国教育行政事务的能力。

2. 教育部组织法

1928年12月11日中华民国政府公布《教育部组织法》,明定教育部取代大学院成为全国学术、文化及教育行政事务的最高机关。教育部下设国民教育司、中等教育司、高等教育司、社会教育司、技术及职业教育司、体育司、总务司、教育研究委员会、训育委员会、医学教育委员会、侨民教育委员会、学术审议委员会、法规委员会、国语推行委员会、诉愿审议委员会、中央教师申诉评议委员会和性别平等教育委员会等。这些教育机构和教育法规的确立使民国教育有了政策上的保障,为民国教育的教育内容、教育目标的确立都有指导性的意义。

3. 中央研究院组织法

1927年4月,李石曾在中国国民党中央政治会议第七十四次会议提出设立中央研究院案,决议由李石曾、蔡元培、张人杰共同起草中研院组织法。5月9日,中央政治会议第九十次会议议决设立中研院筹备处,并推定蔡元培、李煜瀛、张人杰、褚民谊、许崇清、金湘帆为筹备委员。7月4日,《中华民国大学院组织条例》公布,改列筹设中的中央研究院为中华民国大学院的附属机关之一。11月9日,《中央研究院组织法》公布,明定"中央研究院直隶于中华民国国民政府,为中华民国最高学术研究机关",设立:物理、化学、工程、地质、天文、气象、历史语言、国文学、考古学、心理学、教育、社会科学、动物、植物等十四个研究所。1928年4月10日,颁布《修正国立中央研究院组织条例》,规定国立中央研究院"为中华民国最高科学研究机关"。宗旨为"实行科学研究,并指导、联络、奖励全国研究事业,以谋科学之进步,人类之光明"。① 研究范围包括数学、天文学与气象学、物理学、化学、地质与地理学、生物科学、人类学与考古学、社会科学、工程学、农林学、医学等11科。条例还对组织、基金、名誉会员等做了规定。中研院改为不属于大学院的独立机关。4月23日,特任蔡元培为院长。

(二) 有关高等院校组织设置及运行的法律

1. 大学组织法、专科学校组织法

1929年7月,国民政府公布的《大学组织法》和《专科学校组织法》等一系列教育法令规定:"所有私立学校,都须向政府教育行政部门立案,经核准后方得设立,其变更和停办,也须征得教育行政部门许可,外国人及宗教团体设立的学校亦不例外"。从而初步规范学校的设置,并将外国人兴办的学校纳入国家教育控制的范围。规定大学分为国立、省市、市立、私立四类,"国立大学由教育部审查全国各地情形设立之","由省政府设立者为省市大学,由市政府设立者为市立大学,由私人或私法人设立者为私立大学","师范学校由省、市、县设立,私人和私法人不能设置师范学校","职业学校由省、市、县设立,私人或团体亦得设立","私人或团体设立之学校,为私立学校,外国人设立之学校亦属之"②,等等,明确国家公共学校系统由公立和私立两大部分组成,外国人所兴办的学校属私立教育机构,从而巩固了国家的教育主权。

2. 师范学校法、职业学校法

1932年12月,国民党召开第四届中央执行委员会第三次全体会议。大会对师范教育做出了重要决议,成为这一时期兴办师范教育的基本依据。同年12月17日,国民政府正式颁布《师范学校法》,确定了师范学校的地位。国民政府同时也公布了《职业学校法》。按《职业学校法》规定,职业学校以"培养青年生活之知识与技能"为目

---

① 李立峰:《民国时期大学院制失败原因之分析》,《煤炭高等教育》2003年第1期,第50页。

② 中国第二历史档案馆编:《中华民国史档案资料汇编》第五辑第一编,教育(一),江苏古籍出版社,1994年版,第231—236页。

的,实施下列各项训练:"1. 锻炼强健体格;2. 陶冶公民道德;3. 养成劳动习惯;4. 充实职业知能;5. 增进职业道德;6. 启发创业精神",还规定"职业学校按所设科别称高级或初级某科职业学校,其兼设二科以上者,称高级或初级职业学校,合设两级者,称职业学校","职业学校由省或直隶于行政院之市设立之,但以地方之需要的由地方设立,或两县以上联合设之。私人或团体亦可设立职业学校"①。

3. 学位授予法

《学位授予法》是规定学位授予的级别、学位获得者的资格、学位评定的办法、学位的管理措施等相关内容的法律。1935年4月中华民国南京政府曾效仿英美体制颁布了《学位授予法》,对学位授予的级别、学位获得者的资格和学位评定的办法等做了规定,这也是中国现代学位制度的开端。该年5月,教育部发布的《施行学位授予法的训令》规定:"一、学士学位,凡依本法有权授予学士学位之学校,得自民国二十四年七月一日起,依本法开始授予各种学士学位;二、硕士学位,硕士学位之开始授予时期,应于硕士学位考试细则中另定之;三、博士学位,博士学位之开始授予时期,应于博士学位考试细则中另定之。"②《学位授予法》的通过与颁布实施,标志着中国现代学位制度的正式建立。

三、法规、法令的细化

南京国民政府除从根本法上确定了教育原则外,还制定了覆盖比较广泛的一系列单行的和综合性的教育法令。主要包括:

(一)规范学校教育方面的法令

南京国民政府时期,学校教育是高等教育的中心。规定学校制度、课程设置、评价标准等的法令是学校教育方面法令的重要组成。南京国民政府将高等学校教育、中等学校教育、初等学校教育、职业学校教育、师范学校教育内容通过教育法令进行全面规范。在高等

---

① 王昆欣:《中国百年职业教育发展回眸》,《教育与职业》,2004年第29期,第67页。
② 《施行学位授予法的训令》,载《中华民国史档案资料汇编》第五辑第一编,《教育(二)》,江苏古籍出版社,1994年版,第1411页。

教育方面,国民政府及教育部公布《大学规程》《修正专科学校规程》《学位分级细则》《硕士学位考试细则》《硕士学位考试办法》《公立专科以上学生出外实习原则》等学校教育法令,对高校的教育目标及入学、考试、分科等具体事项做出全面规定。

(二) 规范教育设施条件的法令

规范教育设施条件的法令包括学校的设置、教育财政和教育人事等方面。南京国民政府成立后所制定的教育法规,基本涉及了这些方面的内容。如国民政府教育部公布的《修正私立学校规程》中就对私立学校的设置权、设置程序、设施条件等做出详细规定;公布的《宗教团体兴办教育事业办法》则旨在规范教会学校的设置。在《私立专科以上学校补助费分配办法大纲》《私立专科以上学校补助费支给细则》等法规中,就国家补助私立学校的原则、范围、数额等做出详细规定。再如,南京国民政府在《大学教员任职条例》等单项法令中规定了师资、行政人员的任用办法和任用程序,从而形成较为完备的教育人事制度。

(三) 规范教育行政管理的法令

教育管理包括国家对教育的行政管理和学校内部管理。教育部通过一些法令的制定,补充和完善教育行政方面的法律内容。这些法令有《教育部处务规程》《教育部各司分科规程》《教育部部务会议规则》《教育部各司分科规程》《全国教育会议规程》《教育部督学办事规程》等。

总体上看,南京国民政府教育法规体系在横向上呈现出内容完整、覆盖面广的特点。

第四节 高等教育立法的重要补充——大学章程

一、大学章程的制定概况

1898年戊戌变法之后,孙家鼐主持创立了中国近代史上第一所国立综合性大学——京师大学堂。在当时,它不仅是全国最高学府,同时也是中国的最高教育行政机关。1898年7月3日,由梁启超代为起草的《奏定京师大学堂章程》经光绪皇帝批准,成为中国近代第一个大学章程。百日维新失败后,京师大学堂停办,至1902年大学堂恢复,由洋务派创办的京师同文馆也并入了大学堂。同年8月,清政府颁布了由张百熙拟定的《钦定学堂章程》,即"壬寅学制";1904年,清政府又颁布了在《钦定学堂章程》基础上修改的《奏定学堂章程》,即"癸卯"学制。该章程不仅规定了学堂的办学宗旨、组织形式、课程设置、修业年限等,而且还制定了学校管理办法及学校设置办法等,对学堂的日常管理、学生的学习生活等均做出了详细的规定。这虽类似于今天的大学章程,但两者有着显著的差别。因为京师大学堂除了是一所高等学府之外,同时也是全国最高教育行政管理机构,全国各省的学堂都要按照京师大学堂规定的章程开展办学。所以从某种程度上来讲,京师大学堂章程既是作为大学堂这一高等学府的办学章程,同时也是效力覆盖全国的高等教育法律规范。

京师大学堂章程的制定,对清朝末年学堂的兴办起到了至关重要的作用,不仅改变了原有官学、私学、书院等旧形式,同时也为我国新学制的实施开了先河,使大学堂办学逐步走向正规,并对此后的"壬子癸丑"学制和"壬戌"学制的确立产生了深刻的影响。继京师大学堂章程之后,当时涌现出的学堂章程还有《江苏师范学堂现行章程》《奏定北洋师范学堂试办章程》《三江师范学堂章程》《震旦学院章程》等。

民国时期,"政府忙于战事而无过多的精力管理高等学校;其次,受时任教育部部长蔡元培思想的影响,高校获得了巨大的自主发展空间。因此,无论是国立大学,还是私立大学,绝大多数高校都自己制定学校章程,作为学校管理的基本依据和主要方式"[①]。1913年1

[①] 庞慧、罗继荣:《民国时期大学章程的特点分析》,《赣南师范学院学报》2010年第2期,第65页。

月16日,随着《私立大学规程》的颁布,我国私立高校发展迅速,并成为当时高等教育的重要组成部分。在这样的形势下,我国的公立高校和私立高校绝大多数都制定了自己的学校章程,这使得我国高等教育章程的发展进入到了一个高峰期,如1917年《复旦大学章程》,1920年《国立北京医学专门学校章程》,1921年的《东南大学组织大纲》,1921年《厦门大学大纲》,1922年《北京师范大学组织大纲》,1929年的《安徽省立大学组织大纲》,等等。这些章程虽然在结构和内容上略有不同,但基本上都详细规定了学校办学的宗旨、管理结构、学科建设、教学规则等,同时还充分借鉴了国外大学的经验,引进了诸如"大学自治""教授治校""学术自由"等当代大学办学的先进理念。例如1921年的《东南大学组织大纲》借鉴了不少德国的经验,《清华大学章程》则是借鉴了美国的经验。因此,民国时期大学章程基本具备了现代大学章程的特点,是我国大学自主制定章程的开始。

从民国初期到南京国民政府时期,虽然国内政局不稳且外患不断,但国内的高等教育却得到了一定的发展,高等学校的数量和质量也在不断提升。在当时的众多国立高校和私立高校中,绝大多数高校都有自己的学校章程。这些章程大都借鉴了西方先进的大学理念和教育立法思想,因此成为高等教育制度的重要补充,同时也对当时高校的发展提供了一定的制度保证。当时大学章程的特点归纳如下:

(一)学校内部的权力机关是大学章程制定的主体

一般认为,大学章程的制定主体是大学的创办者或管理者。民国初期和南京国民政府时期,由于深受蔡元培等教育家思想的影响,中国的高等院校获得了相对自主的发展空间,再加上政府忙于战事而无过多的精力管理高等学校,因此,无论是国立大学还是私立大学,绝大多数高校都能自主制定学校章程,作为学校管理的基本依据和规范。如:为了制定《北京大学章程》,蔡元培专门成立了由蒋梦麟、顾孟余、胡适等参加的组织委员会,章程草案起草完毕,经评议会通过后施行;《私立燕京大学组织大纲》在附则中规定:"本组织大纲,由校董会审议通过"①;《厦门大学大纲》则是由该大学筹备员会议通过实行的。从以上几个大学章程的制定来看,大学章程的制定主体均为学校的内部权力机关。

(二)大学章程的制定体现了教授治校的原则

受西方现代教育思想的影响,"教授治校"的办学精神在民国时期各个大学章程中基本上都得到了很好的体现,无论公立大学还是私立大学的章程基本都确立了教授参与学校管理的制度。例如,《北京大学章程》中规定:"教授有评议员的被选举权,有赠予学位的权力;各学系设有教授会,规划本学系教学事务;委员长、教务长、学系主任和总务长均在教授中任命。"②说明教授不仅参与学校的学术事务,而且还具体参与到了学校的行政管理中来。《清华学校组织大纲》中规定设教授会,其不仅审定全校课程,而且还参与评议员和教务长的选举。此外,教授会还有讨论章程修改的权力;东南大学实行的则是校长领导下的三会制,即评议会、教授会和行政委员会;厦门大学虽然没有教授会,但是其大纲规定教授是教务会议的成员之一,教务处分为事务和教授两项,教授参与教学管理。从以上章程的相关规定可以看出,民国时期教授在高校内部掌握了相当的学术权力和行政权力。

(三)大学章程的制定及修改程序规范

严格的制定程序是民国时期大学章程的另外一个重要特点。大学章程往往先由学校相关部门组织起草,然后经学校权力机关审议通过。《北京大学章程》的制定,由蔡元培成立的组织委员会起草,经评议会通过后施行。《国立北平师范大学组织大纲》在附则中规定:"本大纲自呈准教育部之日实行。"③而厦门大学的大纲则要经过学校筹备员会议通过。《私立燕京大学组织大纲》也在附则中规定:"大纲

---

① 吴惠龄主编:《北京高等教育史料》,北京师范大学出版社,1992年版,第195页。
② 李强:《我国大学章程的历程与现状》,《国家教育行政学院学报》2012年第2期,第35页。
③ 吴惠龄主编:《北京高等教育史料》,北京师范大学出版社,1992年版,第74页。

由校董事会议通过,呈请教育部核准后施行之。"①虽然民国时期的大学章程大多是各个高等学校自行制定的,但章程的修改都遵守了严格的法律程序,并且其修改的主体是本学校的权力机关。《清华学校组织大纲》在附则中规定:"本大纲之修正得由评议会以三分之二之通过提出,于教授会讨论决定之。"②由此可以看出,无论是公立大学还是私立大学,其章程在附则中不仅规定了章程修改的程序,而且还有对章程制定权力机关提议和议决人数的具体规定。

二、从三江师范学堂到国立中央大学的章程制定沿革

南京大学的前身是创建于1902年的三江师范学堂,此后历经两江师范学堂、南京高等师范学校、国立东南大学、第四中山大学、江苏大学国立中央大学、国立南京大学等时段,于1950年正式更名为南京大学。在这段特殊的历史时期里,南京大学饱经沧桑,它"涉历从半殖民地半封建社会到社会主义社会,从晚清民国到新中国等不同历史时期,几经曲折,几遭风雨,但伴同社会的进步和科学的发展又始终不断成长,不断前进在悠久的历史岁月里"③,并逐步发展成为具有国际影响和自身特色的综合性大学。

南京大学的校史沿革有两条主线,一条发端于1902年建立的三江师范学堂(Sanjiang Normal School),后历经两江师范学堂(Liangjiang Normal School)、南京高等师范学校(Nanjing Higher Normal School)、国立东南大学(National Southeast University)、国立第四中山大学(National Fourth Sun Yat-sen University)、江苏大学(Jiangsu University)、国立中央大学(National Central University),再到1949年的国立南京大学(National Nanjing University),后于1950年正式更名为南京大学(Nanjing University);另一条发端于1888年建立的汇文书院(Nanking University),1910年汇文书院与

---

① 吴惠龄主编:《北京高等教育史料》,北京师范大学出版社,1992年版,第195页。
② 米俊魁:《大学章程价值研究》,中国海洋大学出版社,2006年版,第170页。
③ 曲钦岳:《光辉的历程 崇高的使命——庆祝南京大学建校90周年》,《南京大学学报》,1992(2),第179页。

宏育书院(Union Christian College)合并为金陵大学(University of Nanking),之后金大与金陵女子文理学院(Ginling College)合并,名称依然保留为金陵大学。1952年,在全国高校院系调整中,南京大学调整出工学、农学、师范等部分院系后与金陵大学文、理学院等合并,仍名南京大学。

自1902年三江师范学堂创建到1949年国立中央大学易名为国立南京大学,南京大学前身不仅在长期教学和科研的实践中形成了治学严谨、淳朴笃实的优良学风,同时还根据不同历史时期的时代特色,在大学章程的制定上留下了一大批珍贵的研究资料。通过《东南大学组织大纲》《中央大学组织规程》等一系列大学章程的制定,学校逐步确立了结构合理、权责明确的议事决策制度,展现了注重德育、培养通才的先进办学理念,同时弘扬了民主办学、教授治校的现代大学精神。这对我们今天大学章程的制定,有着非常重要的借鉴意义。

南京大学在不同的历史时期都十分重视学校章程的制定,并积极把当时最先进的教育精神和教育理念融入整个办学过程当中。为了便于研究不同时期的章程特点,可以大致把南京大学前身章程的制定分为三个历史阶段:

(一)三江师范学堂——南京高等师范学校(1902—1923年)

这一阶段是学校的创始和初步发展时期,包括三江师范学堂、两江师范学堂和南京高等师范学校时期。这一阶段的学校章程主要包括:

1.《三江师范学堂章程》(1904年)

三江师范学堂创建于1902年5月30日,是南京大学的最早前身。1903年,张之洞代理两江总督后,就开始"仿照袁世凯办学的办法,聘请了中日教习,预定了学生名额,确定了学堂地址,指定了办学专款,并借公所办了起来"[①]。根据台湾历史学家苏云峰的研究,《三

[①] 杨振亚:《三江师范学堂创建史补遗》,《南京大学学报(哲学、人文、社会科学)》,1995(2),第161页。

江师范学堂章程》原件副本未标明出版日期,但应该介于光绪三十年(1904年)三月廿八日至五月廿四日之间,"光绪三十年五月廿五日,江西候补道周锡恩到两江总督府手抄此《三江师范学堂章程》,证明此章程应制定于三十年五月以前,也即正式招生开学前"[①]。该章程包括立学总义、考试规则、学科课程、各员职务、讲堂规条、斋舍规条、操场规条、礼仪规条、各室规条、放假规条、赏罚规条、毕业服务规条、学堂禁令、接待外客规条、杂役规条十五章。按照第一章"立学总义"之规定,三江师范学堂为"江苏、安徽、江西三省之公学",由于"三省各府厅州县中小学堂未经遍设,其已开办者,非学科未极完全,即教授未能合法",因此其办学宗旨实为"先行练习教员,期满后招收学生,照奏定优级师范并附初级师范章程办理,以备他日中小学堂教员之任"。这实际上是把三江师范学堂的性质明确为江苏、安徽、江西三省合办的公立师范学校,以期培养新式中小学堂教员。当时基本采用的是日本学制,因此《三江师范学堂章程》在科目设置、学业年限、讲习方法上基本上参照了清政府1902年颁布的《钦定学堂章程》(亦称壬寅学制)。该章程的制定和实施,对于我国新式学制的建立,有一定积极意义。

2.《南京高等师范学校简章》(1915年)

1912—1913年间,由于民初"壬子癸丑"学制取消高等学堂,因此很多清末遗留下来的高等学堂不得不改建为专门学校或高等师范学校。1914年,江苏巡按使韩国钧委任江谦(原江苏教育司司长)为校长,在两江师范学堂的基础上筹备南京高等师范学校。1915年1月,齐耀琳任江苏巡按使后,在《江苏巡按使齐耀琳饬江谦筹备开学文》中进一步明确学校的办学宗旨为:"高等师范学校一方培养中等学校师资,一方并为中等学校学生推广升学之途,关系全省教育根

[①] 苏云峰:《三(两)江师范学堂——南京大学的前身,1903—1911》,南京:南京大学出版社,2002年版,第165页。

本。"①此后,在江谦校长的精心筹划和全体筹备人员的努力下,任课教师接连受聘到校,并先后拟定了《南京高等师范学校简章》以及《南京高等师范学校招考简章》,遂于1915年8月11日公开招考。根据北京国民政府于1912年9月3日颁布的《教育部公布学校系统表令》来看,南京高等师范学校已属于近代高等教育的范畴。《南京高等师范学校简章》包括宗旨、组织、学科、学额及修业期限、学年学期及修业日、入学退学休学及惩戒、试验升级留级及毕业、学费、服务、附则十章。该章程于开篇即规定了南高师"以养成师范学校、中学校职员为宗旨",并于第三章"学科"规定了学校的本科分为国文、英文、历史地理、数学物理、物理化学、博物六部,这也与1913年2月14日北京政府教育部公布的《高等师范学校规程》中"高等师范学校科目"如出一辙。南高师章程根据新学制确立的课程设置,基本废止了清末"讲经读经"的旧式教育,使学生在知识的获取上不再限于传统的经史子集,同时促进了教育的平民化,增强了教育的实用性。

(二)国立东南大学——国立第四中山大学(1920—1928年)

这一阶段是学校的积累和发展时期,包括国立东南大学、国立第四中山大学和江苏大学时期。该时期的学校章程主要包括:

1.《东南大学组织大纲》(1921年)

国立东南大学是一所根据现代科学体系和欧美大学模式构建的多学科综合大学。1920年9月,包括郭秉文在内的十位发起人联名致书教育部《改订南京建立国立大学计划书致教育部文》,"拟就南京高等师范学校校址及南洋劝业会旧址,建设南京大学,以宏造就"②。同年12月7日,北京政府国务会议通过南高筹建大学议案,并定名为"国立东南大学"。1921年6月6日,中国国立大学第一个董事会成立,并通过《东南大学组织大纲》,确立9月正式开学。1923年,南高师学生全体毕业后,南高师名称即取消。《东南大学组织大纲》包

---

① 南京大学校庆办公室校史资料编辑组、南京大学学报编辑部:《南京大学校史资料选辑》,南京:南京大学出版社,1982年版,第27页。
② 同上,第105页。

括校长、校董会、教授、行政、议事、附则六章,明确规定了学校的权力运行方式为校长领导下的"三会制",即设立评议会、教授会和行政委员会,分别负责议事、教学和行政事宜,各会均由校长兼任主席。如该大纲第一条即规定了"校长总辖全校事务",此后又分别详细规定了教授会、行政委员会、校务会议的组织方式和议事范围,如第十一条"设教授会会议关于全校教授上之公共问题";第十九条"设行政委员会,为全校行政之总枢,其委员由校长就各部、各科主任中委任若干人充之";第二十二条"设校务会议,议决关于全校之重大事项"。[①]由此一来,便基本形成了校长负责,三会各司其职、分权决策的中国近代大学权力运行制度,同时也在一定程度上体现了大学自治、教授治校、民主办学的现代高等教育精神。

2.《第四中山大学本部组织大纲》(1927年)

1927年6月,南京国民政府教育行政委员会颁布"大学区制",废除各省教育厅,以国立大学为教育行政机关,大学校长由中央政府任命,具有省府委员资格。同时将原国立东南大学、河海工程大学、江苏法政大学、江苏医科大学、上海商科大学以及南京工业专门学校、苏州工业专门学校、上海商业专门学校、南京农业学校等江苏境内专科以上的9所公立学校合并,组建为国立第四中山大学,实际取代江苏省教育厅统辖全省教育事务。《第四中山大学本部组织大纲》包括名称、校址、宗旨、学制、学年、学位、制职、会议、委员会、附则十章,以"阐扬文化讲求学理,达之实用,以造成新中国之学者及建设人才"为宗旨,并要求各个学院"以学术独立,平均发展,教课错综,调剂精神物质,而收互助之效为原则"。[②] 学校不再设校董会,而是采用校务会议制,教务会议、教授会、学院会三会成为具有决策权力的领导机构,并成立各种委员会以对各项事业进行指导和协调。1928年2月,四中大依大学院大学委员会165号训令更改校名为"国立江苏大学",

---

[①] 南京大学校庆办公室校史资料编辑组、南京大学学报编辑部:《南京大学校史资料选辑》,南京:南京大学出版社,1982年版,第118-120页。

[②] 同上,第206页。

后只称"江苏大学",遭到了全校师生的反对。1928年5月16日,国民政府行政院做出了"江苏大学改称国立中央大学"的决议,"国立中央大学"的校名被正式使用,张乃燕任第一任校长。

(三)国立中央大学时期(1928—1949年)

正式定名后的国立中央大学,学校规模迅速扩大,学科门类更加齐全,学术水平进一步提升,"曾设有文、理、法、教育、工、农、医、商等8个学院,后商学院被划出,保持7个学院包括30个系科,学生数最多时达4 700多人,是当时中国规模最大、学科最齐全的大学,也是当时国内师资力量最雄厚、设备条件相对最完善、学术工作处于最前沿的大学"①。该时期的学校章程主要包括:

1.《中央大学本部组织大纲》(1928年)

张乃燕在被任命为国立第四中山大学校长之前,就已延聘了27位专家学者为筹备员,着手草拟大学区的组织大纲和各项章程。1928年5月江苏大学更名为国立中央大学后,《中央大学本部组织大纲》于同年11月15日正式颁布。该大纲包括名称、校址、宗旨、学制、学年、学位、职制、会议、委员会、附则十章。由于当时南京国民政府的教育行政体制仍为"大学区制",因此该大纲带有明显的大学区国立大学的特征,如其第二条规定:"大学本部设于首都,但得酌量情形分设学院于本大学区内其他各地。"同时,国立中央大学在成立之初的身份不仅是"大学区之高级学府",同时还是江苏大学区的教育行政机关,按照"国民政府颁行大学条例",对于"全区学术教育之进步及各级学校之相互衔接,负倡导协助之责"。②《中央大学本部组织大纲》规定学校应以"研究高深学术,以养成党国需要人才,阐扬世界文化"为宗旨,设理学院、文学院、法学院、教育学院、医学院、农学院、工学院、商学院共8个学院。学校权力决策以"行政会议""教授会

---

① 曲钦岳:《光辉的历程 崇高的使命——庆祝南京大学建校90周年》,《南京大学学报》,1992(2),第181页。

② 南京大学校庆办公室校史资料编辑组、南京大学学报编辑部:《南京大学校史资料选辑》,南京:南京大学出版社,1982年版,第229页。

议""教务会议""院务会议""事务会议"并行,针对不同的学校事务,以不同身份组织和出席会议。同时学校可根据不同情形设立各项委员会,其报告或建议分别上报校行政会议。

2.《中央大学组织规程》(1930年)

1928年10月25日,国民政府行政院宣布成立,蒋梦麟被任命为南京国民政府首任教育部长。由于大学区制当时受到各大学区内中小学校的抵制,1929年7月1日,国民政府决议"由教育部定期停止试行大学区制"。至此,历时两年的大学区制被完全取消,各省又恢复了教育厅制度。自1929年7月起,南京国民政府及教育部出台了一系列法律法规,对大学、专科学校和私立学校加以整顿与管理,主要包括《大学组织法》《专科学校组织法》《大学规程》《专科学校规程》《私立学校规程》,等等。以上法规大多经过多次修订,对民国时期高等教育影响甚巨,使当时的高等教育逐步走上了规范化、制度化的发展轨道。1930年《中央大学组织规程》是随着大学区制取消,在新的教育法律体系建立后制定的,因此该规程体现了南京国民政府时期高等教育制度的许多特点。它包括名称、校址、宗旨、校长副校长、教务处、事务处、秘书处、学院、研究院、会议、委员会、学生、附则共十三章,其中专设"校长副校长"一章,规定由校长"综理校务",副校长"襄理校务",并专章规定了学校的三大行政职能机构为教务处、事务处、秘书处,分别处理学校的"各学院、图书馆的一切教务事宜","会计、庶务及医药、卫生事宜"和"文书及其他关系全校事宜"[①]。学校以校务会议作为具有决策权力的领导机构,各学院设院务会议,各系、科设学系或科会议,并成立各种委员会对各项事业进行指导和协调。《中央大学组织规程》不仅全面规定了学校的办学宗旨、校名、校址、学校行政机关的基本职能,还规定了学院及学科的设置,学生的入学、转学、毕业,研究生的培养,更重要的是规定了学校及二级学院的决策

[①] 南京大学校庆办公室校史资料编辑组、南京大学学报编辑部:《南京大学校史资料选辑》,南京:南京大学出版社,1982年版,第243页。

方式和会议组织形式,可谓南京国民政府时期大学章程的集大成者。

三、从三江师范学堂到国立中央大学大学章程的特色与借鉴

自 1902 年三江师范学堂创办到 1949 年国立南京大学成立,先后历经晚清政府、南京临时政府、北京国民政府、南京国民政府等几个历史时期。在这近半个世纪中,由于国家战事不断、政治动荡,政府常常无暇顾及高等教育。但在当时一批著名教育思想家的不懈努力下,中国的高等教育却得到了长足的发展。南京大学前身制定的大学章程作为中国近代大学制度的重要组成部分,对当时学校的发展提供了良好的制度保证,并且能够折射出当时国家的高等教育政策及众多著名教育家的教育思想。

(一)确立了结构合理、权责明确的议事决策制度

议事决策制度是高校章程制定的核心内容,也是现代大学制度不可或缺的重要组成部分。从南京大学前身大学章程制定的发展历程来看,议事决策制度经历了一个从无到有、日趋完善的过程。例如,1904 年《三江师范学堂章程》与 1915 年《南京高等师范学校简章》虽然是清末"壬寅"学制与民初"壬子癸丑"学制的代表,也是中国近代高等教育制度下高等学校开始定章立制、自主办学的滥觞。但从现代大学章程应有的篇章体例来看,该章程涵盖的内容略显宽泛,把一些应该作为一般规定的条例或实施细则写入了学校章程之中,如具体的课程表、学员的作息时间、课堂纪律,以及具体的奖惩措施等等,而类似于"组织结构""权力职能"等议事决策方式却鲜有体现。这与现代章程制定标准相比,尚有一定的距离。

自国立东南大学开始,学校将议事决策制度写入章程。如 1921 年的《东南大学组织大纲》中就有校董会、行政、议事三章,把校长领导下的"三会制"作为学校的基本议事决策制度。其中校长对校董会负责,行政委员会为"全校行政之总枢",教授会决策"全校教授上之公共问题",校务会议议决"关于全校之重大事项"。行政委员会又下设教务部、事务部、会计部等 11 部,教授会由全校 23 学系、5 学科之

主任、教授组成,校务会议则根据需要下设各项委员会。① 因此国立东南大学的议事决策制度主要是实行校长负责制与"三会制"的结合,这一议事模式奠定了学校内部管理制度的基础并影响深远。

此后的1927年《第四中山大学本部组织大纲》、1928年《中央大学本部组织大纲》和1930年《中央大学组织规程》等学校章程中均有会议、委员会两章,基本都详细规定了学校的权力组织结构和议事决策方式。如国立第四中山大学把教务会议、教授会、学院会作为具有决策权力的领导机构,同时成立各委员会对学校事业进行指导和协调;国立中央大学把教务处、事务处、秘书处作为三大行政职能机构,同时按照校、院、系三级管理体制组成校务会议、院务会议、学系会议对不同层级的重大事项进行决策,并下设各种委员会对学校各项事业进行指导和协调。通过长期的沿革与发展,学校章程基本确立了结构合理、权责明确的议事决策制度,这对当时全国公立高校章程的制定,起到了很好的示范作用。

(二)体现了注重德育、培养通才的先进办学理念

南京大学前身大学章程制定非常重视学生的品格培养和通识教育。自1904年《三江师范学堂章程》制定开始,就对学生的德育提出了很高的要求,如其中第三条规定:"本堂学生为三江师范之望,位置既高,关系亦重,学生宜认定宗旨:于智育、体育外,尤重德育,平日谨守规则,不得沾染习气,误入奇乎。"另于第四条规定:"本堂学生之名誉,即同堂公共之名誉,亦中国学界之名誉。品行一端,关于名誉至重,凡言语、容止、交际、出游等事,自本堂各员监视之外,学生亦当互相纠察。如同学中有品行不修不守规则者,务当反复规劝,以尽诤友之谊。"②该规定不仅体现了学堂对于学生品行的勉励,同时也深刻展示了三江师范学堂注重名誉和声望的气节与胸怀。

---

① 南京大学校庆办公室校史资料编辑组、南京大学学报编辑部:《南京大学校史资料选辑》,南京:南京大学出版社,1982年版,第114页。
② 苏云峰:《三(两)江师范学堂——南京大学的前身,1903—1911》,南京大学出版社,2002年版,第231页。

此后,如1926年《修正国立东南大学组织大纲》规定:"本大学以研究学术、发扬文化、培养通才,以应社会需要为宗旨";1928年《中央大学本部组织大纲》规定以"教授并研究高深学术,以养成党国需要人才,阐扬世界文化"为办学宗旨;1939年西迁重庆时期的《中央大学组织大纲》规定学校"以研究高深学术、养成品格健全之专门人才,担负复兴民族完成建国使命为宗旨"等,均体现了学校对于学生品格培养、全面发展的重视。

国立中央大学时期,曾先后担任过校长的朱家骅与罗家伦尤为看重对学生的通才教育。1932年,时任教育部长的朱家骅在《九个月来教育部整理全国教育之说明》中指出:"大学为研究学术之所,其所研究之学科,必由基本而专门,作有系统之研究。倘轻重倒置,先后失序,轻于基本而重于专门,先于专门而后于基本,则学生已乱其门径,研究学术,安得有济。"①罗家伦也曾对大学过分注重专才教育表示过担忧:"现在大学教育的缺陷就是太注重学生的专门知识,而太忽略其整个人生的修养。所以,大学往往只能造就专才而不能造就通才。往往只能造就一技之长的有用人才,而不能造就通达事理、气度雍容的领袖人才。"②此后,通才教育的思想也逐步被政府所吸纳。1938年9月9日,教育部召开了第一次大学课程会议,会后公布了《文理法三学院共同科目表》《农工商学院共同必修科目表》,体现通才教育思想的《大学各学院共同必修科目表》在当时中国大学开始实施。

(三)弘扬了民主办学、教授治校的现代大学精神

民国时期,由于深受蔡元培、朱家骅、罗家伦等中国近代教育家教育思想的影响,民主办学、教授治校的大学精神在当时全国各个大学的章程中,基本都得到了体现。如民国时期的第一部由大学自行起草,经评议会通过、教育部备案等一系列合法程序后颁行的国立大

---

① 《第一次中国教育年鉴(甲编)》,上海:开明书局,1934年版,第7—8页。
② 周川、黄旭:《百年之功》,福建:福建教育出版社,1994年版,第313页。

学章程——《国立北京大学现行章程》(1920年)就规定教授有评议员的被选举权,有赠予学位的权力;各学系设有教授会,规划本学系教学事务;委员长、教务长、学系主任和总务长均在教授中任命。这说明教授不仅参与学术事务,而且参与学校的管理事务。1926年由梅贻琦参与制定的《清华学校组织大纲》规定学校设有教授会,其不仅负责审定全校课程,而且还兼顾评议员和教务长的选举;同时,教授会有讨论章程修改的权力。从中可以看出,较之现在,当时教授的权力之大。

在南京大学前身制定的各个大学章程中,也多有民主办学、教授治校精神的体现。如1921年《东南大学组织大纲》第十一条规定"设教授会会议关于全校教授上之公共问题",第十二条规定"教授会以校长暨各科及各系之主任及教授组织之",此外根据大纲第二十三至二十五条之规定,教授还可作为科、系代表参与校务会议对学校重大事项进行决策[①];1927年《第四中山大学本部组织大纲》规定学校的三大会议——教务会议、教授会、学院会均可由教授、讲师参与组织,其中教务会议教授代表"由教授大会选出,其人数暂定13人",教授会由"全体教授及导师组织之",学院会以"本院院长、系科主任、教授、讲师及有关系之系科教授、讲师组织之",可见教授在全校地位之高、权力之重;1930年《中央大学组织规程》则规定学校的校级决策机构——校务会议以"校长、副校长、教务长、事务长、秘书长、各学院院长、图书馆馆长及教授代表每院一人组织之,以校长为主席,前项会议校长得延聘专家列席"[②]。这均足以体现出学校议事决策民主范围之广、教授分量之重。

---

① 根据《东南大学组织大纲》第二十三至二十五条之规定,教授可作为科、系代表参与校务会议。凡每系教授不及5人者或不及5人者,由系主任担任代表;每系教授在5人以上不足10人者,于主任外再由教授互选1人;每系教授在10人以上不足15人者,于主任外再由教授互选2人;其余类推。

② 南京大学校庆办公室校史资料编辑组、南京大学学报编辑部:《南京大学校史资料选辑》,南京:南京大学出版社,1982年版,第117-237页。

第三章

南京国民政府时期高等教育立法的内容与结构

第一节 政府对高校的控制与管理

一、高等教育宗旨的确立

（一）清末民初教育宗旨的确立及发展

自清末民初开始，历届政府都比较重视通过教育立法将教育宗旨法定化。由于受本土传统教育、军国民教育、实利主义教育等各种思潮和各时期社会政治、经济因素的影响，我国清末民初时期的教育宗旨呈现出纷繁的时代特征。如：1906年4月25日，清政府颁布上谕明确规定教育宗旨为"忠君、尊孔、尚公、尚武、尚实"，这是中国本土传统文化思想与西方近现代教育文化相结合的教育宗旨；1912年9月2日，南京临时国民政府公布了"注重道德教育，以实利教育、军国民教育辅之，更以美感教育完成其道德"的教育宗旨，在继承和弘扬了清末教育宗旨中积极因素的同时，也批判和否定了其教育宗旨中的消极因素；北京国民政府于1915年颁布了《教育要旨》，确立了"爱国、尚武、崇实、法孔孟、重自治、戒贪争、戒躁进"的教育宗旨，虽然该宗旨体现出一定的军国民教育和实利教育的近代教育思想，但又增添了一些保守性。第一次世界大战之后,北京国民政府受美国民治主义教育思想和杜威实用主义教育思想的影响,于1922年出台了《学校系统改革案》,提出了"适应社会进化之需要,发挥平民教育精神,谋个性之发展,注意国民经济力,注意生活教育,使教育容易于普及,多留各地方伸缩余地"等七项教育标准,反映了教育界对发展适应当时社会的现代化教育的诉求。

但是,清末民初的教育立法,均未能明确规定有关教育权利义务关系方面的教育法基本原则。至南京国民政府成立之后,以立法的方式明确规定教育宗旨和教育权利义务关系,为教育的发展提供基本的法律准则,成为当时教育立法的重要使命。南京国民政府一方面根据其政治、经济、文化发展的需要,确定了一些具有中国传统特色的教育法的基本原则,另一方面也比较全面地吸收了西方先进教育立法的普遍准则,从而不仅明确了国家的教育宗旨,同时也明确了教育的权利义务关系。

(二)南京国民政府时期"三民主义"教育宗旨的确立

"三民主义"是孙中山先生提出的中国国民革命纲领。南京国民政府成立后,确定教育上的根本宗旨,明确教育发展的方向,成为教育立法首先要解决的问题。一开始,国民政府试图实行"党化教育",1927年8月,国民政府教育行政委员会颁布《学校施行党化教育办法草案》,明确要求:"我们所谓党化教育,就是在国民党指导之下,把教育变成革命化和民众化。换句话说,我们的教育方针要建筑在国民党的根本政策之上。"[①]1928年5月,第一次全国教育会议在南京召开,与会的教育家们一致表示了对"党化教育"方针的不满,于是会上议决:"废止党化教育的名称,代之以三民主义的教育。"[②]1929年4月26日,国民政府公布《中华民国教育宗旨及实施原则案》,将"三民主义"教育宗旨法定化,规定:"中华民国之教育,根据三民主义,以充

---

① 《教育杂志》1935年第19卷,第8号。
② 《第一次全国教育会议报告》,《大学院公报》,1928年第7期。

实人民生活,扶植社会生存,发展国民生计,延续民族生命为目的;务期民族独立,民权普遍,民生发展,以促进世界大同。"①为使"三民主义"教育宗旨能够得到真正实现,国民政府于同年公布了《中华民国教育宗旨及实施方针》,作为具体贯彻"三民主义"教育原则的专门法规。其要求将"三民主义"贯穿到各级学校的课程和课外作业中,"以史地教科书阐明民族真谛,以集团生活训练民权主义之运用,以各种生产劳动实习,培养实行民生主义之基础,务使知识道德融会贯通于三民主义之下"②。同时还规定了普通教育、社会教育、大学及专门学校、师范教育实行"三民主义"教育的具体要求。普通教育以"陶冶儿童及青年忠孝仁爱信义和平之国民道德,并养成生活技能,增进国民生产能力为主要目的"③。社会教育必须使人民认识国际情况,了解民族意义,具备近代都市和农村生活的常识,家庭改善的技能,公民自治必备的资格,保护公共事业及森林园地之习惯。养老、恤贫、防灾、互助之美德。高等教育必须注重实用科学,充实学科内容,养成知识技能,切实陶冶为国家社会服务之健全品格。师范教育是实现"三民主义"教育的本源,因此必须施以最适宜的科学教育和最严格的身心,训练培养道德学术上最健全的师资。此后,1931年《中华民国训政时期约法》中进一步规定:"三民主义为中华民国之根本原则"④,从而确定"三民主义"作为教育宗旨的法律地位。

二、高等教育的政府管理

(一)南京国民政府时期最高教育行政部门

1. 南京国民政府初期短暂成立的大学院

1927年7月南京国民政府取消教育行政委员会,颁布《中华民国大学院组织法》,宣布在中央成立大学院,作为全国学术和教育的最

---

① 《第二次中国教育年鉴》,商务印书馆,1948年版,第22页。
② 参见《中华民国教育宗旨及实施方针》,载国民政府教育部参事室编:《教育法规》,润华印书馆,1946年版,第33页。
③ 《第二次中国教育年鉴》,商务印书馆,1948年版,第23页。
④ 参见《中华民国训政时期约法》,载国民政府教育部参事室编:《教育法规》,润华印书馆,1946年版,第33页。

高机关。同年6月,颁布了《中华民国大学区组织条例》,将全国划分为若干学区,每个学区规定设立国立大学一所,以大学校长综理本学区以内一切学术与教育行政事务。评议会为审议机关,研究院为本区研究学术之最高机关。大学区制在部分省区率先实行。

《大学院组织法》规定:"中华民国大学院作为全国最高学术、教育机关,直隶于国民政府,依法令管理全国学术及教育行政事宜"[①]。大学院下设大学委员会、秘书处、行政处、中央研究院、劳动大学、图书馆、博物院、美术馆、观象台等行政机构及学术机构。大学委员会"议决全国学术上、教育上一切重要问题"[②]。学术委员会由各学区中大学校长、本院教育行政处主任,及本院院长选聘之国内专门学者5~7人组成,由院长任委员长。同时公布的《大学院行政处组织条例》,规定大学行政处"掌管各大学区相互关联,及不属于各大学区之教育行政事宜"。行政处下设6组,分别为学校教育、省会教育、法令统计、图书馆、国际出版品交换和书报编审组,各组下设股。秘书处承院长之命,办理本院事务,秘书长兼任大学委员会秘书。大学院成

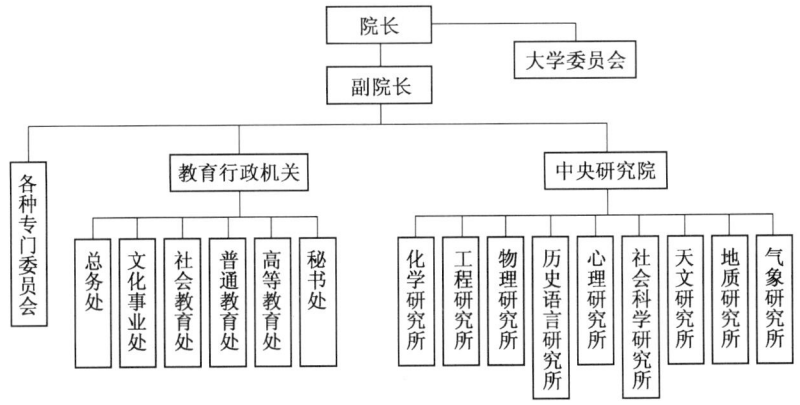

图3-1 大学院组织系统图

资料来源:《第二次中国教育年鉴》,商务印书馆1948年版,第293页。

---

① 中国第二历史档案馆编:《中华民国史档案资料汇编》第五辑第一编,教育(一),江苏古籍出版社,1994年版,第172页。

② 同上。

立后,其组织法经过几次修正,1928年4月17日公布了《修正中华民国大学院组织法》22条。修正后的大学院组织法强调了大学院管理全国教育的职能和权力,在内部结构上也进行了一些调整。最主要的是废组改处,成立了秘书处、高等教育处、普通教育处、社会教育处以及文化事业处,以增加大学院处理全国教育行政事务的能力。

2. 南京国民政府时期的教育部

纵观民国时期,除了1927南京国民政府设立前后设立的教育行政委员会和大学院之外,教育部一直是国民政府的最高教育行政机关。1912年,南京临时政府成立后,即于1月19日设立教育部。1912年8月3日,北京政府以临时大总统令公布《教育部官制》12条,规定设教育总长一人,管理全国事务及历象事务,设次长一人辅助总长总理部务,下设总务厅、普通教育司、专门教育司和社会教育司。1914年7月10日,袁世凯以总统令公布了《修正教育部官制》19条,规定教育部隶于大总统,能依法指挥监督各省、县教育局行政首长。教育部下设总务厅及普通教育、专门教育、社会教育三司等附属

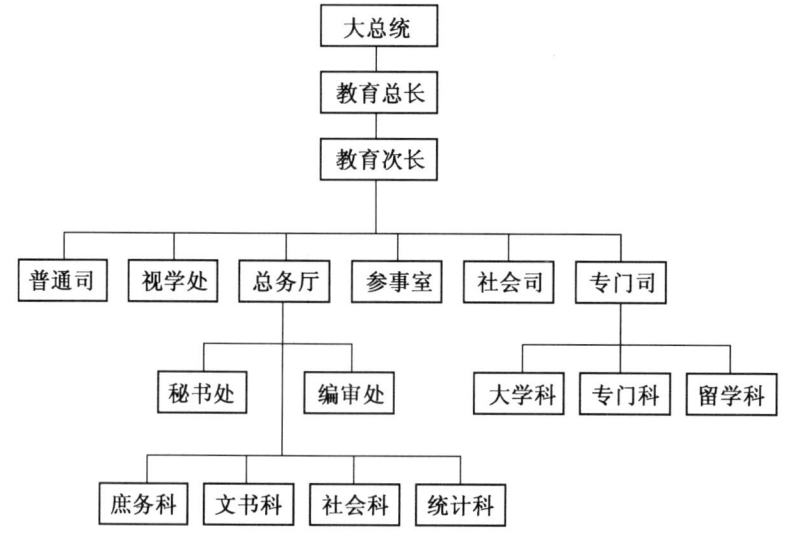

图3-2 北京国民政府教育部组织图

资料来源:《第二次中国教育年鉴》,商务印书馆1948年版,第147页。

机构,各附属机构分工明确。北京政府订立的教育部官制虽然还不够完善,但却明确了政府对全国教育拥有管理、协调和监督职能,并带有浓厚的中央集权制的特点,由此建立起来的教育体制经过修订、调整和补充,一直沿用到二十世纪二十年代中期。

1928年10月,南京国民政府宣布废止大学院制,恢复教育部;1929年停止大学区,恢复省教育厅。1928年12月,国民政府公布了《中华民国教育部组织法》,重新建立了教育行政管理体制。其后又经1929年10月、1931年2月和7月三次修改,使教育部的组织更加完善。

南京国民政府教育部主管全国学术及教育行政事务,设有参事处、秘书处、高等教育司、普通教育司、社会教育司、蒙藏教育司、华侨教育设计委员会、总务司、编审科、教育统计委员会等各委员会。教育部内组织及工作分配如下:教育部设大学委员会,决议全国教育及学术上重要事项;设部长一员,综理全部事务并监督所属职员及各机关;设政务次长及常任次长各一员,辅助部长处理部务;设秘书六人,分掌部务会议及长官交办事务;设参事四人,撰拟并审核关于教育之法律命令;设司长五人,分掌高等教育司、普通教育司、社会教育司、蒙藏教育司、总务司各司事务;司长之下设科长科员若干人,承长官之命,分掌各科事务;编审处由政务次长管理,设主任一人,承长官之命,处理事务。其编译审查教科图书事宜则设常任编审,聘任编审,临时编审,名誉编审若干人分任之。1932年7月22日教育部修正各司分科规程,1933年4月22日国民政府公布《修正教育部组织法》,进一步明确各部门职权。

(二)南京国民政府时期地方教育行政部门

民国初建,地方教育行政划分为省县两级,省级教育行政机关多附属于各省都督府,县级则直接沿用了晚清学务公所,作为县级教育行政机关。关于省级教育行政的法规主要有1917年教育部核准《教育厅署组织大纲》,详细地规定了教育厅组织结构;南京国民政府成立以后,主要按照蔡元培等提出的《大学区组织条例》进行管理。与此同时,为了扭转民初县级教育行政的混乱状况,先后公布《地方学事通则》《学务委员会规程》《劝学所规程》等法规,规范县级教育行政工作。通过不断修正教育行政机关的组织和职能,最终确立以教育部为中央教育行政管理机关,以省教育厅和县教育局为地方教育行政管理机关的中央集权式教育行政管理体制。中央设教育部,各省设教育厅,县一级教育行政机构则由劝学所、学务委员会逐渐过渡到教育局,部、厅、局三级机构的设置,影响颇深。

根据1931年国民政府颁布的《修正省政府组织法》,教育厅遂脱离教育部,成为省政府下属的一个部门。《修正省政府组织法》中规定省政府组织采委员制,所以,教育厅长为省政府委员会委员之一,其地位与教育部之于行政院相似。

就具体的组织制度来说,以江苏为例,1929年6月国民党中央二中全会议决停止试行大学区制,8月江苏省奉令恢复江苏教育厅,同时,任命陈和铣暂行兼代教育厅厅长。9月1日,由省府派秘书赵酥率科员赴首都,协同管理员,向中大行政院办理接收,省政府委员会议决,指定镇江旧府学宫为教育厅办公之所。9月13日,由省政府转发中央之厅印,省教育厅在省政府大礼堂举行就职仪式。不久,江苏省政府委员会会议通过《江苏省教育厅组织条例》,对教育厅的行政设置做出了十条具体的规定,例如:对于教育厅的行政隶属关系,该条例第一条规定"本厅受省政府之指挥监督,管理全省教育行政",教育厅主管全省的教育行政工作,在行政隶属上直接对省政府负责;关于教育厅的内部机构设置,该条例第三条规定:"本厅设左列各科,第一科掌理保管印信案件、收发文件、编制统计、编纂刊物、综核会计、办理庶务及不属于他科之事项;第二科掌理高等教育事项;第三科掌理中等教育事项;第四科掌理初等教育事项;第五科掌理社会教育事项";关于教育厅的职权,该条例第六条规定:"本厅设督学若干人,承厅长之命,督察全省学务";在人员配备上,"教育厅设厅长1人,由行政院就省政府委员中提请国民政府任命,综理该厅事务,指挥监督所属职员及所辖机关;教育厅设秘书1～3人,荐任;应根据事务之繁简,分科办事,每科设科长1人,荐任,科员4~12人,委任;设督学若干人,荐任"。①

虽然总起来看,1931年所设教育厅制与民国初年教育厅的建制大体相似。但是由于当时省政府实行委员制,教育厅长须由省政府委员兼任;同时,教育厅为省政府的一个组成部分,直接受省政府的领导,教育部对教育厅虽有指挥监督之权,但二者间没有直接的隶属关系,这两点是与民国初年教育厅建制的最大不同之处。

1931年3月23日,国民政府通过《修正省政府组织法》,规定"教育厅为省政府的组成部分,省教育厅职掌各级学校、社会教育、教育及学术团体、图书馆、博物馆、公共体育场、教育视导等事项"②。1929年6月,国民政府公布《县政府组织法》规定教育局为县级教育行政管理机构,掌管学校、图书馆、博物馆、公共体育馆,公医及其他社会文化事项。由此全国教育行政机构趋向统一,近代中国的教育行政管理体制基本定型。

第二节 学校权力的组成与运行

一、高校的组织与行政

从民初的教育法规中,我们可以发现,高等教育内部管理体制已初步形成并进入了调试阶段。1912年由蔡元培主持起草了《大学令》并获通过,其中关于大学内部管理制度的主要规定有:大学实行学校、学科研究所两级管理;大学设校长一人,总辖大学全部事物;各科设学长一人,主持一科事物;大学设评议会,以各科学长及各科教授互选若干人为会员,校长自为议长,负责召集评议会会议和改选等事宜,学科长本身都是教授。大学评议会和学科教授会的设立,使基

---

① 《第二次中国教育年鉴》,商务印书馆,1948年版,第20页。
② 同上,第28页。

层教授有权参与学术事务决策,确立了教授治校的大学民主管理制度。1919年,北京大学改科为系,学科长变为系主任,其他大学纷纷效仿。1917年颁布的《修正大学令》虽一度废止大学各科设教授会的规定,但1924年颁布的《国立大学校条例》恢复设立教授会,负责规划本单位课程和教学,还规定国立大学增设董事会和教务会议。董事会由例任董事(校长)、部派董事(由教育总长从部员中指派)和聘任董事(由董事会推选、呈请教育总长聘任者)组成。董事会由校长召集,审议学校计划、预算决算及其他重大事项。教务会议由各科、各学系及大学院主任组成,设教务长一人,由教授兼任,主持全校教务。关于民初大学的组织机构设置,虽然有上述统一规定,但是考察这一时期中国大学,仍然可见其各自不同的权力分布格局。

(一)高校的院系组织体系

1929年7月,南京国民政府公布《大学组织法》。同年8月,教育部公布《大学规程》规定:"国立大学由教育部审查全国各地情形设立之。至由省或市政府设立者为省立或市立大学;由私人或私法人设立者为私立大学,其设立、变更及停办,均须经教育部核准。"①基于此项规定,大学的内部行政管理体制会因其自身设立的性质而略有不同。就校长的选任而言,公立大学和私立大学就有所区别,《大学组织法》规定:"大学设校长一人,综理校务。国立、省立、市立大学校长简任;私立大学校长,由董事会选任,并应得主管教育行政机关之认可。"②对于高校的学院设置,《大学组织法》规定:"大学分文、理、法、教育、农、工、商、医等学院。具备三学院以上者,始得称为大学。惟因大学注重实用科学,此三学院须包含理学院或农、工、医各学院之一。"③这一规定明确了大学的设置条件,要求大学至少需要三个学院方能设立,而且对所组成的学院也有硬性规定,不够条件的则降格成为独立学院或专科学校。对于大学、独立学院、专科学校,也有相关

---

① 《第二次中国教育年鉴》,商务印书馆,1948年版,第490页。
②·同上。
③ 同上。

法令对其院系的具体构成进行明确的规定。

1. 大学的院系构成

大学各院中所设学系的名称,《大学规程》中曾有规定。但由于实际操作中各个学校所设学系名称仍多有不同,所隶属的学院也常有歧义。因此,教育部于 1939 年又斟酌了各方意见,重新颁布实施《大学及独立学院各学系名称》,具体规定如下：

（1）文学院设中国文学、外国语文、哲学、历史学及其他各学系。

（2）理学院设数学、物理学、化学、生物学、地质学、地理学、心理学及其他各学系。

（3）法学院设法律、政治、经济、社会学及其他各学系。

（4）农学院设农艺、森林、畜牧、兽医、蚕桑、园艺、植物病虫害、农业化学、农业经济及其他各学系。

（5）工学院设土木工程、水利工程、机械工程、航空工程、电器工程、矿冶工程、化学工程、纺织工程、建筑工程及其他各学系。

（6）商学院设银行、会计、统计、国际贸易、工商管理、商学及其他各学系。文学院或法学院亦得设商学系。

（7）凡各校单独设置某院之一二学系,而该院并未单独成立者,得附设于性质相近之学院。

（8）两学门以上并合组成之学系,由各校院就合组情形拟定名称,呈请教育部核定。[①]

除了《大学及独立学院各学系名称》规定的文、理、法、农、工、商六大学院学系名称之外,医学院自《大学规程》规定以来,一直不分系;教育学院则依《大学规程》之规定,分设教育原理、教育心理、教育方法及其他各学系。1938 年,"教育部公布《师范学院规程》,规定师范学院单独设立,或于大学中设置之。通令各校将原有之教育学院改为师范学院,并规定师范学院分国文、外国语、史地、公民、训育、算

[①] 《第二次中国教育年鉴》,商务印书馆,1948 年版,第 490 页。

学、理化、博物、教育各系,须呈请教育部核准后设立"①。1946年,教育部"公布《改进师范学院办法》,规定国立大学师范学院内分设教育、体育两系,原设国文、史地、数学、理化、博物各系,均归并文理学院施教,以免重复。公民训育系取消,其原有学生归并于教育系"②。至此,南京国民政府大学以文、理、法、教育、农、工、商、医八大学院为基础的院系体系得以确立了下来。

关于大学的研究院,1934年公布的《大学研究院暂行组织规程》规定:"研究院设院长一人,得由校长兼任。研究院分文科研究所、理科研究所、法科研究所、教育研究所、农科研究所、工科研究所、商科研究所、医科研究所。各所设主任一人。凡具备三研究所以上者,始得称研究院。各研究所又依其本科所设各系分若干部,部各设主任一人。研究院、研究所及各部之设立,均须呈请教育部核准。"③这种研究院独立于各院系的组织结构之外,使得各个院系的本科教育和研究生教育在人事、课程、经费等问题上难以统筹,实际上不利于各个学科、学系自身的发展。1946年,教育部修正《大学研究院暂行组织规程》,改为《大学研究所暂行组织规程》,其重大革新之点为"取消研究院与各部,仅设研究所,与各学系打成一片,依学系名称称为某某研究所。设主任一人,由有关学系主任兼任之。系内之教授、副教授、讲师、助教等,均为研究所之工作人员,不另支薪津,亦不因此减少教课钟点"④。

2. 独立学院的科系构成

根据《大学组织法》《大学规程》《大学及独立学院各学系名称》及1939年教育部公布的《独立学院及专科学校行政组织补充要点》等法令,除了与大学相同的规定外,独立学院的科系构成还有以下几个特点:

---

① 《第二次中国教育年鉴》,商务印书馆,1948年版,第490页。
② 同上,第491页。
③ 同上。
④ 同上。

(1) 凡有三学院以上者为大学,否则为独立学院。独立学院得分两科,各科分若干学系。

(2) 独立学院设院长一人,综理院务。国立者由教育部聘任之,省立者由省市政府请教育部聘任之,均不得兼职。各科各系,均设主任一人,由院长聘任之。

(3) 独立学院亦设教务、训导、总务三处,惟其主观人员分别称为教务主任、训导主任、总务主任。①

此外,《师范学院规程》规定:"独立或大学师范学院得设第二部,招收大学其他学院性质相同学系毕业生,授以一年之专业训练;又得设职业师资科,招收专科学校毕业生,授以一年之专业训练;并得附设初级部,招收高级中学或同等学校毕业生,予以三年之学科及专业训练。"②1946年,教育部公布《修正师范学院规程》,将初级部改为专修科。

3. 专科学校的科系构成

专科学校科系构成的有关规定,可见于1929年国民政府公布的《专科学校组织法》,1931年教育部公布的《修正专科学校规程》以及《独立学院及专科学校行政组织补充要点》中,主要内容如下:

(1) 国立专科学校由教育部审查全国各地情形设立之;由省政府或市政府设立者为省立或市立专科学校;由私立或私法人设立者为私立专科学校。省立、市立或私立专科学校之设立、变更及停办,须经教育部核准。

(2) 专科学校设校长一人,综理校务;国立专科学校校长由教育部聘任之;省立或市立专科学校校长由省市政府请教育部聘任之。

(3) 专科学校分为甲、乙、丙、丁四类,每类分若干科,具体见下表:

---

① 《第二次中国教育年鉴》,商务印书馆,1948年版,第492页。
② 同上。

表 3-1 1931 年教育部公布专科学校分类一览表

甲类 (设下列两种专科以上者,称工业专科学校)	乙类 (设下列两种专科以上者,称农业专科学校)	丙类 (设下列两种专科以上者,称商业专科学校)	丁类
1. 矿冶专科学校 2. 机械工程专科学校 3. 电机工程专科学校 4. 化学工程专科学校 5. 土木工程专科学校 6. 河海工程专科学校 7. 建筑专科学校 8. 测量专科学校 9. 纺织专科学校 10. 染色专科学校 11. 造纸专科学校 12. 制革专科学校 13. 陶业专科学校 14. 造船专科学校 15. 飞机制造专科学校 16. 其他关于工业之专科学校	1. 农艺专科学校 2. 森林专科学校 3. 兽医专科学校 4. 园艺专科学校 5. 蚕桑专科学校 6. 畜牧专科学校 7. 水产专科学校 8. 其他关于农业之专科学校	1. 银行专科学校 2. 保险专科学校 3. 会计专科学校 4. 统计专科学校 5. 交通管理专科学校 6. 国际贸易专科学校 7. 税务专科学校 8. 盐务专科学校 9. 其他关于商业之专科学校	1. 医学专科学校 2. 药学专科学校 3. 艺术专科学校 4. 音乐专科学校 5. 体育专科学校 6. 图书馆专科学校 7. 市政专科学校 8. 商船专科学校 9. 其他不属于甲乙丙三类之专科学校

资料来源:《第二次中国教育年鉴》,商务印书馆,1948 年版,第 492 页。

(二)高校的行政组织体系

1939 年,在第三次全国教育会议上,与会者普遍认为"各校内部系统机构仍多自行拟定,名称亦多分歧,致影响行政效率,故于学校行政效能之增进案内特有'规定专科以上学校行政组织系统以健全学校机构'之决议"①。教育部依据此项决议拟定了《大学行政组织补充要点》,于同年 5 月公布施行,该要点把大学的行政组织机构概括为:一、教务处;二、训导处;三、总务处;四、会计室;五、校长室;六、农学院附设农场、林场,工学院附设工厂,医学院附设医院;七、校务会议;八、教务会议;九、训导会议;十、总务会议;十一、图书、出版及其

---

① 《第二次中国教育年鉴》,商务印书馆,1948 年版,第 491 页。

他各种委员会；十二、各学院得附设中学、小学或职业学校。各行政组织具体职能详见下表：

表 3-2 1939 年《大学行政组织补充要点》规定大学之组织行政一览表

行政部门设置	职权及分科
教务处	置教务长一人，由教授兼任，秉承校长主持全校教务。教务处分设注册、出版等组及图书馆，各组及图书馆各设主任一人及组员或馆员若干人。
训导处	置训导长一人。训导处分设生活指导、军事管理、体育卫生等组，各组设主任一人，并分别设训导员、军事教官、医士、护士及体育指导员若干人。训导长、生活指导组主任、训导员，均须依教育部于民国 29 年颁发之修正专科以上学校训导人员资格审查条例呈请审查。民国 34 年，大学停止军事训练，取消军事教官，将生活指导组及军事管理组改为生活管理组及课外活动组，体育、卫生组仍旧。民国 36 年，教育部废止专科以上学校训导人员资格审查条例，故此项人员不须送审矣。
总务处	置总务长一人，由教授兼任，秉承校长主持全校总务。总务处分设文书、庶务等组，各组设主任一人及组员若干人。
会计室	置会计主任一人，佐理员及雇员若干人，由国民政府主计处任命，依法受大学校长之指挥，办理本校岁计会计事宜。
校长室	设秘书一人。
农学院附设农场、林场工学院附设工厂医学院附设医院	各设主任一人，由教授或副教授兼任，分别秉承各学院院长掌理各该场、厂及医务事务，并分别设技术员、事务员及护士等各若干人。各组馆主任、组员、馆员、医士、护士、技术员、事务员等，均由校长任用之。
校务会议	以全体教授、副教授选出之代表若干人（每十人至少选举代表一人）及校长、教务长、训导长、总务长、各学院院长、各系科主任、会计主任组织之。校长为主席，讨论一切重要事项。
教务会议	由教务长、各学院院长、各系科主任及教务处各组馆主任组织之。教务长为主席，讨论一切教务事项。
训导会议	由校长、训导长、教务长、主任导师、全体导师及训育主任、各组主任组织之。校长为主席，讨论一切训导事项。民国 36 年，教育部公布专科以上学校训导委员会组织规程，为增进训导效率，设置训育委员会，取消训导会议。训育委员会以校长、教务长、训导长、总务长、各学院院长为当然委员，并由校长选聘专任教授三人至十五人组织之。校长为主任委员，训导长为秘书。每两周开会一次，必要时得开临时会。

(续表)

行政部门设置	职权及分科
总务会议	由总务长及总务处各组主任组织之。总务长为主席,讨论一切关于总务事项。
图书、出版及其他各种委员会	大学得设图书、出版及其他各种委员会。
各学院得附设中学、小学或职业学校	此等学校各设校长一人,由大学提出合格人选,呈经教育部核准后任用之。除得兼任该大学教授或讲师外,不得兼任其他职务。凡此种种,民国31年教育部公布之《大学各学院独立学院及专科学校附设中小学或职业学校暂行办法大纲》中,俱详有规定。

资料来源:《第二次中国教育年鉴》,商务印书馆1948年版,第491页。

二、高校的权力与决策

高校的组织结构是高校存在的制度基础,而权力与决策的方式则是高校运作的核心。高校作为学生培养和学术研究机构,如何决策,由谁来决策,决策方式是集权还是民主、自治还是受治,都是高校权力与决策过程中的重要问题和关键环节。在我国近代大学制度发展的历程中,民初大学结合世界先进国家的做法,坚持"大学自治是学术自由的制度性保障,是现代大学赖以生存的灵魂。随着1912年民国建立,大学自治的理念开始在中国萌芽并逐渐成长壮大,在法律上也得到反映并固定下来"[①]。南京国民政府时期,国民政府相继出台了《大学组织法》《专科学校组织法》,其后教育部又陆续公布了《大学规程》《专科学校规程》等法规,进一步发展、完善了此前的相关法律法规,逐步形成了校长总辖全校事务,高校拥有充分的自主权,尊重教师群体和教授的学术权力,实行教授治校的现代教育精神,并确立起保障学术自由、抵制非学术力量干扰的现代大学制度,而且从法律上进一步改进和完善了大学的权力与决策机制。

---

① 黄和平:《从民国教育法规看民国的大学自治》,《大学教育科学》2006年第2期,第77页。

（一）大学校务施行校长负责制

1929年《大学组织法》第9条规定："大学设校长一人，综理校务。国立大学校长由国民政府任命之，省立、市立大学校长，由省市政府分别呈请国民政府任命之。除国民政府特准外，均不得兼任其他官职。"第10条规定："独立学院设院长一人，综理院务。国立者由教育部聘任之，省立、市立者由省政府请教育部聘任之，不得兼职。"[1]由此可见，南京国民政府时期的公立大学校长均由国民政府任命。对于大学的校务管理，则采取的是校长负责制，且校长不得兼任其他政府行政官职。至于私立大学，由1948年《大学法》第八条规定"私立大学校长由董事会聘任，呈报教育部备案"[2]，可见采用的是董事会聘任制。

在校长负责制之下，院系负责人层层向上负责，最后统一由校长综理校务。根据《大学组织法》第11条规定："大学各学院设院长一人，综理院务，由校长聘任之。独立学院各科各设科主任一人，综理各科教务，由院长聘任之。"第12条规定："大学各学系各设主任一人，办理各该系教务，由院长商请校长聘任之。独立学院各系主任，由院长聘任之。"第13条规定："大学各学院教员分教授、副教授、讲师、助教四种，由院长商请校长聘任之。"[3]在高校的"校—院—系"结构中，校长聘任院长，院长聘任系主任及教授、副教授、讲师、助教，形成了系主任向院长负责、院长向校长负责的立体层次。此外，根据《大学法》第13条规定："大学设教务、训导、总务三处，置教务长、训导长、总务长。各人秉承校长分别主持全校教务、训导及总务事宜，由校长聘任之，均应由教授兼任。"[4]可见，大学的行政部门教务处、训导处、总务处也是由校长聘任，并向校长负责，最终形成了由校长综

---

[1] 中国第二历史档案馆编：《中华民国史档案资料汇编》第五辑第一编，教育（一），江苏古籍出版社，1994年版，第171页。
[2] 《第二次中国教育年鉴》，商务印书馆，1948年版，第493页。
[3] 中国第二历史档案馆编：《中华民国史档案资料汇编》第五辑第一编，教育（一），江苏古籍出版社，1994年版，第172页。
[4] 《第二次中国教育年鉴》，商务印书馆，1948年版，第493页。

理校务的责任制体系。

(二)民主决策机构——校务会议、行政会议及教务会议

关于校务会议,《大学组织法》第15条规定:"大学设校务会,以全体教授、副教授所选出之代表若干人,及校长、各学院院长、各学系主任组织之。校长为主席。前项会议,校长得延聘专家列席,但其人数不得超过全体人数五分之一。"第16条规定:"校务会议审议左列事项:一、大学预算;二、大学学院学系之设立及废止;三、大学课程;四、大学内部各种规则;五、关于学生试验事项;六、关于学生训练事项;七、校长交议事项。"① 由此可见,校务会议是学校的重要权力和决策机构,组成人员主要由教授代表构成,讨论审议有关学校财务、院系设立、教务、学校章程等重要事项。至1948年,《大学法》第19条又对此做出了进一步的规定:"大学设校务会议,以校长、教务长、训导长、总务长、各学院院长、各学系主任及教授代表组织之,校长为主席。教授代表之人数,不得超过前项其他人员之一倍,而不得少于前项其他人员之总数。"② 明确了教授代表在教务会议中所占的比例(不低于50%),进一步体现了教授治校和民主治校等现代高等教育理念。

至于行政会议,1948年的《大学法》第21条规定:"大学设行政会议,以校长、教务长、训导长、总务长及各学院院长组织之,校长为主席,协助校长处理有关校务执行事项。"可见行政会议的参加人员主要是学校各部处、院系的行政领导,讨论学校内除校务会议审议事项之外的行政事务。

就当时高校民主决策机构设立的情况来看,1932年,在时任北京大学校长蒋梦麟的主导下制定的《国立北京大学组织大纲》中有关大学校内院系设置,负责人的选聘和职责范围,以及校务会议的组成人员和职责的规定与《大学组织法》的相关规定相同。北大保留原有

---

① 中国第二历史档案馆编:《中华民国史档案资料汇编》第五辑第一编,教育(一),江苏古籍出版社,1994年版,第172页。

② 《第二次中国教育年鉴》,商务印书馆,1948年版,第493页。

的行政会议作为最高行政机构,由其向校务会议提出学校重大事宜的议案,并执行校务会议的决定,人员由校长、秘书长、课业长、各院院长组成,校长为主席,下设各专门委员会。各学院设院务会议,系设系务会议。清华大学则在梅贻琦校长"民主治校"的理念指导下,按《大学组织法》设立了校务会议,由校长、教务长、各学院院长组成,议决处理日常行政事务,下设各事务性委员会,其中财务、人事、建筑委员会由校长亲任主席,其他由教授任主席,对校长负责。设教务处和秘书处,负责日常教学事务和全校行政事务。

总的看来,南京国民政府时期的高校基本形成了校长治校和教授治校相配合的民主管理模式。同时,高等教育立法在建立和完善中国近代教育管理体制中发挥了积极的作用,并经过不断的学习和摸索,建立了一套符合教育发展规律、适合中国国情的管理体制。随着大学内部各个民主决策机构的设立及运行,大学教授在校务、教务、系务中都享有相当大的权力,从而在很大程度上实现了"教授治校"及"民主治校"。

三、高校的财政与经费

南京国民政府时期,国家对各级教育的经费保障与北京国民政府时期相比,无论是从制度设立,还是从实际实施情况来看,都得到了一定程度的提高,并形成了相对完善的从中央到各级的教育经费保障体系。"中央政府根据国家税和地方税的划分标准来确定各级教育的经费负担。通常大学教育经费由中央负担;中小学教育经费由省市县地方负担;专科学校除少数直辖中央者由中央负担外,大部分各省设立者均由各省负担;私立大学、专门学校及各学术团体,由中央择优酌情予以补助。中央教育经费主要靠中央财政拨款,其数量一般随中央财政收入的多寡而增减。"[①]

南京国民政府成立后,为了实现大学自治及教育经费独立,在蔡元培等人的建议下,设大学院为全国的最高教育行政机关,蔡元培任

---

① 张元隆:《民国教育经费制度述论》,《安徽史学》1996年第4期,第65页。

大学院院长。蔡元培针对北京国民政府时期教育经费经常被各地政府及军阀任意侵占、挪用等积弊，于1927年12月与孙科联名提出《教育经费独立案》，主张"筹备教育银行，指拨各项附税充作基金为增高教育经费之预备"，并要求政府"通令全国财政机关，嗣后所有各省学校专款，及各种教育附税，暨一切教育收入，永远悉数拨归教育机关保管，实行教育会计独立制度。不准丝毫拖欠，亦不准擅自截留挪用。一律解存职院，听候拨发"。① 教育经费独立，是现代大学制度的重要特征，也是南京国民政府初期设立大学院的重要原因。虽然该法案的初衷很好，但"此案虽经国民政府批准颁行各省市，但当时全国'统一'根基未稳，由地方实力派控制的区域或阳奉阴违，或置若罔闻，甚至连大学院的经费也因国家财政拮据而无法维持，陷入了困境"②。可见，教育经费独立核算、实行教育会计独立制度在当时的政治格局下难以实现。1929年2月18日，由于全国各地挪用教育经费情况严重，国民政府行政院发布《各省教育经费须保障其独立训令》。其中指出："近顷各省政府有藉口财政不能统一，竟将已独立之教育经费，划归财政机关征收保管者。当此各省政费支绌支付，倘有挪移借拨情事，其影响于教育者实非浅鲜……在未经规定教育经费占地方收入若干成分之前，凡既经独立之地方教育经费，概不得辄行变更原定办法，以资保障。"③国民政府通过训令来批评各省随意挪用教育经费，从侧面反映当时由于国民政府政权未稳，各地实权派对中央的教育财政政策阳奉阴违，教育经费政策根本无法实际执行的实际状况。

教育部取代大学院之后，国民政府加紧教育立法规范各级教育经费来源。1930年，教育部公布《确定教育经费计划及全方案经费概算》，具体规定了教育经费的来源及其分配办法。其中完全用作教

---

① 高平叔编：《蔡元培政治论著》，河北人民出版社，1985年版，第291页。
② 张元隆：《民国教育经费制度述论》，《安徽史学》1996年第4期，第66页。
③ 熊贤君：《民国时期解决教育经费问题的对策》，《教育评论》1995年第2期，第52－53页。

育经费的收入包括："沙田官荒收入，以五成归中央，三成归省，二成归县市支配；遗产税，以五成归中央，二成归省，三成归县市支配；屠宰税、牙贴税，完全归县市支配；寺庙财产，各按照其向来关系由县市或地方团体支配；田赋教育附加税，完全归县市支配；烟酒教育附加税，以五成归省，五成归县市支配；庚款和其投资收入，地方原有的各种教育附加捐税，除另有法令规定外，其收入按照向例办理。部分用作教育经费收入的包括出产各税、营业税消费各税、房捐铺税、所得税等。"①在此规定下，教育经费的来源、比例得以具体化，如沙田官荒收入、遗产税、屠宰税、牙贴税、寺庙财产、田赋教育附加税、烟酒教育附加税、庚款和其投资收入、地方原有的各种教育附加捐税等，均按照规定比例划拨为中央、省及县市的教育经费投入，进一步规范了教育经费的收入来源。

除了针对教育经费的一些法令、训令之外，南京国民政府时期的几部宪法性文件对教育经费也有着纲领性的规定，如1931年《中华民国训政时期约法》第52条规定"中央及地方应宽筹教育上必需之经费，其依法独立之经费并予以保障"②。1936年5月5日国民政府正式公布的《中华民国宪法草案》第137条规定"教育经费之最低限度，在中央为其预算总额百分之十五，在省区及县市为其预算总额百分之三十，其依法律独立之教育基金，并于以保障。贫瘠省区之教育经费，由国库补助之"③。1947年《中华民国宪法》第163条规定"国家应注重各地区教育之均衡发展，并推行社会教育，以提高一般国民之文化水准，边远及贫瘠地区之教育文化经费，由国库补助之。其重要之教育文化事业，得由中央办理或补助之"④；第164条规定"教育、

---

① 《抗战前教育政策与改革》，《革命文献》第54辑，台北"中央"文物供应社，1971年版，第239-240页。
② 宋恩荣、章咸编：《中华民国教育法规选编(修订版)》，江苏教育出版社，2005年版，第243页。
③ 同上，第293页。
④ 中国第二历史档案馆编：《中华民国史档案资料汇编》第五辑第一编，教育(一)，江苏古籍出版社，1994年版，第79页。

科学、文化之经费,在中央不得少于其预算总额百分之十五,在省不得少于预算总额百分之二十五,在市县不得少于其预算总额百分之三十五。其依法设置之教有文化基金及产业,应予以保障"①。从1936年的宪草来看,规定教育经费投入中央为不低于15%,地方为不低于30%,至1947年宪法则加强了全国各地区教育的均衡发展,提高了对经济文化落后地区的财政补助。在教育经费投入上则进一步具体规定中央为不低于15%,省不低于25%,市县不低于35%。宪法的直接硬性规定,在立法上对教育经费提供了一定程度的保障。

根据国民政府的统计,全国公私立专科以上学校岁出经费数如下:"1928年学年度为17 909 810元;1929年学年度为25 533 343元;1930、1931年学年度各增加400余万元;至1931年学年度为33 619 287元;1932年学年度因受'九一八'事变影响,较上学年减少415 466元;1933年学年度为33 564 921元,较1932年学年度略有增加,但比1931年学年度则仍不及;1934年学年度35 196 501元;1935年学年度37 126 870元;1936年学年度39 275 386元,已近四千万元,此与过去各学年度相较,可谓登峰造极矣。"

1937年夏,"抗战军兴,寇骑所至,庐舍为墟,公司款项,均感支绌。各专科以上学校,有宣告停办者,有缩小范围者,故1937年学年度岁出经费数骤行下降,几与30年学年度相若,而为30 431 556元;1938年学年度为31 125 068元,亦无甚起色;1939年学年度以后,数字逐年增加,是年为37 348 870元;1940年学年度为58 296 680元;1941年学年度受物价上涨影响,增为91 196 550元,次一年较前一年增加一倍弱;1942年学年度为196 976 932元;1943年学年度为419 852 371元,次一年较前一年增加一倍强;至1944年学年度增至1 869 869 039元;1945年学年度增至6 653 456 594元,次一年均较前一年增加三倍左右;1946年学年度更激增为114 950 916 903元"②。

---

① 中国第二历史档案馆编:《中华民国史档案资料汇编》第五辑第一编,教育(一),江苏古籍出版社,1994年版,第79页。
② 《第二次中国教育年鉴》,商务印书馆,1948年版,第507页。

表 3-3　公私立专科以上学校 1928 至 1946 年学年度岁出经费统计表

学年度	专科以上学校数	岁出经费数（单位：国币元）	
		不包括公立各院校教职员生活补助费及薪金加成	包括国立及省立各院校教职员生活补助费及薪金加成
1928	74	17 909 810	
1929	76	25 533 343	
1930	85	29 867 474	
1931	103	33 619 287	
1932	103	33 203 821	
1933	108	33 564 921	
1934	110	35 196 501	
1935	108	37 126 870	
1936	108	39 275 386	
1937	91	30 431 556	
1938	97	31 125 068	
1939	101	37 348 870	
1940	113	58 296 680	61 105 940
1941	129	91 196 550	102 927 050
1942	132	196 976 900	233 536 650
1943	133	419 852 372	645 452 335
1944	145	1 869 869 039	3 199 190 837
1945	141	6 653 456 594	16 766 763 264
1946	185	114 950 916 903	228 625 290 603

资料来源：《第二次中国教育年鉴》，商务印书馆，1948 年版，第 507-508 页。

抗日战争爆发后，日本帝国主义的大举入侵破坏了正在发展中的中国教育。全民族的抗日烽火，军费开支急遽增加，不可避免地使教育经费相对萎缩。为此，1938 年 4 月国民党临时全国代表大会确立了"抗战建国"的基本国策并在《战时各级教育实施方案纲要》中明确规定"对于中央及各地方之教育经费,一方面应有整个之筹集整理方法,并设法逐年增加,一方面用得其当,毋使虚糜"。① 教育部根据"纲要"拟订具体实施办法时重申"中央对教育文化事业费与其他事业费应有相应之比额,对其用途应合理支配。对地方义务教育经费,应按预定计划,逐年增加。各地方教育经费之依法独立者,应予保障。教育款产应予清理。抗日战争胜利后,国民政府既面临着重新发展教育的契机,又存在着经费匮乏的困难。在社会各界发展教育"和平建国"的舆论压力下,1946年12月由国民大会通过的《中华民国宪法》明确规定:"教育科学文化经费在中央不得少于预算总额百分之十五。"②

第三节 教职人员的聘用及待遇

一、教职人员的资格及聘任

民国初期,高校教员的种类及聘任教员标准比较多样化,缺少较为系统的规定。1912年至1926年间,南京临时政府及北京国民政府通过制定《大学令》《国立大学职员任用及薪俸规程令》《国立大学校条例令》等法令,基本规范了教师薪俸、晋升及抚恤等方面的内容,以及大致将大学教员分为教授、助教授和延聘讲师三等。1926年,广州国民政府颁发了《国民政府对于大学教授资格条例之规定》,对大学的教职人员等级进行了划分,规定"大学教员名称分一二三四等,一等曰教授,二等曰副教授,三等曰讲师,四等曰助教",明确将大学教员的等级分为四等。此一教员等级制此后逐渐为各大学所采用,而且整个南京国民政府时期基本一直沿用下来,甚至影响至今。1929年,国民政府公布的《大学组织法》第13条规定:"大学各学院教

---

① 《第二次中国教育年鉴》,商务印书馆,1948年版,第508页。
② 中国第二历史档案馆编:《中华民国史档案资料汇编》,第五辑第一编,教育(一),江苏古籍出版社,1994年版,第80页。

员,分教授、副教授、讲师、助教"①,从而进一步通过正式立法将教员四级制确立下来。至于独立学院和专科学校的教员分类,与大学相同。

教授、副教授、讲师、助教必须具备一定之资格方能受聘。对此,1940年教育部颁布的《大学及独立学院教员资格审查暂行规程》有着明确的规定,其中:

1. 助教须具备的资格:

(1) 国内外大学毕业,得有学士学位,而成绩优秀者;

(2) 专科学校或同等学校毕业,曾在学术机关研究或服务2年以上,著有成绩者。

2. 讲师须具备的资格:

(1) 在国内外大学或研究院所研究,得有硕士或博士学位或同等学历证书,而成绩优秀者;

(2) 任助教4年以上,著有成绩,并有专门著作者;

(3) 曾任高级中学或其同等学校教员5年以上,对于所授学科确有研究,并有专门著作者;

(4) 对于国学有特殊研究或专门著作者。

3. 副教授须具备的资格:

(1) 在国内外大学或研究院所得有博士学位,或同等学历证书,而成绩优良,并有有价值之著作者;

(2) 任讲师三年以上,著有成绩,并有专门著作者;

(3) 具有讲师第一款资格,继续研究,或执行专门职业4年以上,对于所习学科有特殊成绩,在学术上有相当贡献者。

4. 教授须具备的资格:

(1) 任副教授3年以上,著有成绩,并有重要之著作者;

(2) 具有副教授第一款资格,继续研究或执行专门职业4年以

---

① 中国第二历史档案馆编:《中华民国史档案资料汇编》第五辑第一编,教育(一),江苏古籍出版社,1994年版,第172页。

上,有创作或发明,在学术上有重要贡献者。①

由于《大学及独立学院教员资格审查暂行规程》公布于1940年10月,因此在此规程公布之前曾任大学及独立学院教员者,其资格审查标准,在此规程中另有规定:"一、具有副教授规定资格之一,曾任教授或同等级之教务一年以上者,得为教授;二、具有讲师规定资格之一,曾任副教授或同等级之教务一年以上者,得为副教授;三、具有助教规定资格之一,曾任讲师或同等级之教务一年以上者,得为讲师;四、曾任助教一年以上者,得为助教。"②

由以上规定,我们可以归纳出南京国民政府时期四类教员任职的基本条件,如对学历的要求上,助教要求是本科,讲师要求是硕士或博士毕业,副教授和教授都要求博士毕业或获同等学历证书;在对上一级职称任职年限的要求上,讲师须任助教4年,副教授须任讲师3年,教授须任副教授3年;在学术成果的要求上,讲师要求有专门著作,副教授也要求有专门著作,教授则要求有"重要著作"。虽然四类教员资格的硬性条件比较严格,但由于当时的教育资源紧缺,师资供不应求,因此不免做了一些放宽要求的规定。如助教一职,如果曾在学术机关研究或服务2年以上,著有成绩的话,学历可放宽到专科毕业;再如讲师一职,如果曾任高级中学或其同等学校教员5年以上,对于所授学科确有研究,并有专门著作者,或对于国学有特殊研究或专门著作的话,则可以放宽学历及任助教时限;再如副教授,如果执行专门职业4年以上,对于所习学科有特殊成绩,并且在学术上有相当贡献的话,则可以把学历放宽至硕士毕业;再如教授,如果具有博士学位,同时继续研究或执行专门职业4年以上,有创作或发明,并且在学术上有重要贡献的话,同样可以放宽任职条件。

当然,教授、副教授、讲师、助教这四类教员任职条件的放宽,并不是由高校随意决定的,必须要经过教育部学术审议委员会严格的

---

① 《第二次中国教育年鉴》,商务印书馆,1948年版,第514页。
② 同上。

审议程序,方能通过。1940年,教育部成立了学术审议委员会,该委员会"除教育部部次长及高等教育司司长为当然委员外,设聘任委员25人,由部直接聘任者12人,其余13人由国立专科以上学校校院长选举,再由教育部根据选举结果聘任之。聘任委员任期3年,连选得连任,其资格须具下列4项之一:一、现任或曾任公立或已立案之私立大学校长或独立学院院长者;二、现任或曾任公立研究院院长或研究所所长者;三、曾任公立及已立案之私立大学教授7年以上,卓有成绩者;四、对于所专习之学术有独殊之著作或发明者"[①]。除委员外,教育部学术审议委员会又设常务委员5~7人,由教育部部长就委员中聘任,专门于大会闭幕期间处理日常事务。并设专门委员若干人,负责研究学术审议委员会及教育部部长交议之专门学术问题。学术审议委员会的审议内容主要有八项:

(1) 审议全国各大学之学术研究事项;

(2) 建议学术研究之促进与奖励事项;

(3) 审核各研究院所硕士学位授予暨博士学位候选人之资格事项;

(4) 审议专科以上学校重要改进事项;

(5) 专科以上学校教员资格之审查事项;

(6) 审议留学政策之改进事项;

(7) 审议国际文化之合作事项;

(8) 审议教育部部长交议事项。

根据教育部学术审议委员会的职能规定,高校教授、副教授在不满足硬性条件时的破格任用,须交由学术审议委员会审议。如"在学术上有特殊贡献者,而其资格不合于教授或副教授之规定者,经教育部学术审议委员会出席委员四分之三以上可决,得任教授或副教授"[②]。在审议之前,参评人还必须提供呈验以下材料供委员会审查:

[①] 《第二次中国教育年鉴》,商务印书馆,1948年版,第514-515页。

[②] 同上,第514页。

"一、履历表;二、毕业证书或学位证书;三、服务证书;四、其他足资证明资格之文件"①,经委员会审查合格后,再由教育部颁发载明等级的证书。根据国民政府教育部的统计,自1940年教育部学术审议委员会成立起,截至1947年10月,已审查合格的专科以上学校教员,共计28批次,其中教授2 563人,副教授1 205人,讲师1 962人,助教2 497人。

高校教授、副教授、讲师、助教在资格审查后得以聘任。根据1940年8月教育部公布的《大学及独立学院教员聘任待遇暂行规程》的相关规定,所有经审查合格教员的聘任期为,第一次试聘1年,第二次续聘1年,以后每次续聘则均为2年,聘期于聘约中载明。教员一经聘用,非经法定程序不得解聘。根据该暂行规程规定,"在教员聘约有效期间,除违反聘约之规定外,非有重大事故经教育部核准者,学校不得解除教员之聘约"②。同时,教员在受聘后也承担相应之责任和义务,如"教员以专任为原则,应于学校办公时间在校服务。教授、副教授、讲师授课时间,每周以9小时至12小时为率,不满9小时者照兼任待遇,但担任行政事务或实际上须以充分时间从事实验或研究,经学校允许,得酌量减少授课时间"③。至此,南京国民政府时期教员的种类、资格、聘用及权利义务,均得到系统的规范,全国公立私立高校的教员聘用制度,也有了统一的法律依据。

二、高校教员的薪俸与待遇

(一) 基本工资

1927年,南京国民政府建立以后,对教师薪俸的等级规定和发放趋于制度化,教师的绝对薪俸额有所提高。这一时期,大学教师的薪俸继续保持增长的趋势。1927年9月,教育行政委员会公布《大学教员薪俸表》,规定:教授月薪400~600元,副教授260~400元,讲师月薪160~260元,助教月薪100~160元。1929年12月制定的

---

① 《第二次中国教育年鉴》,商务印书馆,1948年版,第514页。
② 同上,第515页。
③ 同上。

《国立中央大学教员薪俸现行标准》即完全按照这一规定,只是规定助教最低月薪为 90 元,但又规定助教可每年加薪 10 元。1940 年 8 月,行政院颁布了《大学及独立学院教员聘任待遇暂行规程》,对高校教师的最高薪、最低薪以及加薪年限与数量都进行了明确规定,并要求专科学校也照此办理。

表 3-4　1940 年《大学及独立学院教员聘任待遇暂行规程》规定教员薪俸表

等别	级别								
	第1级	第2级	第3级	第4级	第5级	第6级	第7级	第8级	第9级
助教	160	140	120	110	100	90	80		
讲师	260	240	220	200	180	160	140		
副教授	360	340	320	300	280	260	240		
教授	600	560	520	480	440	400	370	340	320

资料来源:《第二次中国教育年鉴》,商务印书馆,1948 年版,第 516 页。

根据 1940 年《大学及独立学院教员聘任待遇暂行规程》之规定,大学及独立学院的初任教员,依照上表,以自最低起薪为原则。曾任教员或有特殊情形,可酌情自较高一级起薪。当教员在任教过程中却有成绩者,由学校酌情对该教员予以晋级[①]。虽然该规程规定教授的最高月薪为 600 元,但自 1947 年 11 月起,教育部对于国立专科以上学校教授实施了所谓的"年功加俸",进一步提高教授的工资,规定"凡教授经审查合格,月薪已达最高级(即 600 元),呈报教育部登记有案者,得给予年功加俸。此项俸额,每年 20 元,并得按年递晋,但连同本俸不得超过 800 元。各校给予年功加俸教授名额,不得超过已支最高级薪教授总名额三分之一"[②]。这样一来,大学教授的工资甚至可以超过校长,达到 800 元。

[①] 这一规定,对于大学、独立学院、专科学校同等适用。唯一不同的是,专科学校授月薪以第 6 级(即 400 元)为最高额。该规程施行以来,因事实上之需要,已将专科学校教授月薪增至第 3 级(即 520 元)为最高额。同时,曾任大学或独立学院教员支较高级薪俸者,在专科学校任教时,仍可支原级薪俸。

[②] 《第二次中国教育年鉴》,商务印书馆,1948 年版,第 516 页。

(二) 学术研究补助费

自1943年10月起,教育部对于国立专科以上学校教员发放学术研究补助费,用于购置图书、仪器、文具,以供教员参考研究之用。申领此项费用的教员,必须是专任教员,同时必须经教育部审查合格方可发放。学术研究补助费自1943年办理发放以来,每年都有调整,具体发放数额见表3-5:

表3-5 1943—1947年学术研究补助费发放标准表

单位:元/月

等别	1943年	1944年	1945年1月—1946年3月	1946年4月—6月	1946年7月—1947年3月	1947年4月—7月	1947年8月起
教授	500	1 000	2 000	25 000	50 000	250 000	500 000
副教授	380	760	1 500	20 000	40 000	200 000	400 000
讲师	250	500	1 000	15 000	30 000	150 000	300 000
助教	130	260	500	10 000	20 000	100 000	200 000

资料来源:《第二次中国教育年鉴》,商务印书馆,1948年版,第518页。

由于申领此项费用必须经教育部审查合格方可发放,但资格审查必须经历一段时日,导致很多教员因审核尚未通过而一时无法领取补助费,因此教育部于1944年10月改为"教员资格已送审尚未核定者,暂照现任等别自到职之时垫发学术研究补助费,但以6个月为限。俟资格核定后,依照核定等别,再行结算"[①]。之后又两次放宽规定,增加了垫发期限并放宽了发放标准。至1947年,学术研究补助费的发放又扩大到私立学校教员的范围。省私立专科以上学校教员的学术研究补助费用,由教育部定于补助各私立学校的经费中,划取一部分,由私立专科以上学校自行分配。

(三) 久任奖金

1942年冬,教育部根据学术审议委员会常务委员第九次会议,

[①] 《第二次中国教育年鉴》,商务印书馆,1948年版,第518页。

决议呈请国民政府行政院转拨专科以上学校久任教员奖金,目的是针对当时部分大学教员时常调任他职,不愿终生从事高等教育事业的情况,"坚定专科以上学校教员终生从事作育人才与学术研究之决心,奉令准拨二百万元"①。并规定了具体的发拨办法:

1. 凡专科以上学校教员服务满20年以上者,每人年给奖金3 000元;

2. 服务满10年以上者,年给奖金1 500元。

在行政院批准该提案之后,即于1943年春节前按上述规定发放第一批久任奖金,以资激励在教育岗位服务年限较长的教员。之后的1944、1945两年,均按照之前标准发放。据国民政府统计,每年"具领此项奖金者,共约1200人,其中服务满20年以上者约500人,10年以上者约700人"②。及至1946年后,由于物价飞涨,货币贬值严重,一年几千元的奖金对于改善当时教员的生活而言,根本无济于事。再加上当时国民政府忙于筹备内战,经济困难,因此在只发放了三年之后便于1946年起停止发放该款项。

(四) 奖助金

为了奖励学术上卓有成绩,以及补助家庭有困难的教员,1942年11月,教育部颁布了《设置专科以上学校教员奖助金办法》,其主旨在于奖励服务有成绩的专科以上学校教员研究著述,并减轻教员在战时生活困难的情况。奖助金分为甲乙两种:

1. 甲种奖助金。奖励具有价值之研究报告、专科译著、短篇论文之教员,凡于一年内完成下列三项之一之研究著述者,得申请此种奖助金:

(1) 应国立编译馆之征请,从事整理经籍,译述世界名著,及编著大学用书之专科译著,或其他专科译著,经该馆认为有价值者;

(2) 专门教育问题之研究报告,经教育部有关之专门委员会认

---

① 《第二次中国教育年鉴》,商务印书馆,1948年版,第518页。
② 同上。

为有价值,或其他学术研究之报告,经教育部学术审议委员会认为有价值者;

(3)在专科以上学校教授、副教授组织之专门学会或学术期刊社出版之刊物上发表之短篇论文而有价值者。

2. 乙种奖助金。资助家境特别困难或生活上有特殊需要之教员,分为补助与借贷两种:

(1)凡服务有成绩,在校外未兼任其他有给职务之教授、副教授,除本身外,其必须由本人赡养之直系亲属在五口以上,而家境困难,不能维持生活者,得申请补助。教育部视其情形,每月补助200元至400元;

(2)凡因患疾病,而医药费超过500元以上,无力负担者,得其检具医师证明文件,申请借贷。教育部视其情形,借贷全额或半额之医药费。此项贷金,由本人于抗战结束后5年内照原贷数额分期偿还。[①]

与久任奖金类似,甲乙两种奖助金也在实施了仅两三年后便因物价飞涨而取消了。法币崩溃后,物价高涨,奖励及补助的数额需要随时调整,但调整的速度仍然跟不上货币贬值的速度,使教育部在操作的过程中深感不便。于是奖助金于1945年以后停止发给,但在其他补助费中增加数额,省去该奖助金繁琐的审批手续,原借贷金不需归还。

(五)兼课钟点费

根据1929年《大学组织法》第十四条规定,"大学得聘兼任教员,但不得超过全体教员三分之一",独立学院和专科学校规定相同。由于历经艰苦的八年抗战,各个高校教员匮乏,因此大多数高校聘任的兼职教员人数难免超过规定比例,往来于各个大学之间的兼职教授在当时也比比皆是。但如果兼课费过低的话,可能还不及教授往来校际间的车马之资。由此,教育部于1945年5月颁订了《战时国立

[①] 《第二次中国教育年鉴》,商务印书馆,1948年版,第518-519页。

中等以上学校教职员兼课钟点费支给标准》,其中关于专科以上学校教职员的发放标准如下:

1. 教授兼课钟点费,每小时最高32元,副教授每小时最高28元,讲师每小时最高24元;

2. 按时数支给钟点费之计算方法,每学期以5个月计算,每月以4周计算,每4小时作1小时计算。例如教授每周兼课4小时,每月所得兼课钟点费(最高额)即128元,并得按核定加成标准支给加成数。

3. 本校教职员除照规定担任应授课程时数或职务外,每周兼课在4小时以内者,一律按照标准支给兼课钟点费,其在他校兼课已足4小时者,不得再在本校兼课及支给此项钟点费,盖恐时间精力具感不足,影响学生课业也;

4. 此项兼课教员,分别称为兼课教授、兼课副教授、兼课讲师。[1]

抗战胜利后,由于物价及生活费高涨,原定的兼课钟点费也得到了相应的提高。1947年4月经过调整,教授兼课费每小时增至48元,副教授每小时增至42元,讲师每小时增至36元,并将"战时"二字删除,其余照旧。虽然每种较之前均提高了50%,但相比物价的提升,甚至基本可以忽略不计,因此自1948年1月起,兼课钟点费改为按原定标准以十分之一按照生活指数支给。

第四节　高校学生的录取与培养

一、高校招生规程

民国初年,各个高校拥有自主招生权。各校自行公布招生章则,自行确定考试科目、命题、组织考试、阅卷、确定录取标准,并录取新生。教育部虽根据高校招生中出现的问题,不时地做出种种调节与

---

[1] 《第二次中国教育年鉴》,商务印书馆,1948年版,第520页。

规范,但并未对各校招生多加干涉或控制,这也导致了高等教育的畸形发展。学校易于开设,报考人数较多的文、法、商、教育类专业,学生人数大量增加,而为抵抗日寇侵略、发展社会经济所急需的理、工、农、医类专业发展缓慢,学生人数相对较少。1931年,"全国专科以上学校文、法、商、教育、艺术等科学生占70%,而理、工、农、医等科学生仅占30%,甚失均衡。尤其九一八事变以后,外侮日亟,非造就多数实用科学人才,不足以应非常环境及各种建设之需要"[①]。为纠正文理科不平衡,培养国家在危机之时迫切需要的技术人才,教育部于1933年5月颁发《二十二年度各大学及独立学院招生办法》,实行计划招生。即采用比例招生法,要求设有文、实两类学院的大学,文科类学院所招新生数额,连同转学生在内,不得超过实科类学院新生数额,即使有特殊情形,也必须经教育部核准,否则新生入学资格不予审定,或做其他纠正处置。

1935年,教育部参酌国家需要及前两年的招生实际情形,取消了比例招生法,代之以实际名额控制。规定大学语文科类学院招收新生,皆须以学系为单位。每一学系所招新生及转学生之数额不得超过三十名,并强调凡未依照本办法办理者,其新生入学资格,教育部不予承认。这一措施较为有效地调控了文、法、商、教育类学生的比例。1936、1937年度招生一面仍按照1935年度办法,一面由"部另令国立中央大学、国立武汉大学、国立清华大学等校,试办联合招生。嗣因北平学校有特殊情形,乃由中央、浙江、武汉三大学先联合举办"[②]。至1937年,理、工、农、医类学生的比例增加到了50%以上,具体详见表3-6：

---

① 《第二次中国教育年鉴》,商务印书馆,1948年版,第530页。
② 同上。

表 3-6 1928—1937 年实科类与文科类学生数变化表

年度	实科类（理、工、农、医）学生数	文科类（文、法、商、教育、艺术）学生数	未分院系学生数	共计
1928 年度	6 749	18 286	163	25 198
1929 年度	7 797	21 254		29 121
1930 年度	7 375	28 191		37 566
1931 年度	11 227	32 940		44 167
1932 年度	12 007	30 070	633	42 710
1933 年度	14 133	28 787	16	42 936
1934 年度	15 698	26 042	30	41 768
1935 年度	16 990	24 082	56	41 128
1936 年度	18 459	23 152	311	41 922
1937 年度	15 280	15 227	681	31 188

数据来源：《第二次中国教育年鉴》，商务印书馆，1948 年版，第 530—531 页。

1937 年，抗战爆发，为适应战时需要，教育部在中央大学、浙江大学和武汉大学三校试行联合招生。1938 年正式施行国立各院校统一招生制度。教育部"在武昌等十二地设立招生区，各招生区设招生委员会。各处招生委员会聘定命题委员若干人，依照部定标准命题，聘定阅卷委员若干人，分科阅卷，成绩送部，由部决定各处取录学生人数"[①]。为了进一步将考试权收归中央，教育部于 1940 年设立了统一招生委员会，统一招生的目的在于"一、根据实际需要，统筹大学设施之方针，以统一之标准逐渐提高大学学生之程度；二、减轻学生因投考大学而往返奔走于各地之困难及其因此而所受之经济损失；

---

① 《二十七年度国立各院校统一招生办法大纲》，《教育通讯》1938 年第 1 卷第 15 期。

三、促进中等教育之改进,并为大学毕业会考之准备"①。在该年颁布的公立各院校统一招生委员会章程中,教育部赋予统一招生委员会七项职责:"一、订定招生规章;二、规定命题阅卷及取录标准;三、制定及颁发试题;四、复核考试成绩;五、决定及分配取录学生;六、研究招生改进事项;七、教育部交议有关招生事项。"②这样,招生大权已全部收归统一招生委员会,各招生区招生委员会成为招生工作的办事机构。这可以说是我国自清末废科举、兴学校以来,首次施行实质性的全国高校统一招生制度。

1942年,教育部为顾全学校及考生便利,由部划分考区,推出了考区内各公私立院校联合招生的措施。同年,教育部统一招生委员会被撤销,全国被分成十个考区:重庆区、成都区、昆明区、贵阳区、西北区、粤桂区、浙赣区、福建区、湖南区、湖北区。每一区各指定一所公立大学为召集学校。举行联合招生的各区,组织联合招生委员会,以召集学校校长为召集人。联合招生委员会负责招生考试的命题、考试安排和阅卷事项,学校按成绩自行录取新生。为便于院校招收其他考区的新生,教育部出台了委托招生办法,凡不在本区的院校,可以征求他区同意,委托他区代为招生。受委托之各区可以另行组织考试,代为招收学生。对未设立招生考区的地区(主要是沦陷区和游击区),教育部允许院校采用成绩审查办法招收学生,但以优良高中成绩之优秀毕业生为限,经甄审合格者,让其参加复试,复试成绩较次者,可取为试读生或授以补习课程是年保送免试生名额重新增加为百分之十五。这样就基本上形成了单独招生、联合招生、委托招生、成绩审查和保送免试五种招生方式。直到1949年,高校招生一直采用这五种方式,没有较大改变。

二、学科建设与课程设置

清末民初高等教育在课程设置上的主要特点是延续日本高等教

---

① 《第二次中国教育年鉴》,商务印书馆,1948年版,第535页。
② 《教育部公立各院校统一招生委员会章程》,《教育通讯》,1938年第3卷第21期。

育课程设置的模式,实行分科制和学年制,对课程的规定非常严密。依据1913年公布的《大学规程》所见,大学本科的课程非常繁杂。与此同时实行年级制,所开的课程全部是按照年级安排的必修课,每年学生固定学习多少课程,学生对课程没有丝毫的选择自由度。因专业界限分明,学生只能局限在某一专业范围内接受单一的教育,缺乏相关知识的沟通联系,容易造成学生知识面偏窄、知识结构单一的弊病。随着五四以来民主自由呼声的高涨,学生个性得到尊重,要求学校适应社会发展需要,培养具有广博知识和多种技能、能胜任社会多种需要的人才的教育观念兴起,推动学校教学制度的改革。为此,留美学者纷纷提议仿照美国学制,给予学生一定程度上的自由选科的权利,改年级制为选科制,并采用学分制的计算方法,以顺应世界教育潮流。继北大、东大先后实行选科制和学分制后,1922年12月,政府公布《学校系统改革案》,规定各校实行选科制和学分制,从法规上给予了确立。

南京国民政府成立后,在选科制和学分制的基础上,进一步通过立法对大学的课程设置加以规范。如1929年教育部公布的《大学规程》第8条规定:"大学各学院或独立学院各科,除党义、国文、军事训练及第一、第二外国文为共同必修科目外,须为未分系之一年级生设基本课目。各学校或各科之课目分配及课程标准另定之";第9条规定:"大学各学院或独立学院各科课程,得采学分制。但学生每年所修学分须有限制,不得提早毕业。聪颖勤奋之学生,除应修学分外,得于最后一学年选习特种课目,以资深造,试验及格时,由学校给予特种奖励"。

抗日战争爆发之后,这一时期中国大学的课程设置,主要表现为国民政府战时对大学课程的控制和调整。制定、公布大学各学院共同必修课目表,是国民政府整理大学课程的重要措施。从1938年到1949年,国民党政府先后三次修订大学课程,各次修订的目的和范围都有所不同。第一次是抗战初期,目的在于"统一各校标准""提高学生程度",共同修订了文、理、法、商、农、工、师范七个学院共五十个学系的课程。第二次是在抗战末期,目的在于"适应抗战建国的需要","重点修订"了文、理、法、师范四学院共三十个学系的课程。第三次,胜利复员后,目的是为了配合"宪政"以及"战后建设"的需要,共修订文、理、法、商、农、工、医、师范八个学院共五十四个学系的课程。

1938年9月9日,国民政府教育部召开了第一次大学课程会议,通过了"《文、理、法三学院各学系课程整理办法草案》,规定了三项整理原则及九项整理要项。整理原则包括规定统一标准、注重基本训练、注重精要科目。整理要项是整理原则的具体化,对大学课程结构、类型、管理制度、教学方式方法均做了规定"[①]。1938年9月22日,国民政府教育部公布了《文理法学院共同必修课目表》。11月2日,又公布了《农工商学院共同必修课目表》。1939年8月1日,再公布了《文理法农工商各学院分系必修及选修科目表》。师范学院的共同必修科目,在1938年7月颁布的师范学院规程中已作规定。

表3-7 文、理、法、农、工、商及师范学院共同必修课目表

学院	共同必修科目
文学院	三民主义、伦理学、国文、外国文、中国通史、世界通史、哲学概论、理则学;科学概论、普通数学、普通物理、普通化学、普通生物学、普通心理学、普通地质学、地学通论八门选修一种;社会科学概论、法学概论、政治学、经济学、社会学等五门选修一种。
理学院	三民主义、伦理学、国文、外国文、中国通史;普通数学、微积分学两门选修一种;社会科学概论、法学概论、政治学、经济学、社会学等五门选修一种;普通物理、普通化学、普通生物学、普通心理学、普通地质学、地学通论等六门选修两种。
法学院	三民主义、伦理学、国文、外国文、中国通史、世界通史、哲学概论、理则学;科学概论、普通数学、普通物理、普通化学、普通生物学、普通心理学、普通地质学、地学通论八门选修一种;法学概论、政治学、经济学、社会学等四门选修两种。

---

① 徐洁:《民国时期(1927—1949)中国大学课程整理过程及发展特点》,载《江苏高教》2007年第2期,第87页。

(续表)

学院	共同必修科目
农学院	国文、外国文、化学、植物学、动物学、地质学、农业概论或农艺、经济学及农业经济、农场实习等。
工学院	国文、外国文、数学、物理、化学、应用力学、材料力学、经济学、投影几何学、工程学、工厂实习、徒手画、建筑初则及建筑画、初级图案、阴影法、木工等。
商学院	国文、外国文、商业史、经济地理、数学、经济学、法学概论、财政学、会计学等。
师范学院	三民主义、伦理学、国文、外国文、中国通史、世界通史；社会科学概论、法学概论、政治学、经济学、社会学等五门选修一种；哲学概论、理财学、教育概论、教育心理学、中学教育等五门选修一种。

资料来源：《第二次中国教育年鉴》，商务印书馆，1948 年版，第 496－500 页。

1944 年 8 月，国民政府教育部举行第二次大学课程会议，修订了《大学文、理、法、师范四学院共同必修科目表》及《分系必修选修科目表》。修订科目表中规定体育、军训为各院系当然必修科目，不计学分，成绩不及格者不得毕业。还规定，三民主义、体育、军训为农学院、工学院、商学院当然必修科目，不计学分。抗战胜利后，国民政府教育部为提高大学程度配合宪政建国的需要，决定将大学课程按照下列五项原则，再加调整：一、注重主要科目；二、科目集中；三、学分数酌减；四、凡属不十分必需的科目均列为选修；五、选修科目不必太多。通令全国各大学及独立学院依此五项原则集会检讨，哪些应该充实，哪些应该减少，哪些应该合并，以及必修选修的科目分量应该做何调整，每一科目的学分数额以及开设的年次，应该如何修正，等等。

1946 年 12 月，国民党政府教育部公布大学文、理、法、医、农、工、商、师范八学院共同必修课目和分系必修课目表。其中各学院共同必修课程已经减少，各学系必修学分数又恢复到初订时期的 100～110 学分之间，其总修学分数除医学院外，最少需修满 132 学分方得毕业。

南京国民政府时期，由于政府对大学科目、学分管得过紧，造成大学课程呆板而缺乏伸缩性，课程设置出现削足适履、降低标准的情况，而且各科目之间分离而缺少联络，徒争学分的多寡，科目的繁简，而忽视了整个课程的功用。这一弊端其实是国联教育考察团在20世纪30年代初就明确指出的。看来这些问题一直没有得到很好的解决。除此之外，尚有研究者指出大学课程中存在党义课程受轻视、大学内容脱离生活实际、重视理工轻视文法的倾向，等等[①]。

三、研究院所及研究生教育

民国时期的大学研究院所是我国近现代科研体制系统中不可或缺的研究机构，也是我国研究生教育的培养机构，为我国现代大学探索和建立教学与科研相结合的研究生培养体制发挥了重要作用。1917年底，北京大学率先成立了文、理、法三科共9门研究所，开创了我国大学设立研究所的先河。1922年，北京大学改组各门研究所，并成立了研究所国学门。在其示范下，清华大学、厦门大学、交通大学、中山大学等校也纷纷设立了研究院所。至1934年《大学研究院暂行组织规程》颁布前，已设立研究院所的大学达十余所。

1929年，在国民政府教育部公布的《改进高等教育计划》内，列有国立各大学得设立研究机关的规定，规定设立研究机关的大学，必须具备下列各项条件：

1. 每年经常费在一百万元以上者；
2. 图书、仪器、标本等设备充实者；
3. 校内教授对于某种学术有特殊贡献者；
4. 校内学生程度向已提高者。[②]

该计划除规定了设立研究机关的大学所应具备的条件之外，还将研究机关名称区别为研究所和研究院。其中，设有3个以上研究

---

① 徐洁：《民国时期(1927—1949)中国大学课程整理过程及发展特点》，《江苏高教》2007年第2期，第87-88页。
② 《第二次中国教育年鉴》，商务印书馆，1948年版，第574页。

学部的研究机关称为研究所；设有2个以上研究所的研究机关称为研究院。同年8月，国民政府公布《大学组织法》，在立法上有了"大学得设研究院"的明文规定。1934年，教育部为进一步规范大学研究院所，制定公布了《大学研究院暂行组织规程》，对于大学研究院的院长、教授、学生、肄业年限等事项，均有详细规定。至此，各高校成立研究院所开始有了正式的法律依据。1935年，国民政府又公布了《学位授予法》，其中规定："曾在公立或已立案私立大学或独立学院之研究院或研究所，继续研究2年以上，经该院所考核成绩合格者，得由该院所提出为硕士学位候选人。"[1]由此一来，各个高校的研究院实际上就如同现代高校的研究生院，研究生的学位问题，也就得到了解决。在1935年《学位授予法》公布之后，呈请教育部设置研究院或研究所的高校达12所，共计申请设立研究所26个，学部45个。但因1937年抗战爆发，各高校因战迁徙的缘故，研究工作无法继续进行，原有的设立研究院所计划未能实行。

鉴于以上原因，1938年"教育部特别拨出经费，鼓励人才和设备较好的国立大学适量增设研究所。同年，政府出台了《限制留学暂行办法》，对学生出国留学加以许多条件限制，致使留国研究学习的毕业生明显增多。因此，在各种政策的扶持下，我国大学研究院所数量快速增长"[2]。至1941年年底，公私立大学及独立学院设立的研究所及学部统计如下表：

表3-8 至1941年年底公私立大学及独立学院所设之研究所及学部一览表

校别	研究所及下设学部（括号内为学部）
国立中央大学	工科（电机、机械、土木），理科（数学、物理、化学、地理），农科（农艺、森林），师范科（教育心理），法科（政治经济），文科（史学、哲学），医学（生理学）

---

[1] 《第二次中国教育年鉴》，商务印书馆，1948年版，第535页。
[2] 陈元：《近百年来关于民国时期大学研究院所研究述评》，《河北师范大学学报（教育科学版）》2013年第1期，第55页。

(续表)

校别	研究所及下设学部(括号内为学部)
国立西南联合大学	文科(中国文学、史学、哲学、外国文学),理科(数学、化学、物理、生物、地质),工科(电机、机械、土木),法科(政治、经济)
国立中山大学	文科(中国文学、史学),农科(土壤、农林植物),师范科(教育学、教育心理)
国立武汉大学	工科(土木、电机),法科(经济、政治)
国立浙江大学	理科(数学),文科(史地),工科(化工)
国立西北工业学院	工科(矿冶)
国立四川大学	文科(中国文学),理科(化学)
国立西北农业学院	农科(农田水利)
国立西北师范学院	师范(教育学)
私立南开大学	商科(经济)
私立金陵大学	文科(史学),理科(化学),农科(农业经济、园艺)
私立燕京大学	文科(史学),理科(物理、化学、生物),法科(政治)
私立辅仁大学	文科(史学),理科(物理)
私立岭南大学	理科(生物、化学)
私立东吴大学	法科(法律)
国立东北大学	文科(史地)

资料来源:《第二次中国教育年鉴》,商务印书馆,1948年版,第574-575页。

以上16院校,设35个研究所,62个学部,此后每年都有增加。至1946年12月,教育部为了使研究院所与各学院、系打成一片,特将《大学研究院暂行组织规程》加以修正,更名为《大学研究所暂行组织规程》,废除研究院与研究学部,一律改为研究所。各研究所设主任一人,由有关学系主任兼任,系内的教授、副教授、讲师、助教等,均为研究所的工作人员,不再另支薪津。

民国时期大学研究院所的建设发展,对当时我国的科学研究及研究生培养均做出了巨大的贡献,并且受到了当时一些著名教育家的推崇。如蔡元培先生认为大学创办研究院对促进学术发展有着很大的帮助,1935年,他曾专门撰写《论大学应设各科研究所之理由》一文,认为当时大学生深造的机会只有出国一种,费用过高,而且并不利于国内科学研究的发展,并指出:"留学至为糜费,而留学生之能利用机会成学而归者,亦不可多得;故亦非尽善之策。苟吾国大学,自立研究院,则凡毕业生之有志深造者,或留母校,或转他校,均可为初步之专攻。俟成绩卓著,而偶有一种问题,非至某国之某某大学研究院参证者,为一度短期之留学;其成效易睹,经费较省,而且以四千年文化自命之古国,亦稍减倚赖之耻也。"[①]从中可以看出蔡元培先生认为一是在国内普遍建立研究院所可以减省出国费用,二是中国作为文明古国,稍深入的研究就要远赴国外依赖国外的科研院所,实在有损文化古国之形象。

冯友兰先生也曾讨论过大学应当兴办研究院所的问题。他曾发表《怎样办现在中国的大学》一文,强调了大学开展科学研究对于高等教育及国家发展的益处。他提到:"现在研究学问,已成一种极费钱的事业,其设备多非私人所能办。想研究学问之人没有相当的工具,焉能有进步? 此稍为有点规模的大学中之所以必须有研究部也。今假定此稍有规模的大学之教员,皆能对于所学找问题而又能自己独立的去研究它。此大学又有研究部,则此大学教员可兼研究部研究生。他们可以授课不多(假定一星期至多不过六点),而一面做他们自己的研究。"[②]由此一来,研究院所既可以是学生进行研究生阶段学习的教学机构,同时也能成为教授研究相关领域学问的科研机构。

---

① 蔡元培:《论大学应设各科研究所之理由》,《蔡元培全集》第8卷,浙江教育出版社,1997年版,第3页。
② 冯友兰:《怎样办现在中国的大学》,《现代评论》,1925年,第23页。

第四章
南京国民政府时期高等教育立法的实效与评价

第一节 高校办学的实际效果

一、国立大学

民国元年,教育部成立后,曾拟在北京、南京、武昌和广州各设国立大学一所。但是由于民国初年政局不安定,特别是经济的困难,原议在全国设立的四所大学,终因人力、财力关系而未能实现。已经设立了的大学,也因为教育经费没有保障,以致出现教职工罢课的情况。1912年5月16日,国立北京大学在1911年年底停办的京师大学堂的基础上正式开学复课。从严格意义上来说,"在民初的10年中,全国只有一所国立大学,即北京大学,直到1921年才建立起第二所国立大学——东南大学"[1]。但由于"北洋、山西两大学原系省立,自民国七年度起,经费由国库支给,乃改为国立"[2],因此国立大学的数量在1918年增加到了3所,1921年增加到4所,之后由于1922年

---

[1] 方增泉:《近代中国大学(1898—1937)与社会现代化》,北京师范大学出版社,2006年版,第223页。
[2] 中国第二历史档案馆编:《中华民国史档案资料汇编》第三辑教育,江苏古籍出版社,1991年版,第176页。

"壬戌学制"延续了1917年《修正大学令》中放宽大学设置标准的规定,甚至允许设一科,称为某科大学,国立大学的数量稳中攀升。1924年《国立大学校条例》明确规定"国立大学校得设数科或单设一科"[①]。与之前的大学必须文理并设或至少设置三科以上的规定相比,设置标准的降低促成了国立大学数量在5年中增加4倍的局面。

1927年,全国的公立(国立、省立)大学34所,其中国立24所,包括"国立北京大学、国立北京师范大学、国立北京女子师范大学、国立北京女子大学、国立北京政法大学、国立北京农业大学、国立北京工业大学、国立北京医科大学、国立北京交通大学、清华大学、国立北洋大学、交通部唐山大学、国立东南大学、河海工程大学、国立东南大学分设上海商科大学、国立暨南大学、南洋大学、国立政治大学、国立同济大学、国立武昌大学、国立武昌商科大学、国立成都大学、国立西北大学、国立广东大学"[②]。但由于北洋政府统治时期,教育部经常以国库支绌为由,不按照预算拨付国立大学经费,致使教职员的薪资严重积欠。政府无力顾及高等教育的发展,国立大学也基本处于风雨飘摇的境地。

1928至1937年间,中国国内战事相对较少,政府相对稳定,各项建设都有长足的进步,国立大学也由此获得了稳定的外部发展环境。由于经费投入的逐年增加,各级各类教育都取得了较大的发展。尤其是南京国民政府在初步统一了全国之后,极力充实与加强国立大学的力量,国立大学的教育经费基本上得以按时发放,办学条件、设备设施特别是教师待遇方面都有了根本的改观。不仅高等学校的数量有了发展,而且高等教育的质量也有所提高,近代大学的体制日臻完善。1929年7月《大学组织法》和《专科学校组织法》的公布,是我国近代高等教育第一次正式立法。这两个法令在《修正大学令》的基础上,使近代大学的体制更为周密并日趋完善,使大学教育的发展趋

---

① 陈宝泉:《中国近代学制变迁史》,北京文化学社,1927年版,第225页。
② 郑登云编:《中国高等教育史(上册)》,华东师范大学出版社,1994年版,第153-155页。

势,以及大学行政管理的职能,有了法规可循。这两个组织法就大学校、专科学校的设立,明确规定为国立、省立、市立和私立,其"设立变更及停办,须经教育部核准"。一系列教育法令法规的颁布,使高等教育开始朝制度化、正规化发展。国立大学与省立、市立、私立大学并存,各有所长,互补所短,使中国近代高等教育呈现出千姿百态的多样化景象,并使整个高等教育体系臻于完善。

抗日战争爆发后,"大多数校园变为废墟,一些私立大学——厦门大学、复旦大学、南开大学主要为经费所迫先后改为国立大学"[①]。除了上述私立大学的转型外,还有一部分省立大学由于经费有限申请改为国立大学。如1939年8月批准省立广西大学改为国立广西大学,1942年3月批准省立河南大学改为国立河南大学,1943年1月批准四川省立重庆大学、浙江省立英士大学改为国立大学。这一点进一步证明国家在危难时期对高等教育的扶持与重视。

根据《第三次中国教育年鉴》的记载,到1948年底,全国共有公私立大学、公私立独立学院、公私立专科学校218所,其中,国立大学32所,包括:中央大学、政治大学、北京大学、清华大学、南开大学、北洋大学、交通大学、同济大学、暨南大学、复旦大学、浙江大学、厦门大学、中山大学、中正大学、英士大学、东北大学、长春大学、北京师范大学、西北大学、安徽大学、湖南大学、武汉大学、重庆大学、四川大学、山东大学、河南大学、山西大学、兰州大学、广西大学、广州大学、云南大学、台湾大学。

表4-1 1898—1947年中国大学数量统计表

	1898年	1908年	1918年	1921年	1926年	1931年	1936年	1941年	1947年
国立大学	1	1	3	4	16	13	13	16	31
省市立大学	—	2	—	—	10	9	9	4	—

---

① 方增泉:《近代中国大学(1898—1937)与社会现代化》,北京师范大学出版社,2006年版,第232页。

(续表)

	1898年	1908年	1918年	1921年	1926年	1931年	1936年	1941年	1947年
私立大学	—	—	7	11	30	19	20	18	24
总计	1	3	10	15	56	41	42	38	55

资料来源:斯日古楞:《中国国立大学近代化的宏观考察》,《高教探索》2011年第2期,第101页。

总之,近代中国国立、省立、私立学校形成了三点鼎足的局面。1949年,国立、省立等公立学校共124所,占总数的60.5%;私立学校60所,占总数的29.2%;教会学校21所,占总数的10.3%。[1] 虽然,与省市立大学和私立大学相比,国立大学往往更容易受到政治的影响,如会由于校长频繁更换而出现混乱和停滞现象,但是,在近代中国,国立大学培养了大批高层次人才,为社会发展和进步发挥了无可替代的作用。

二、私立大学

1927年,南京国民政府建立。此时,内战停止,政局趋于稳定,国民党当局致力于巩固自身的统治,整顿国家各项事业,其中也包括教育事业,因此,此时的私立大学获得了稳步发展的外部环境。在经济方面,随着全国的统一,政府着手统一全国的度量衡、铁路交通,收回关税自主权,实施币制改革,废除厘金制度,这些都为民族资本主义的发展创造了良好的条件。

民族资本主义的大力发展,推动了私立大学前进的步伐。从社会政治环境方面来看,当时,南京中央政府与地方实力派之间的内战几乎停止,国内战事相对较少,政局比较稳定,因此,私立大学获得了稳定的外部发展环境。这种稳定的外部环境保证了私立大学的稳步发展。与以往相比,这一时期,私立大学在数量、发展规模、师生人

---

[1] 胡建华:《现代中国大学制度的原点——50年代初期的大学改革》,南京师范大学出版社,2001年版,第23页。

数、经费、管理等方面均有明显的提高,其增长速度已超过公立大学的增长速度。据统计,1931年,政府承认的私立大学共有10所,占全国大学总数的25%,在校生5 568人,占全国大学在校生总数的20.5%;私立独立学院12所,占全国独立学院总数的35.3%,在校生9 178人,占全国独立学院在校生总数的38.4%;私立专科学校9所,占全国专科学校总数的30%,在校生2 743人,占全国专科学校在校生总数的57.6%。1931年,全国私立高校共计31所,占全国高校总数的30%,在校生共计17 924人,占全国在校生总数的39.6%。[①]在数量稳步增长的同时,该时期,私立大学的质量也有着显著的提高。由于政府的严格整顿、控制政策,加上法规日趋严密,私立大学的整体质量得到显著提高。

1927年随着北伐胜利,南京国民政府为加强统治,开始实行党化教育,为此,政府对私立大学进行整顿,先后颁布了《私立大学及专门学校立案条件》《私立大学条例》《私立大学董事会条例》《大学组织法》《大学规程》《私立学校规程》《修改私立学校规程》等法规,对私立大学的设置、立案,私立大学的性质、规格、课程、办学条件等进行规范,对学科设置也有特别规定。1933年1月教育部通令全国各私立大学,设立新学院应以农、工、医、商为限,不得添设文法学院。通过整顿,私立大学教育学科的规模缩小,但发展走上了正规化,质量也有所提高。有些私立大学教育学科特色越来越彰显,成为特色学科。如厦门大学教育学科规模齐全,还成立了研究院,内设有称之为教育组的研究机构,不仅规模扩大,层次也提高了。虽然与公立大学相比,私立大学缺少国家政策和资金的支持,但"私立高等教育的最重要内在优势,应是其办学自主性和灵活性的机制优势。私立大学在师资引进和使用上,若与国立大学的条件相比,尚处于劣势地位。但私立大学在办学理念、人才引进方法等方面十分灵活,勇于探索创

---

① 参见《第二次中国教育年鉴》,商务印书馆,1948年版,第526-529页。

新,后来成长为中国近代著名高校"[①]。

1934年,教育部颁布的《修正私立学校规程》,对私立学校的经营权、管理权进行了明确划分,建立起校董事会制和校长制,并确立了教育行政机关对私立学校的监督权。私立学校董事会与校长各担负不同职责。校董事会在财务方面有五项责任:筹划学校教育经费、审核预算及决算、保管学校财务、监察财务、负责其他财务事项。学校的校长或院长由董事会任免,学校校长或院长负责学校行政,董事会不得直接参与。私立学校的校长或院长必须获得主管教育机关认可。校董事会发生纠纷导致停顿时,主要教育行政机关令其限期改组,如必要可直接由主管行政机关改组。校董会须于每学年终结后一个月内,将学校校务、一年所办重要事项、年度收支金额及数目、校长教职员学生一览表四项汇报主管教育行政机关备案。主管教育行政机关有权每年查核校董事会财务及事务状况一次,并在必要时可以随时查核。政府严格审查私立高等院校开办条件,明晰私立学校经营权、管理权、监督权,在规范教育制度的过程中,确保了南京国民政府时期私立高等教育健康有序的发展。

1937年,日本帝国主义大举侵略我国,刚刚度过相对稳定的10年的中国又进入了战火纷飞的年代。中国的各项建设事业都遭到了极大的破坏,当然其中也包括教育事业。该时期,各级各类学校,不论公立私立,都不能幸免。其中,私立高校损失最严重。据有关统计,抗战时期,包括教会大学在内,私立大学的财产损失总计达2 266万元。1936年,私立高校教师4 809名,占当年度公私立教职员总数的40.6%,到1938年降到3 299名,占全体教职员的35%,下降了15%。著名的私立南开大学,1937年被日寇炸毁,财产损失达300万元,占全国高校损失总数的10%。由于战火毁坏,经济崩溃,迫使不少的私立大学国有化。如私立南开被炸后难以维持,1946年被迫改

[①] 陈新立:《民国初期私立高等教育发展探析》,《学习月刊》2012年第1期,第41页。

为国立。与此同时,复旦大学、北京中法大学、焦作工学院也因财政问题被迫改为国立。这些著名私立大学的国有化,致使存留的私立大学在教育质量、办学实力等方面处于下降趋势,有些私立大学不得不宣布停办,如设施精良的雷士德工学院在抗战爆发后被迫关闭,抗战结束后,著名的北京铁路学院和东亚体育专科学校的办学水平都有所下降。私立大学的发展遭遇挫折。

抗战结束后,大多数私立高校纷纷迁回原址继续办学,但不久,国民党挑起内战。私立大学再次陷入财源枯竭的境地其中许多大学被迫寻求国民政府的资助,国民政府乘机将这些私立大学国有化,收归国民政府所有。那些未被国民党政府收归的私立大学,也是惨淡经营,难以维系,教育质量有所下降。不过,由于局部地区民族工商业的稳定发展以及私有经济的发展,私立独立学院、专科学校因而得到较大发展,所以从整体上来讲,私立高校的数量有所增加。1947年,全国共有高校207所,其中私立高校79所。1948年1月,国民政府重新颁布了《大学法》和《专科学校法》,重申了私立办学的合法性,掀起了中国私立高校发展的一个小高潮。在1948年,我国私立高校(包括少数教会大学)已发展到70所,1949年又增加到75所。

三、教会大学

所谓教会大学,是指从19世纪末起西方基督教会传教士凭借不平等条约在中国的土地上创办的一系列高等教育机构,是西方列强打开近代中国国门后想进一步控制中国的产物。而从客观上来说,教会大学对我国高等教育的发展起到了破和立的双重作用,它不仅打破了我国旧的教育模式,而且随着其本身的本土化、世俗化,对我国高等教育的发展起到了较大的推动作用。

19世纪后半期至20世纪20年代中期,教会大学创立之初,无论是在办学目标、教学内容、课程设置等方面,均按照欧美教育模式,与中国传统的教育制度对立,很少考虑到中国的实际情况和需要,完全脱离了中国社会实际,与当时中国官方也没有正式的接触,这就给教会大学的招生、传教等工作带来很大的困难,教会大学在很大程度上成为一个封闭的系统。没有人去考虑要把这两种教育制度合二为一,官方文件无视教会学校的存在,而教会则推行自己的一套政策,结果造成两种教育制度迥然不同,互不沟通。

20世纪20年代,在一系列革命浪潮(如1922年的非基督教运动、1924年开始的历时四年之久的收回教育权运动以及后来的五卅运动和北伐战争)的影响下,北洋军阀政府被迫于1925年12月公布《外人捐资设立学校请求认可办法》,共有六条内容:"一、凡外人捐资设立各学校,遵照教育部所颁布之各等学校法令规程办理者,须依照教育部所颁布源于请求认可之各项规则向教育官厅请求认可;二、学校名称上应冠以私立字样;三、学校之校长须为中国人,如校长原系外国人者,必须以中国人充任副校长,即为请求认可时之代表人;四、学校设董事会者,中国人应占董事名额之过半数;五、学校不得以传布宗教为宗旨;六、学校课程须遵照部定标准,不得以宗教科目列为必修课。"①在这种形势下,教会大学为了争夺生存空间,不得不作政策的调整和教学方向的改变,"提出了'更有效率、更加基督化、更加中国化'的调整口号。从1926年起,多数教会学校开始向中国政府立案,并让中国人担任各级教会学校的校长,同时把宗教课和宗教活动改变得灵活一些,尽量参照中国政府的教育体制做了适当的调整"②。

事实上,在北伐战争期间,教会大学的外籍校长离校之前,都匆忙指定中国人为代理教务长等,从此中国人取得了学校的一部分行政领导职位,多数教会大学开始履行注册条件。1927年起,金陵大学等14所教会学校被迫向中国政府登记立案。1929年,根据当时南京政府教育部颁布的私立大学规程,外国人不得在中国境内办的大学中任校长。例如,燕京大学在1929年选任吴雷川为校长,司徒雷登改任教务长,校董会中中国人占21位,外国人13位。教会大学确

---

① 谭双泉:《教会大学在近现代中国》,《湖南教育出版社》,1995年版,第109页。
② 黄馨馨、罗克文:《民国时期教会大学的发展研究》,《中国电力教育》2010年第16期,第177页。

定新阶段的目标:为中华民族服务。教会大学重新调整了课程,突出特点就是开设的自然科学学科是所有大学的三倍。同时根据南京政府为实现工业化目标对高等教育提出的建议,开设了一些职业的技术训练,增加新的世俗课程和兴趣。在抗日战争前夕,教会大学的经济收入有三分之一至一半来自中国,中国人担任大多数的行政职务以及中国教师占80%,教会的作用不断减弱,许多决策开始由当地的理事会承担,由此南京政府在课程、教学标准、教科书及教育过程等方面逐渐加强了对教会大学的控制[1]。

抗日战争期间整个以英美传教士为主体的基督教团体都受到了严重损失。大批英美传教士被关进集中营,教会活动几乎陷于瘫痪。教会大学"在战前约有8 000余名大学生,日本侵华战争开始后,教会大学学生人数降到不足4 000人"[2]。教会大学逐渐开始了迁移运动,许多学校在西部安家。战时的特殊环境不仅造成课程重点的改变,而且还造成人事变动,学生的成分发生变化。许多学校改变了课程,以便更直接地为中国服务。学校力图使课程面向实际需要,支援前线。例如,1938年,金陵大学开设了4个月的技工课程和2个月的驾驶与维修车辆课程,以应中国西部卡车运输的战时急需,像这样的例子不胜枚举。由于教会大学迁到西部后,学校的一切工作几乎都交到中国人手里了,致使战争期间教会大学教师缺乏。又因为没有了自己的教会中学,教会大学只有从当地学校招生。[3] 抗战结束后,各教会学校都进行了程度不同的恢复工作,有的学校还有所发展。但由于内战期间经济衰弱,通货膨胀以及学生运动,教会教育很难有较大的发展。

教会大学的联合办学提高了中国高等教育的水准。虽然教会大

---

[1] 武毅英、朱淑华:《教会大学的演变过程及其对现代高等教育发展的启示》,《大学教育科学》2009年第1期,第102-104页。

[2] 黄馨馨、罗克文:《民国时期教会大学的发展研究》,《中国电力教育》2010年第16期,第177页。

[3] 武毅英、朱淑华:《教会大学的演变过程及其对现代高等教育发展的启示》,《大学教育科学》2009年第1期,第102-104页。

学的开办者主要是西方传教士,但我们不能否认基督教在华的高等教育也是中国教育整体的一部分,教育的直接受益方是中国社会。教会大学从根本上突破了中国传统教育的缺陷,在办学模式、教学内容、人才培养、适应社会等许多方面都为中国的高等教育提供了崭新的内容。

第二节 立法对教育制度的影响

一、政府通过立法加强对高等教育的控制

1928年6月,国民革命军进驻北京后,蒋介石宣称军政时期结束,训政时期开始。训政体制在形式上采取了资产阶级的民主制度,客观上起到了宣传民主的作用。但这种体制是把西方资产阶级民主形式和中国封建专制的实质相结合,形成了国民党一党专政的制度。

国民党建立南京政府后,逐步采取措施重建国家权威。中国传统文化中的集权性,并没有被西方的政治民主所取代,而是在国家政局稳定后复活。西方民主制度和中国传统集权文化的联姻,形成了独特的一党执政和执政党党内的民主政治体制。中国大学从20世纪20年代学习美国转向30年代学习欧洲大陆,国家加强了对大学的管理,这使大学与政府关系更为密切。而取消了公立大学的董事会制度,在体制上取消了社会参与大学管理的渠道。但当时毕竟实行了宪政,加上国民党政府忙于战争,同时由于民国时期一些著名大学自治自由传统的影响,本时期的大学事实上享有相当的自治权。

国民政府政权统一全国后,加强了对大学的宏观管理,着手整顿高等教育,颁布了一系列教育法律法规,到20世纪30年代,形成了一个比较完整的教育法律法规体系。据统计,从1930—1945年,单高等教育立法就有335项。政府不但利用立法、财政手段等宏观管理大学,同时通过法规统一管理大学的课程教材、学生学业考核和思想教育等办学具体事务。与民国初期相比,这时国家加强了对大学教育的管理,这表现在下列方面。

(一)国民政府加强了大学课程教材管理

民国时期各系课程及教学由本系教授会规划设计,由此造成全国大学课程统一的局面被打破,课程体系零乱。课程结构是学生思想和智力结构形成的基础,课程的凌乱导致大学教育质量的参差不齐。1929年国民政府公布《大学规程》把党义、国文、军事训练、第一第二外国语作为大学生的共同必修课。国民政府曾于1938年、1944年、1945年三次整顿大学课程,规定大学各科的必修课科目和学分。1939年国民政府曾努力统一全国大学教学用书,教育部设立大学用书编辑委员会,先后组织编选了大学各科的必修课和选修课用书。到这时中国大学课程管理似乎又回到了清末政府统一规定大学课程、教材、开设年次及每周学时的状态。但是在已经具备了自治传统的中国大学,国民政府这些措施受到抵制,并未像清末那样得到彻底执行。

(二)加强对大学生管理

国民党右派在北伐时期对学生运动持支持鼓励态度,而在南京政府建立后蒋介石主张限制学生的政治活动。南京政府试图取缔全国性的学生联合会,并把各地的学生联合会改组为学生自治会。学生自治会只能涉足宿舍、膳食、社会服务等事务,不应在校外举行游行示威,不应试图影响全国政治,也不应与其他大学的学生组织建立联系。还规定学生组织须向学校和政府注册。

抗日战争开始后,国民政府在大学建立起训导制度。1938年3月国民党政府颁布《中等以上学校导师制纲要》,在大学推行"训教合一"的导师制。规定导师的任务是:依据训育标准对学生的思想行为严密训导,并详细记载报告训导处;学生毕业时出具训导证书,详载考语;学生升学或就业后,其关系方面得随时调阅之。以此为规范大学生言行的手段。根据《大学行政组织要点》,在大学建立国民党和三民主义青年团组织,增设训导处,负责学生训育工作。工作人员的选择须呈教育部通过训导人员资格审查,训导长必须由国民党党员担任。训导处除调查与干涉学生参加政治活动外,公开事务有两项,即登记与审核学生社团、壁报等,及主管核准和撤销学生领取贷金和救济金,以经济手段引导学生。

(三)加强对教师的管理

1940年8月教育部颁布《大学及独立学院教员资格暂行规程》,10月颁布《大学及独立学院教员聘任待遇暂行规程》,规定大学教师的任职资格统一由教育部学术审查委员会审查,合格后发给载明等级(教授、副教授、讲师、助教)的证书,各校依照教育部审查合格之等级聘任。这实际上是对广大教师在思想上和组织上进行审查和控制。1941年教育部又实行"部聘教授"制度,挑选在国立大学或独立学院任教十年以上、教学确有成绩、有专门著作且具有特殊贡献的教授,由教育部直接聘任,在由教育部特设的专科以上学校讲座中,从事教学和研究。这实质是限制教授讲学自由。因为部聘教授讲座设置处所,得由教育部根据需要于年终时调动之。

(四)实施统一和联合招生,严格考核大学生学业

1938年前,中国各大学自行组织招生录取。1938学年开始,国民党政府教育部成立统一招生委员会,统一招考公立大学和独立学院的新生。考试科目、试题、日期、录取标准、分发办法均由教育部统一规定。由于统一招生会降低新生标准,引起了许多大学的不满。加上战时交通通信不便,1942年改为联合招生。抗战期间国民政府加强了对学生学业成绩的考核。1940年教育部颁布《专科以上学校学生学业成绩考核办法要点》规定各大学要加强平时考查,平时成绩要与学期末成绩合并核算,学期成绩不足60分的补考,不足40分的重修,毕业考试改为总考制,毕业总考不及格者不能毕业。

二、大学注重自身独立精神的坚守与传承

所谓"大学自治"是指大学的运行不受来自外部的支配和干涉,而由大学内之学术研究者和知识传授者自主决定的一种制度。其核心即是排除外部干扰,保证大学这座独立王国的宁静和独立。究其原因则是因为大学"以研究知识、追求真理为天职,而知识无长官,真

理无上级,凡与此有关的事务俱交大学主体自由决定,从而使大学最大限度地发挥社会进步的加速器之功效,同时使大学也具有社会反省者与政府监督者之角色"[1]。反之大学若是臣服或隶属于外在的权威或势力,将导致宪法所保障的学术自由形同虚设。由此可见,大学自治实为学术自由的制度性保障。

1927年,南京国民政府建立后,开始施行大学院和大学区制,任命蔡元培为大学院院长,总理全院事务,"大学院作为独立机构,为全国最高教育行政和学术研究机关,其'承国民政府之命',但不隶属于国民政府,享有'经费独立,立法独立,人事独立',管理全国学术和教育行政事宜[2]"。大学院和大学区制贯彻了"教育独立"理念,特别是它拥有相对独立于各级政府的立法权和决策权,不受政党与宗教的把持,这一制度旨在摆脱政治干预,真正实现大学的自治,这是对近代官僚体制的冲击,但大学院制实施不到两年就中途夭折。虽然大学院改革的计划搁浅,但由于自由知识分子团体在大学中逐渐形成,政府曾有控制大学的意图,但常常受到教授群体的抵制。1927年5月蒋介石在南京提出实行"党化教育"的号令,受到知识分子的反对,随后废止"党化教育"而实施"三民主义教育"。1937年7月,胡适在庐山谈话上多次提出,"教育应该独立,其涵义有三:现任官吏不得做公私立大学校长、董事长,更不得滥用政治势力以国家公款津贴所长的学校;政治势力(党的势力)不得侵入教育,中小学校长的选择与中小学教员的任聘,皆不得受党的势力的影响;中央应禁止无知疆吏用他的偏见干涉教育,如提倡小学读经之类"[3]。

到抗战爆发前,大学的"大学自治、教授治校、学术自由"的理念已在整个国家形成共识并在法律上得到了具体体现,使之具有了制

---

[1] 黄和平:《从民国教育法规看民国的大学自治》,《大学教育科学》2006年第2期,第77页。
[2] 陈平原著:《民国时期的大学:大学之大的典范》,北京大学出版社,2006年版,第126页。
[3] 《胡适日记全编(第6册)》,安徽教育出版社,2001年版,第694页。

度上的保障。在此短短十年中,中国的大学进入了一个飞速发展时期,大学格局实现了重大突破,形成了覆盖南北的大学群,"在老牌的北大之外,还形成了一系列名校:中大、清华、协和、武大、浙大、中山、交大、唐山交大、燕京、金陵、圣约翰、厦大、南开、北洋等。南京国民政府成立后,'国内南北统一,各方建设猛进',政府倾力发展文教,知识界亦迅速发展,史称'黄金十年'"①。

1937年,抗日战争爆发之后,为保存中国高等教育,大学大举内迁,并以各种形式组合成联合大学,其中最负盛名的莫过于由清华、北大和南开合组成立的西南联合大学。西南联大将北大之"思想自由,兼容并包"、清华之"大学独立,教授治校"和南开之"允公允能"等理念结合,将中国传统治学的精神融入西方大学的制度框架之中。在这之后的几年里,以学术为主导的大学自治权的内在结构得以完善和发展。在西南联大,校长和常委会虽是领导机构,但发挥作用最大的是教授会制度。"西南联大当时的各院院长都由教授担任,各系系主任,起初就被称为系的教授会主席。联大教授会由全体教授、副教授组成。教授会是咨询机构,听取常委会主席报告工作,讨论学校的重大问题,向常委会或校务会提出建议,或讨论他们交议的事项,选举参见校务会的代表,等等。教授会对学校的行政管理、教学设施、学科发展、学生学习都有相当的影响和作用,体现了联大教授治校的精神。"②另外,讲师助教会和职工代表、学生自治会代表也有要求列席教授会、校务委员会,参与讨论有关问题的权利。可见,西南联大时期,由于大学自治权内在要素之间的协调一致关系,在校内,它(教授会)有以民主的名义对抗校长独断专权的一面;在校外,它有以学术自主的名义对抗国民党派系势力对教育学术机构的侵入和控制的一面,使大学自治权和学术自由都得到极大的张扬。至此,以大学自治为核心的现代大学制度经过几代学人的艰苦努力与实施,在

---

① 刘超:《中国大学的去向——基于民国大学史的观察》,《开放时代》2009年第1期,第48页。
② 杨绍军:《西南联大与当代中国高等教育》,《学术探索》2000年第6期,第49页。

中国大学中形成并日趋成熟,"大学独立、学术自由、教授治校"在大学里已成为基本的理念。

三、大学自治与政府集权之间的博弈分析

教育是适应社会发展的需要而产生的,又对社会的发展起推动作用。它自产生之日起,就随着人类社会的发展、变化而不断发展、变化。在不同的社会历史阶段中,由于生产力发展水平不同,生产关系和政治制度不同,教育也就具有不同的性质和特点,形成各种历史形态。从不同的教育的历史形态中,我们可以看出,教育与社会的生产力发展水平和政治经济制度是密切相连的。因此,在阶级社会中,教育总是与一定的阶级利益相关,因为"政治是阶级利益的集中反映,它对教育不但有着直接的制约作用,而且,这种制约作用波及教育的一切方面。从教育的领导权到教育的享受权,从教育事业发展的规模到速度,从教育的总目标到各级各类学校教育的具体目标,从国家教育制度到学校管理制度,从教育内容到教育方法,从学校教育到非学校教育,无不反映出政治对教育的作用"[①]。

以政府集权为特征的管理体制,势必制约着大学的独立发展。从一开始起步,中国的大学就不具备独立地位。无论学制怎么改,体制怎么变,唯一不变的,就是政治上的中央集权。"高等教育是中央政府扩张权力的一个渠道",近现代中国的第一批大学校长均为清一色的政府官员,即便民国之后虽貌由学人充任并主持一校事务,但校长的任免权仍在政府。因此,中国高等教育的现代化历程从开始之日至发育成年始终没有摆脱政府精心设置的"路线图"并受到政府的"亲切呵护"——校长必须由政府任命。由此,我们也看到了校长与教育主管部门领导相互转任的普遍现象。既要做教育家,又想做政治家的结果就是,出现了蹩脚的学者与十足的政客。

而在政府权力主导下形成的大学,其内部管理也更多以行政权力为主导。即便是"教授治校",但校长的一己之看法,通常成了最大

---

① 叶澜:《教育概论》,人民教育出版社,1991年版,第146页。

的"法"。行政体制渗透到大学骨髓血脉,早已成为中国大学的一大特色。其沉疴之重,积重难返,成为中国高等教育难以根治的顽疾。虽然,一代又一代"大学人"为克服上述弊端,做过多方面持续不断的努力和探索,也取得过些许成效,但总体来看,一直未能从根本上扭转这种局面,而官僚化的政府行政管理模式却进一步伸展到学校内部,大学内部又建构起新的层级结构体系,学术问题政治化、学术事务行政化、学术权力官僚化、学术研究功利化之势愈演愈烈。

虽然国家行政对高等教育干涉颇深,但中国文化中"道高于势"的传统在民国时期并没有消弭,当其与西来观念"学术自由"相结合时爆发出一定的力量。这股力量对民国时期教育部与大学之间的关系产生了一定的影响:大学为追求学校自治、学术自由不断地与政府进行抵制与抗争。民国时期各大学校长、教授的主体多是旧学出身,同时又大都接受西方教育、学成回国。他们作为"五四"新思想的主要传播者,强烈地为中国近代大学输入了西方大学的人文主义精神,和民主主义、自由主义的价值观念,对于大学精神和大学制度而言,突出表现为确立"教育独立""学术自由"的价值。他们并没有因为校长是政府任命,国立大学主要经费来源于政府拨款就放弃这一现代大学理念。当时以蔡元培为代表的中国国立大学校长已基本确立了现代大学与政府之间的基本关系:国立大学经费来源于政府拨款为天经地义,而政府不能以大学经费来源于财政拨款就对大学事务随意干涉。这一认识已成为中国国立大学校长的共识,1949年以前中国高等教育的成功主要得之于这一理念的形成和落实。

第三节 高等教育立法的评价

一、确立了中国近代高等教育法律体系

一直以来,德国大学与美国大学作为现代大学的成功典范而被世界各国纷纷效仿。德、美大学模式在民国时期也被相继引入,对中国近代高等教育产生了深远影响。因此,"在教育立法方面,民国政府的各个时期都不同程度地借鉴了欧美国家的成功经验,使辑美追欧成为整个民国时期的教育立法原则上的另一鲜明特色"①。通过移植先进国家的立法经验来构建中国的高等教育法律体系,已经成为当时比较通行的观念,也使得效仿欧美成为这一时期教育立法的另一重要特点。如全国教育会联合会第一届年会议决案《请速设备省区教育厅案》中就提到:"就各国通例而论,德意志联邦之各省,皆有学务局,其下复有学务委员会及学务厅。法国则全国划为若干学区,有学区长,每区复有教育局,美国各省有学务厅,各区复有学务局。"②欧美国家流行的三级教育行政体制,对中国的教育体制影响深远。

可以说,中国近代教育法制是在"引进"的基础上建立起来的,但也有一个逐步消化吸收的过程。民国初期,教育立法较清末而言虽然已取得长足进步,但有关教育立法方面的理论研究仍处于肤浅的效仿阶段,所颁布的教育法令法规,都不同程度地效仿了日本和欧美等国家的教育法。以民初颁布的"壬子癸丑学制"为例,在形式上基本沿袭了清末以来的日本学制,而究其根本原因,就在于当时从欧美国家学成回国并专习教育的人很少,对教育立法的理论研究则更是寥寥无几,因而难以领会欧美学制的立法精神,同时,"教育立法人员的素质低下,专业性不高,也是造成这一局面的主要原因,民国时期,作为专职的教育部门立法人员,几乎是清一色的教师或教育行政人员,缺乏法学界的专家。这最终导致了教育立法的科学性和可操作性较弱"③。

但是,此种引进并非简单地引进外国教育法的条文,而是对世界

---

① 苏刚、张青:《试论民国时期教育立法的特色及其当代启示》,《现代教育科学》2009年第1期,第85页。
② 周南照等:《教师教育改革与教师专业发展》,华东师范大学出版社,2007年版,第187页。
③ 苏刚、张青:《试论民国时期教育立法的特色及其当代启示》,《现代教育科学》2009年第1期,第85页。

先进国家教育改革与教育立法成果的综合吸收,这一点在南京国民政府前期的教育立法中表现得比较明显。西方国家的教育近代化是在渐进的、较为漫长的改革过程中逐渐完成的,许多教育制度是自下而上逐渐形成的,因此,近代西方资本主义国家,尚未形成非常完整和系统的教育立法。南京国民政府的教育立法则体现出比较明显的系统性和完整性,其覆盖了教育的方方面面。之所以取得这样的立法成果,原因正在于南京国民政府能够兼收并蓄,将世界先进国家的教育制度和教育立法内容综合贯通,加以制度化、法律化,从而形成比较完整的教育法规体系。南京国民政府受大陆法系国家以成文法规定教育制度的立法形式的影响,比较注重通过颁布教育成文法规定教育制度,但是其教育立法所确定的教育制度则是根据实际需要,或取法于英美,或起取法于德、法、日,体现出兼收并蓄的特点。例如:当时美国实行的由学士、硕士、博士三级组成的学位制度,是世界上最完善的学位制度,而美国并没有就学位制度进行立法,南京国民政府引进美国的学位制度,出台了《学位授予法》和相关教育命令,从而将学位制度法律化。美国在 20 世纪 20 年代实行中小学校"学制"改革,逐渐在各州推行"六三三"制的初等和中等学制体系。而南京国民政府在 20 世纪 20 年代以来,在中国教育界推行"六三三四"制的经验的基础上,最终将学制体系法定化为"六三三四"制,从而确立了世界上最为先进的"学制"体系。

南京国民政府在教育行政管理方面,主要仿效法国中央集权式的管理模式,如南京国民政府初期施行的大学院和大学区制就是移植法国 19 世纪初建立的教育行政制度。大学区制是法国国民教育系统所特有的教育行政单元,构成了法国中央集权教育行政制度的显著特色。1927 年 6 月,在国民党中央政治会议上,蔡元培等关于试办大学院及大学区的提议得以通过。同年 7 月,国民政府公布《大学院组织法》,就大学院的性质、组成、机构、职能做了具体规定。然而,法国大学区制是建立在政治与学术两种力量都发展相当成熟,且能相互制衡的基础上的。而这样的一种力量匹配关系在当时的中国远未形成,从学术一极的情况来看,法国中世纪大学近百年行会自治的传统,早已培育了学者群体有序自治的能力,而当时正处于成长期的中国学术界还缺乏稳健的自治能力。因此,大学院和大学区制改革的失败,显示了法国教育模式植入过程中深受中国国情制约的一面。虽然大学院被教育部取代,但最终通过立法的形式确立了由中央、省、县三级组成的教育行政管理体系和教育督导体系。南京国民政府于根本大法上确定教育宗旨的做法,主要受到了1919年德国宪法的影响。南京国民政府立法所确定办学体制主要受到大陆法系国家的影响,而大学和中小学制度中的校长负责制、教师聘任制度等则是受到英美等国教育制度的影响。总之,南京国民政府的教育立法表现出综合吸收先进国家教育制度,并使之法律化的特点。

从清末的教育改革开始到南京国民政府最终以立法的方式确定近代化的教育制度,在不到半个世纪的时间里,中国教育走出传统进入近代,教育立法在推动教育转型中的作用是十分明显的。这说明,中国作为一个发展中国家,其教育的近代化不是从传统教育中自然演进的结果,而是通过教育立法的形式,将各国先进的教育经验、教育立法内容加以吸收并积极推行的结果。综合吸收世界先进国家教育改革与教育立法的优秀成果,使之法律化、制度化,对于中国教育的近代化产生了积极推动作用。

二、奠定了中国现代高等教育思想基础

(一)教育独立、大学自治

大学自治,在西方通常又叫学术自治,是指大学应当独立地决定自身的发展目标和计划,并将其付诸实施。也就是说,大学作为社会法人机构,不受政府、教会或其他任何法人机构的控制或干预。这是西方国家一种古老的高等教育办学理念,最早起源于中世纪大学的行会组织。中国的大学自治能够在民国初年得以萌芽,既是由于当时中央政府权威低下,地方自治呼声高涨,南北对峙和军阀混战等社会现实为其提供了必要的空间,更是因为新文化运动和教育独立运动为大学自治提供了必要的思想基础和人力资源。新文化运动所倡导的民主观、科学观为大学自治确立了价值基石,"大学自治又为新文化运动中各种思想观念的交锋和争鸣准备了舞台。蔡元培、胡适等人既是大学自治的倡导者和实践者,也是教育独立的呐喊者与奔走者"①。可以说,中国的大学从一开始就有大学自治的理念,并在实践中一直努力追求大学自治,以维护自己的自主权。

以蔡元培为例,他提出了"教育独立"的思想,在教育经费方面,提出"经费独立",推动《教育经费独立案》的通过并反对大学教科书的国家推荐和编审制;在聘用教员上,置国民政府的政策于一旁,根据自己的传统和学术地位来聘请教员。蔡元培在北京大学开学典礼上发表演说,强调"大学为纯粹研究学问之机关,不可视为养成资格之所,亦不可视为贩卖知识之所。学者当有研究学问之兴趣,尤当养成学问家之人格"②。在聘用教师的问题上,蔡元培明确讲到他初掌北大时的标准是:"对于学说,仿世界各大学通例,循'思想自由'原则,取兼容并包主义。对于教员,以学诣为主。在校讲授,以无背于第一种之主张为界限。"③这就是蔡元培聘任教师的总原则。此外,蔡元培曾规定过,政府官员不得为专任教员,主张以研究高深学术者或专任学者为主要聘任对象,因此,即使官职再大、资历再深,只要不是专职教授学生研究学问的教师,则仅能被聘为兼任教员。在他的努力下,当时的北大汇聚了一批全国一流的学者,"文科方面,由陈独秀任文科学长,下面有李大钊、鲁迅、胡适、钱玄同、刘半农、沈尹默等人;理科方面,由当时知名的物理学家、相对论学者夏元为理科学长,其他教授有:李仲揆(即李四光)、颜任光、任鸿隽、李书华等"④。不仅如此,蔡元培还邀请当时国际上颇有名望的一些学者来北大讲学。

"教育独立"思想的真正确立要到新文化运动以后,最初也仅是

---

① 高天明:《近代我国大学精神透视》,《中国地质大学学报(社会科学版)》2008年第3期,第66页。
② 高平叔:《蔡元培教育论著选》,人民教育出版社,1991年版,第163页。
③ 同上,第190页。
④ 高天明:《名校长与近代中国大学精神》,《深圳大学学报(人文社会科学版)》2003年第6期,第115页。

局限于追求教育经费的独立。北洋军阀执政时期,国内外政治环境日益恶化,军阀政府忙于应付国内战争,完全忽视教育的正常发展需要,引起了教育界的强烈不满与抗议。在教育领域,随着教育救国观念和自由主义等近代文化思潮的流行与传播,教育事业作为社会活动中主体部门的独立性与传统政教合一教育模式下的工具性之间的矛盾日益突出。经过广泛的讨论,知识分子群体普遍认识到,为了维持正常教育活动持续进行,也为了抵制西方教会教育对中国传统文化教育产生过多制约和不良影响,依靠教育进行文化改革无疑是其他一切必要改革的基础和最佳途径。在这种信念的影响下,教育救国思想逐渐达到高潮,并引导其他各种思潮由零散走向整合、由模糊走向清晰,最终形成了以教育经费和教育行政独立为主要诉求的教育独立思想,也成为教育独立运动的精神内涵。1925年,北京女子师范大学因驱逐校长遭到教育总长章士钊的强力镇压,胡适、陶孟和、李四光等十七位教授即联合发表公函,强调学术独立与政教分离的原则,指出"学校为教学的机关,不应该自己滚到政治旋涡里去,尤不应该自己滚到党派政争的旋涡里去",主张"应该早日脱离一般的政潮与学潮,努力向学问的路上走,为国家留一个研究学术的机关"[①]。

1927至1937年间,由于南京国民政府建立后国内环境的相对稳定,及相关教育政策的扶持与引导,高等教育、专业科研机构和学会组织渐次充实,中国学术步入快速发展的黄金时期。同时,国民政府又加强在意识形态领域内的控制力度,极力推行党化教育与学术统制。在上述因素的综合影响下,知识分子群体的主体意识愈发强烈,积极宣扬学术自由、教育经费独立等主张。蔡元培一方面重申学术自由的原则,指出"近代思想自由之公例,既被公认,能完全实现之者,厥惟大学",须使"大学教员所发表之思想,不但不受任何宗教或政党之拘束,亦不受任何著名学者之牵掣"[②]。另一方面又与孙科联

---

① 耿云志、欧阳哲生编:《胡适书信集(上)》,北京大学出版社,1996年版,第362—363页。
② 高平叔编:《蔡元培全集》第5卷,中华书局,1988年版,第507页。

名向政府提交《教育经费独立案》,其中引述"增高教育经费,并保障其独立"的总理遗训,建议实行教育会计独立制度,将"教育经费与军政各费完全划分",以保证"全国教育永无废弛停顿之虞"[①]。

总而言之,以蔡元培等人为代表倡导的教育独立、大学自治等思想在民国教育史上占有重要的地位。尤其是蔡元培等人提出并践行大学区制,对实现教育独立之理想,进行了有益的探索,一定程度上促进了人们认识和观念的改变,对当前教育改革也具有重要的借鉴意义。

(二) 学术自由、兼容并包

学术自由是大学发展的基本原则和最高价值取向。大学必须以学术自由为根基,统领大学的规模、效益、速度、结构、质量等全面协调发展。20世纪初,中国现代大学教育的先驱蔡元培、梅贻琦等积极主张在大学实行学术自由。在1919年6月15日的《不肯再任北大校长的宣言》里,蔡元培提出了中国现代大学的三项原则:第一,大学应当是独立和自主的;第二,大学应具有思想自由和学术自由;第三,大学学术与思想自由需要相应的自由的社会政治环境。蔡元培曾说过办校的最大一个愿望就是学术自由,百家争鸣。[②] 他所提出的"兼容并包、思想自由",明确了学术自由的方针,其不拘一格广揽人才,使得当时北大学术氛围极为浓厚。北大当时所采取的学分制、选课制,清华大学实行的导师制,也都体现了学术自由的思想。应该说,伴随着中国现代大学的建立,国外的学术自由思想也随之在中国大学中得以确立。

蔡元培先生在北大大力倡导思想自由、兼容并包的方针,提倡学术自由、学术民主,形成了良好的学术氛围。在兼容并包原则的指导下,确有真才实学的人才被纷纷延揽到北大来,一时人才云集,学术风气为之一振,呈现出欣欣向荣的繁盛景象。学术自由、兼容并包,

---

① 高平叔编:《蔡元培全集》第5卷,中华书局,1988年版,第507页。
② 高平叔编:《蔡元培全集》第5卷,中华书局,1988年版,第321页。

还包括另一个重要内容:鼓励师生创办各种社团及刊物,实现百花齐放、百家争鸣。20世纪20年代初期,"北大著名的社团就有新闻研究会、哲学研究会、进德会、平民教育讲演团、地质研究会、国民杂志社、新潮社、国故月刊社、孔子研究会、雄辩会、数理学会、阅书报社、书法研究社、画法研究社、技击会和音乐研究会等"①。为发挥教授们的作用,北大成立了各科教授会,讨论决策教法、教科书、专业设置、图书购置和仪器装备等事项,充分显示了蔡元培民主治校的精神。在倡导民主的同时,蔡元培高举科学旗帜,也极大地促进了北大的学术管理。提倡学生成立各类研究会,探讨物理、化学等科学问题;邀请留学回国的科学家到校任教;对外国专家,礼聘周到,邀请杜威、班东卫到北大讲学等,这些举措浓厚了北大学术空气,培养和造就了一大批具有科学精神的学术人才。重民主、重科学,蔡元培为北大准备了一大批人才。正是这些懂学术的人来管理大学,蔡元培实行教授治校的方略,方才获得成功。

对于宗教势力侵入学校教育,自由派知识分子持坚决拒斥的态度,这在教会学校颇有势力的情况下具有特别意义。人们常说蔡元培办学是"无所不包",可是有一例外,他对宗教决不"兼容",带有宗教色彩的团体在他主持的学校或机关,难有立足之地。根本的一点在于他认为宗教妨碍信仰自由。蔡元培肯定自孔子以来"无宗教迷信"的儒家传统,同时对各类宗教痛加诋斥:"现今各种宗教,都是拘泥着陈腐主义,用诡诞的仪式、夸张的宣传引起知识盲从的信仰,来维持传教人的生活。这完全是用外力侵入个人的精神界,可算是侵犯人权的"。鉴于教会学校强迫学生信教的做法,他主张"宗教宜俟成年人自由选择,始合于信仰自由主义,不宜于幼年时代"。② 蔡元培不仅拒斥西方宗教,也反对将本国文化宗教化的倾向,他反对神化孔子,先后取消了"尊孔读经"和春秋祀孔等仪式。胡适也不例外,他在

---

① 高天明:《学术自由与近代中国大学精神》,《中国地质大学学报(社会科学版)》2007年第1期,第12页。
② 蔡元培:《非宗教运动》,载《蔡元培全集》,中华书局,1984年版,第179页。

燕京大学曾直言不讳地讲道:"学校是发展人才的地方,不是为一宗一派收徒弟的地方……在今日民族主义和理性主义的潮流之中,以传教为目的的学校更不容易站得住。"①因此他提出教会学校必须有所更张:禁止向小学生传教,废止校内强迫性宗教仪式,尝试以宗教史、比较宗教取代神学课程……这些均反映出当年自由知识分子力图使学校摆脱宗教影响的种种努力。

学术自由在中国近代大学发展进程中,逐渐成为当时各个大学校长们所普遍认可并躬行的基本原则。比如,梅贻琦视学术自由为其办学原则,常引宋人胡瑗的话以自警:"艮言思不出其位,正以戒在位者也。若夫学者,则无所不思,无所不言,以其无责可以行其志也。若云思不出其位,则自弃于浅陋之学也。"②在梅贻琦民主自由的治校原则下,清华园里始终会聚着各种流派:共产主义有之,如张申府;三民主义有之,如姚从吾;国家主义有之,如闻一多。而教授治校更充分体现了梅校长的大师论,给予教授以中心地位,使得学术自由得到充分保证。吴有训则是学术独立的积极倡导者,他认为"所谓学术独立,简言之可说是对某门学科,不但能造就一般需要的专门学生,且能对该领域之一部分或数部分成就有意义的研究,结果为国际同行所公认,那么该一学科可以能为独立"③。

民国时期学术自由、兼容并包思想的形成,对于我国的高等教育制度的发展以及高等教育思想的塑造有着深刻的意义,同时,"它对于知识分子整体人格的健康生成,以及最大限度地发挥其潜能以带动社会发展,有着至为重要的思想价值"④。

---

① 胡适:《今日教会教育的难关》,载《胡适文存》,黄山书社,1996年版,第579—580页。
② 王建华:《中国高等教育理念近代化初探》,《青岛化工学院学报》2001年第1期,第19页。
③ 吴有训:《学术独立与留学考试》,《独立评论》1935年第5期,第34页。
④ 张晓唯:《民国时期的"教育独立"思潮评析》,《高等教育研究》2001年第5期,第94页。

第五章
南京国民政府时期高等教育立法的现代性反省

第一节 注重通才教育、培养学生的全面自由发展

一、通才教育培养模式的沿革与发展

国民政府初期,通才教育的思想在高等教育政策中隐约显现。当时人们对于大学教育的任务并无一致的意见,还在激烈的争论之中。有的主张采取美制,以大学为造就社会人才为目的,认为大学课程应注意培养丰富的常识,科目多而博。有的主张采用欧制,以大学为养成学术专家的学府,认为大学课程科目应多重专门。在大学各学院共同科目表制定颁布以前,大学教育理想是复杂和混乱的,具体表现在大学课程的繁复凌乱,缺乏体系;各大学设置课程漫无标准,不但各校各自为政,一校之中各院系也缺少联系。

鉴于大学课程的混乱,教育部欲编订大学的课程标准。1930年教育部成立了"大学课程及设备标准起草委员会",委员会的一个重要工作是先征集国外各著名大学课程一览,并调集国立省立及已立案私立大学课程说明书,分别延聘专家依据国内外大学课程,草拟各项课程标准。1932年,时任教育部长的朱家骅在《九个月来教育部

整理全国教育之说明》中指出:"大学为研究学术之所,其所研究之学科,必由基本而专门,作有系统之研究。倘轻重倒置,先后失序,轻于基本而重于专门,先于专门而后于基本,则学生已乱其门径,研究学术,安得有济……今日大学设置课程,其次序轻重先后之际,必须尊重学术体系,使学生习于自力研究。专深之学,可任学生毕业后继续求成。"①可以看出当时政府的大学教育政策是强调基本的、宽广的学识,注重通才的培养。

除朱家骅外,当时还有不少通才教育者都主张大学要培养全面发展的社会领袖型人才。如中央大学校长罗家伦说:"现在大学教育的缺陷就是太注重学生的专门知识,而太忽略其整个人生的修养。所以,大学往往只能造就专才而不能造就通才。往往只能造就一技之长的有用人才,而不能造就通达事理、气度雍容的领袖人才。"②曾任浙江大学校长的竺可桢也认为,"大学教育的目标,决不仅是造就多少专家,如工程师、医生之类",而主要是培养"公忠坚毅、能担任大任、主持风气、转移国运的领导人才"③。

1938年,在教育部根据《战时各级教育实施纲要》而制定的"教育实施方案"中规定:"大学教育,应为研究高深学术、培养能治学、治事、治人、创业之通才与专才的教育。"④在政府的政策文本中已经明确提出了通才教育,虽然提法是"通才与专才",但通才教育的思想已经很明显地被政府政策所吸纳。

1938年9月9日,教育部召开了第一次大学课程会议,通过了《文理法三学院各系整理办法草案》,规定了课程整理的三条原则和九点要项,在这些"原则"和"要项"中通才教育的思想已尽显无遗。三条整理原则为"规定统一标准,注重基本训练,注重精要科目"。整理办法草案对第二条原则"注重基本训练"是这样解释的:"先注意于

---

① 《第一次中国教育年鉴(甲编)》,开明书局,1934年版,第7—8页。
② 周川、黄旭:《百年之功》,福建教育出版社,1994年版,第313页。
③ 竺可桢:《竺可桢文集》,科学出版社,1979年版,第229页。
④ 《第二次中国教育年鉴》(第一编),商务印书馆,1948年版,第9页。

学术广博基础的培养,文理法各科基本科目为共同必修,然后专精一科,以求合于由博返约之道,使学生不因专门的研究而有偏固之弊。"①这条原则也是对当时一些大学的本科教育过分注重专门的纠偏。在整理要项中更是将通才教育思想具体化。整理要项的第二项要求是:"大学第一学年,注重基本科目,不分学系。第二学年起分系,第三、四学年按各院系的性质酌设实用科目,以为出校后就业的准备。"②清华大学等一些大学的一年级不分学系的做法上升为一种全国性的政策。整理要项第三项要求是:"国文、外国文为基本工具科目。在第一学年终了时,应举行严格考试。国文须能阅读古文书籍与作通顺文章。外国文须能阅读各学院所习学科外国文参考书,才算及格。否则,仍须继续学习,直到达到上述标准才能毕业。"

1938年第一次课程会议会后,教育部公布了《文理法三学院共同科目表》《农工商学院共同必修科目表》,体现通才教育思想的《大学各学院共同必修科目表》在当时中国大学开始实施。从各学院共同必修科目表中,可以看出当时的大学本科教育注重三种训练:一是工具科目的训练,如国文、外国文;二是文化训练,如史地和社会科学科目,尤其是文化史等类科目;三是科学训练,如数理化博物地质等科目。如当时文学院共同必修科目是:三民主义、伦理学、国文、外国文、中国通史、世界通史、哲学概论、理则学。

如果说,此前通才教育的思想在大学本科教育中处于隐约状态的话,1938年以后,通才教育思想已经无可置疑地占据了主导的地位。1944年8月,教育部举行第二次大学课程会议,修订了《大学文、理、法、师范四学院共同必修科目表》。1945年,教育部又制定了五项调整大学课程的原则:注重主要科目、科目集中、学分酌减、凡属不十分必要之科目均列为选修、选修科目亦不必太多。在对大学课程不断的整理和调整中,通才教育思想一直是基调。

---

① 《第二次中国教育年鉴》(第五编),商务印书馆,1948年版,第7页。
② 同上。

二、高等教育应注重学生的全面培养

通才教育是根据英文"general education"翻译而来的,也有人译成"通识教育"。通才教育的理念可以追溯到古希腊亚里士多德的"自由教育"。通才教育是指"把学生培养成具有一定的自然科学、社会科学和人文科学的基础理论、基本知识和技能,个性得到全面发展的一种人才培养模式。通才教育的核心是强调人的均衡发展,为以后的发展奠定坚实的基础"[①]。通才教育思想古来有之,我国古代商周时期的"六艺",就是一种比较典型的通才教育。古有儒家所倡导的"博学鸿儒"式君子之教,近代又有梁启超等思想家所提倡的"中西贯通"、"智、仁、勇"并存的通才教育,总之,通才教育首先关注的是"人"的培养,其次才是将学生作为职业人来培养。现今社会,科学技术的迅猛发展,更有利于基础扎实、知识面广的人才发挥其特长和优势。通才教育中的学生基础知识广博、视野开阔,这不仅有利于他们个人智力的开发、人格的完善和创造力的发挥,而且在实际工作中更有继续发展的空间,更适合于在瞬息变、迅猛发展中的社会生存[②]。

专才教育一般是指以培养具有某一学科的基本理论、知识和技能并能够从事某种职业或进行某个领域研究的人才为基本目标的教育模式。专才教育的重点不在于学生的能力和素质的全面发展,而是更注重学生的实践技能以及是否能够胜任行业的实际需要。专才教育的人才培养模式注重应用,重点在于对学生实际工作能力的培养。正是这种人才培养模式在新中国建国初期以及计划经济阶段这个特定的历史时期发挥了重要的作用,培养了大批的人才。然而专才教育也有其弊端,其培养出来的学生基础弱、底子薄、知识面窄、技能单一。另外,他们虽然"能够在所学习的范围内有效地工作,但缺乏灵活地调整职业前途和继续发展的潜力,相应地,个性的发展往往

---

① 陈旭、刘志杰:《通才教育与专才教育关系辨析》,《内蒙古师范大学学报(教育科学版)》2010年第5期,第13页。

② 同上。

也不太和谐和全面"①。

教育的根本目的是育人,使人成为人,而其终极目标是使人全面自由和谐地发展。"以人为本"是通识教育与专业教育的共同价值取向,以人为出发点和归宿使得两种教育的结合有了共同的前提和基础。通识教育强调教学生"做人",而专业教育强调让学生能"做事"。通识教育以培养全面发展的人为目的,具有基础性、广博性的特点,应该贯穿整个大学教育的全过程。"我们的专业人员所获得的自由教育决不能只是他们接受技术训练之前的教育,而必须与技术训练同时进行。"②专业教育是以学生未来的职业发展为目标,然而现在知识和技术的发展、更新的速度非常快,专业教育并非一劳永逸,为了学生以后就业以及变换工作做准备,就应该坚持通识教育的重要作用,并贯穿大学教育的始终。

通才教育和专才教育不仅是两种教育思想,在长期的发展中也定型了两种教育模式。一般来说,人们认为美国发展了一种较为成熟的通才教育模式,而苏联和我国在过去则发展了一种专才教育模式,它们在教育宗旨、教育目的、教育内容、教育重心以及管理和评价方式上有很大的不同,并以不同的课程结构体现出来。有学者提出了一个较详细的特点对照,认为美国的通才教育"优先考虑人的发展,重视人的协调发展和能力培养;注意理工结合,文理渗透,人文社会科学和自然科学并重,旨在培养全面发展的人才;重视综合性大学和学校的综合性,以及多样化的管理体制;以基础为主,知识面较宽,强调适应性;社会中心,经验中心,重视科研和实践学习;实行学分制,采取自由灵活的学习制度"。而专才教育则"优先考虑社会发展和集体主义;重视人的智力发展和传授知识;注重自然科学,重理轻文;旨在培养高度熟练的专家;以专门性学院为主,由各工业部门主管;以专门教育为主,专业面窄,强调适用性课程中心,学科中心,重

---

① 杨东平:《通才教育论》,辽宁教育出版社,1989年版,第8页。
② 陈旭、刘志杰:《通才教育与专才教育关系辨析》,《内蒙古师范大学学报(教育科学版)》,2010年第5期,第13页。

视教学,通过课堂教学学习;实行学分制,重严格统一的教学管理"[①]。

从教育学自身的规律性来说,通才教育和专才教育的理论根基,即普通教育和专业教育两者是不可割裂的。一般来说,普通教育是专业教育的基础,专业教育是普通教育的发展和深化。没有专业教育的普通教育只会培养缺乏专精特长的庸才,而没有普通教育的专业教育只会培养缺乏创造性和适应性的"工匠"。如何有机结合普通教育和专业教育,一直是教育专家和广大教育工作者苦苦探索的一个重要课题。

从科学技术的发展来说,既有分化,又有综合,而且在不同的历史时期内,又有不同的侧重。为此,我们首先必须确立这样一个观念:科技发展是分化与综合的统一,而且在不同的社会生产部门中分化与综合的程度也不尽一致,这就决定了为了适应科技发展的需要,通才与专才的培养都是不可或缺的。又由于不同时代科技发展的重心不一,通才与专才的知识比例构成也是不同的。在当代,生产力不断进步,科技发展突飞猛进,人才培养的综合性问题就日益紧迫地提到社会日程上来。这种人才必须是适应当代自然科学和社会科学的综合发展,具有高度知识水平的全面发展的人,只有这样,才可能进一步去掌握更高级、更尖端的专业知识和专门技能,才可能在科技的某一个领域有新的突破和开拓。总之,通才教育与专才教育是具有内在统一性的,在教育实践中必须将两者有机结合起来,才能创立完整的教育体系,培养适应社会发展的人才。

第二节 建立知识集权、形成教授治校的管理模式

一、教授学术权力与行政权力的实现

"教授治校"是一种源自于西方的大学内部管理模式,其意指"通

[①] 陈东升、李璐璐:《通才、专才教育的论争与发展趋向》,《教育研究与实验》1996年第1期,第20页。

过大学宪章或规程以及一定的组织形式,由教授执掌大学内部的全部或主要事务,尤其是学术事务的决策权,并对外维护学校的自主与自治"①。中国的大学教育在向西方学习的过程中,移植、借鉴了教授治校制度。它得以被发扬光大并能够长期延续和维持,是有其特定的历史情境和内在原因的。

1912年7月10日,全国临时教育会议在北京开幕,审议并通过了蔡元培亲自起草的《大学令》。其中规定:"大学设评议会,以各科学长及各教授互选若干人为会员,大学校长可随时齐集评议会,自为议长。"评议会审议的事项包括:"一、各学科之设置及废比。二、讲座之种类。三、大学内部规则。四、审查大学院生成绩及请授学位者之合格与否。五、教育总长及大学校长咨询事件。"并且还规定:"大学各科各设教授会,以教授为会员;学长可随时召集教授会自为议长。"教授会审议的事项包括:"一、学科课程;二、学生实验事项;三、审查大学院生属于该科之成绩;四、审查提出论文请授学位者之合格与否;五、教育总长、大学校长咨询事件。"②据第一次教育年鉴编者语,"大学令并规定大学全校设评议会,各科设教授会,为教授治校制度之始",可见《大学令》中"全校的评议会和各科的教授会的设置,这是现代所谓'教授治校'制度的起源"③。

南京国民政府成立后,于1929年7月26日颁布了《大学组织法》。其中规定:"大学设校务会议,以全体教授、副教授所选出之代表若干人,及校长、各学院院长、各学系主任组织之,校长为主席。前项会议,校长得延聘专家列席,但其人数不得超过全体人数五分之一。"校务会议审议的事项包括:"一、大学预算;二、大学学院学系之设立及废止;三、大学课程;四、大学内部各种规则;五、关于学生实验

---

① 张君辉:《论教授委员会制度的本质——"教授治学"》,《东北师大学报(哲学社会科学版)》2006年第5期,第150页。
② 《大学令》,载《教育法令选(第一册)》,上海商务印书馆,1925年版,第63页。
③ 何炳松:《三十五年来中国之大学教育》,载《最近三十五年之中国教育》,商务印书馆,1931年版,第97页。

事项；六、关于学生训育事项；七、校长交议事项。"而院务会议仅以院长、系主任及事务主任组织之。院长为主席，计划本院学术设备事项，审议本院一切进行事宜。在其人员构成中没有教授，这与《大学令》不同。不过其规定："各学系设系教务会议，以系主任及本系教授、副教授、讲师组织之。系主任为主席，计划本系学术设备事项。"①

1948年1月12日国民政府公布了《大学法》，其规定："大学设校务会议，以校长、教务长、训导长、总务长、各学院院长、各学系主任及教授代表组织之，校长为主席。教授代表之人数，不得超过前项其他人员之一倍，而不得少于前项其他人员之总数。"校务会议审议的事项包括："一、预算；二、学院学系研究所及附设机构之设立变更与废止；三、教务训导及总务上之重要事项；四、大学内部各种主要章则；五、校长交议及其他主要事项。"与《大学组织法》不同的是，其又恢复了教授、副教授在学院事务决策中的权力。它规定："大学各学院设院务会议，以院长及各学系主任及本院教授、副教授代表组织之，院长为主席，讨论本院学术设备及其他有关院务事项。各学系设系务会议，以系主任及本系教授、副教授、讲师组织之，系主任为主席，讨论本系教学研究及其他有关系务事项。"②

清华大学是教授治校的典范，也是民国时期将"教授治校"原则贯彻的最好且持续时间最久的高校。自1925年清华改办大学后，一些留美归国的年轻教授不满校长专权，提出"教授治校"的主张，迫使当时的清华校长曹云祥接受。1926年4月15日，《清华学校组织大纲》在清华教职员大会上获得通过，该大纲规定："学校成立'评议会'和'教授会'，两会相互牵制，'评议会'是学校最高权力机构。具体规定如下：本校设评议会，以校长、教务长及教授会互选之评议员七人组成之，校长为当然主席。评议会的职权是：规定全校教育方针；议决各学系之设立、废止及变更；议决校内各机关之设立、废止及变更；

---

① 中国第二历史档案馆编：《中华民国史档案资料汇编（第五辑第一编·教育）》，江苏古籍出版社，1994年版，第172－173页。

② 《第二次中国教育年鉴》，商务印书馆，1948年版，第493页。

制定校内各种规则"①。评议会把持着学校的行政、财政和人事大权,是学校的最高权力机关。清华学校还设置了教授会,以全体教授及行政部各主任组织之,由校长为主席,教务长为副主席。教授会之职权如下:"一、选举评议员及教务长;二、审定全校课程;三、议决向评议会建议事件;四、议决其他教务上的公共事项。"②这个大纲为日后清华大学教授治校确立了法律依据。

1931年12月,梅贻琦就任清华大学校长,他对原有的评议会和教授会的职权范围进行了科学的划分。教授会以全体教授及行政部门各主任组织之,以校长为主席,教务长为副主席,职权为:审议改进教学及研究事业以及学风的方案;学生成绩的审校和学位的授予;建议有关评议会的事项及由校长或评议会交议的事项;互选评议员,从教授中推选各院院长、系主任等。评议会由校长、教务长、秘书长、各院院长及教授互选之评议员组成。职权为:重要规章制度的制定、审议预决算;议决学院、学系和行政机构的设立与废止;议决校长和教授会议的事项等。评议会虽然是学校中的最高立法机关和权力机关,但也要受到教授会的制衡,如有关学校教育方针、预算决算等在决议前,应先征求教授会的意见,若其决议经三分之二否认时,就应交付评议会复议。

上述法规的制定以及高校的实际操作,有效地破除了校长等行政人员垄断专制之弊,使教授通过自己的代表人(评议会)成为校政的主体,校长只不过是代表教授的意志并依靠由教授组成的校政会议及各种委员会和职能机构行使全面负责之权力,即教授们获得了大学事务的决策权。这些法规制度确立了近代大学教授治校制度。

二、建立起教授治校的民主办学机制

作为一种经典的大学管理模式,教授治校发源于欧洲中世纪。中世纪巴黎大学的管理就是参照当时社会盛行的行会模式,让大学

---

① 吴锦旗:《民国时期大学中教授治校的制度化分析——从北京大学到清华大学的历史考察》,《山西师大学报(社会科学版)》2011年第1期,第129页。
② 吴惠龄:《北京高等教育史料》,北京师范学院出版社,1992年版,第40页。

教师民主地担当学校各类事务的决策主体,同时肩负着执行与监督的大任,首开了教授治校的先河。巴黎大学也因此被称为"教师型大学"。19世纪,洪堡等人做出突出贡献的柏林大学成立。为保障大学学者能够遵循理性的逻辑和享受自由的氛围,从而更有效地从事科研、教学等学术活动,德国大学不仅设置了讲座制,赋予高级教授近乎所有的管理基层学术组织的权限,同时在学校层面建立了由正教授代表组成的评议会等机构全权决策大学层面的事务,这些举措把教授治校的理念发挥到了极致,也由此成就了德国大学的辉煌。美国大学尽管在一开始形成的是校外人士组成的董事会治校的机制,但随着学术职业的发展和大学教师在办学过程中的重要性的凸显,一度专权的董事会顺应时势的发展,不仅把学术事务的处置权交还给教师,而且逐步构建了在更大范围内让教师参与学校管理的机制。到二十世纪六七十年代,大部分美国大学,其教师都比较牢固地掌控了参与大学管理的权限,特别是多数一流大学的教师获得了与校长同等重要的权力。综观欧美大学的管理模式,教授治校的内涵可从两个视角来理解:"传统意义上的教授治校指的是正教授完全掌管大学的机制;而现代意义上的教授治校则可理解为大学教师群体作为最核心的力量参与大学事务的决策和管理,发挥实质性的影响作用。它是一种大学管理理念,同时通过一定的制度安排予以体现。"①

当前我国大学内部治理结构的基本特征可归纳为三个方面:第一,实施党委领导下的校长负责制;第二,学术委员会审议有关学术事务;第三,全体教师(通过教职工代表大会的形式)负责民主监督。应当说,这一权力配置模式在形式上是比较明晰的,但实际运作起来却存在很多问题。其中一个重要问题就是学术委员会和教职工代表大会的权力配置往往落不到实处。尽管法律上确认了这两个机构参

---

① 彭阳红:《"教授治校"与"教授治学"之辨——论中国大学内部治理结构变革的路径选择》,《清华大学教育研究》2012年第6期,第107页。

与大学管理的合法性,但由于它们具体如何运作,其管理权限和管理地位该如何保障等问题都没有得到有效的解决,从而导致作为大学最核心的利益相关者的教师群体在学校管理中很大程度上没有获得实质性的权力。

事实上,我国大学基本上是在沿袭着行政化、科层化的管理模式,管理大学的权力主要集中在以党委书记和校长为首的行政人员的手中。应当说,在大学系科、专业不断增多,规模不断扩大,以及与外界联系日益频繁的背景下,行政权力和行政管理在现代大学管理中有一定的合理性。通过发挥行政权力的作用,现代大学可以更加有效地实现关系协调与资源配置,为学术活动的顺利开展保驾护航。然而,高校的行政管理是由学术活动派生出来的,其存在的终极目的是为学术活动服务,合理的行政权力和行政管理非常必要,但要把握一个度,越过了这个度,便易造成行政权力的泛滥,就会导致对学术的戕害。很长时间以来,我国高校的权力配置恰恰没有把握好这个度,致使学校各项事务的管理和决策权实际上把持在行政权力手中,广大教师缺乏实质性的话语权,即便是依法成立的用来处置特定学术事务的一些专门机构,也只是在非常有限的程度上发挥作用。

上述问题的存在给我国大学带来了比较严重的负面影响。首先是造成了学术逻辑在办学中受阻,妨碍学术的良性发展。大学本质上属于学术组织,其管理和运行最应该遵循学术逻辑。学术逻辑非常强调学术的自由,而行政逻辑强调的则是命令和服从,显然,两者的运行机制全然不同,而且互不相容,如果行政权力被置于近乎垄断的地位,必将导致大学的行政化,学术逻辑就得不到彰显,大学的学术生产能力就会受到严重的影响。其次是导致了教师的权利与利益诉求难以实现。教师是能够为大学提供战略资源的利益主体,对于大学的生存和发展具有特殊的影响力,在理性的博弈格局下,教师的权利和利益应该得到充分的体现和维护,否则就可能动摇大学可持续发展的基础。但从我国当前的现实看,受行政化影响,本应该在制度层面成为大学教师行使权利、表达利益的组织机构(学术委员会、教职工代表大会以及近年来一些高校正在尝试的教授委员会）事实上都没能发挥实质性的功能，也就是说，教师群体的权利诉求与利益表达机制并未真正建立起来。再次，是行政权力的泛化给权力寻租和权力腐败洞开了方便之门。校园里不断出现的行政领导凭借手中权力安然地在自己没有出过一分力的学术成果中分得一杯羹或者攫取其他利益的乱象，就是权力寻租和权力腐败的最好例证[①]。

可以看出，当前我国大学管理中最严重的问题是整体上权力配置失衡，行政权力一支独大，学术权力缺乏实质性的话语权。要改变这一状况，关键是要改变传统的权力模式，重新构建以学术权力为主导的大学权力架构与组织机制。教授治校的管理机制正好可以为这些问题的解决提供有效的借鉴与支持。从西方大学以及20世纪上半叶我国大学的管理实践来看，其广泛实施的教授治校机制就是通过教师民主参与学校管理的方式，使教师群体在学校整体事务管理过程中拥有较强的话语权和影响力，这既有效地实现了权力制衡，反映了大学教师的权利诉求，保护了教师利益，也保障了大学的管理和决策不会偏离其作为学术组织的基本轨道，促进了办学水平的提升。这一机制所展示出来的独特功效正是当前中国大学管理中迫切需要解决的关键问题[②]。

充分借鉴教授治校的理念，切实恢复学术权力在学校管理中的地位和作用，已经成为解决当前中国大学内部治理危机的必然选择。要实现这一目标，具体可从以下几个方面入手：

第一，从法律上进一步明晰教师在学校决策及民主监督中的权威地位，以及教师在学校决策和民主监督中的作用机制。可通过修改完善《高等教育法》等相关法律法规，重新定位学术管理和决策机构的功能，进一步确立其权威地位，对其人员组成、决策内容、独立运行机制等都做出明确的规定；同时，要特别强调让教师代表机构真正

---

① 彭阳红：《"教授治校"与"教授治学"之辨——论中国大学内部治理结构变革的路径选择》，《清华大学教育研究》2012年第6期，第107页。

② 同上。

成为制衡、监督行政权力的力量,对教职工代表大会的决策和监督职能、人员的民主推选方式、独立运行方式、决策内容等也都要充分明晰。

第二,进一步落实大学的办学自主权。教授治校就是要让大学的学术力量在学校事务的管理和决策中享有充分的话语权。很明显,这种话语权的实现需要一个基本前提,那就是大学本身必须拥有办学自主权,即在宏观上拥有独立的身份地位,在微观上成为一个相对独立的教学和科研的共同体。如果大学组织本身还不能享有这种身份,那它不可能进行权力分配。

第三,构建行之有效的组织与运行机制。要协调好高校党委、行政与学术的关系,党委系统先要摆正位置,主要行使政治领导与监督职能,而不是过多介入具体事务的处置;然后是要缩减行政权力的行动范围,把学术事务的决策权分离出来,归还给学术权力,同时要充分吸纳教师群体参与学校重大事务的决策与管理,并发挥实质性的影响力,以形成有效制衡与监督的管理机制。

第三节 以育人为本位、同时兼顾学术与科研工作

一、人才培养是高校办学的中心任务

南京国民政府多次提出了高等教育人才培养的目标。从国民政府的规定中不难看出,高等教育是以培养专门人才和培养技术人才为主要目标。在1929年4月国民党第三次全国代表大会通过的《中华民国教育宗旨及其实施方针》中,其实施方针的第四点明确规定:"大学及专门教育,必须注重实用科学,充实学科内容,养成专门知识技能,并切实陶融为国家社会服务之健全品格。"1929年7月南京国民政府公布《大学组织法》,同年8月教育部颁布的《大学规程》中也规定:大学"以研究高深学术,养成专门人材为目标"。1938年《各级教育实施方案》中规定:"大学教育,应为研究高深学术培养能治学治

事治人创业之通才与专才之教育,其农工商医等专门学院,应施行高深专门技术教育,养成高级技术人才。以国家物质建设之需要,为施教之对象。其文理法教育学院,应注重各项基本学问之广博研究,再由博返约,养成治学治事治人之技能。应以国家文化建设、经济建设、社会建设之需要,为施教之对象。"①

由此可见,南京国民政府时期的高等教育宗旨以人才培养为最终目标,其他如学术研究、社会服务等职能,都是围绕人才培养而设立的。这恰恰也反映了民国时期建设大学的基本任务和根本目标。

二、科研工作应与教学活动相辅相成

1810年,德国新任教育部长洪堡创办了新型大学——柏林大学,首次实现了教学与科研的有效结合,塑造了教学与科研相结合的现代大学模式。这一新型模式的确立,为大学设置独立的研究机构提供了理论上的支持。蔡元培留学德国期间,亲历了德国大学研究所的学习生活。他通过分析研究世界各国著名大学将教学和科研相结合而成为世界科技教育中心的事实,注意到高等教育不但要通过教学达到传授知识的目的,而且还要使学生了解并积极开展科学研究,通过研究进行教育。他认识到研究机构对于学术发展的重要意义,希望把一个西方式的研究机构移植到中国的大学中去。因此,在民国元年他出任教育总长时制定《大学令》和《大学规程》,开始对大学研究院所制度进行了设计。

对于大学的研究院所,1922年蔡元培介绍说:"德、法等国的大学,杂然于分班讲授的形式也颇注重;但每科学问,必有一种研究所。有许多教员,是终身在所研究的。学生程度稍高了,也没有不进所研究的……今之大学,悉有各种研究所(Institute)以资教员、毕业生与高材生之研究。"②1925年,蔡元培又介绍说:"外国大学,每一科学,

---

① 宋恩荣、章咸:《中华民国教育法规选编(1912—1949)》,江苏教育出版社,1990年版,第68页。
② 蔡元培:《湖南自修大学介绍与说明》,高平叔编:《蔡元培全集》第四卷,中华书局,1984年版,第246-247页。

必有一研究所；研究所里面，有实验的仪器，参考的图书，陈列的标本，指导的范围，练习的课程，发行的杂志。"[1]可见，蔡元培倾向于在我国现代大学中创建供师生研习学问的研究所。

除了培养学生，研究院所也应兼具科研职能。1922年3月30日，上海《时事新报》上刊登了朱光潜撰写的《怎样改造学术界》一文。朱光潜在文中提出了若干改造学术环境、培养学术领袖人才的建议，其中有一条补救办法就是建议在大学中设立研究院。他说："无论是回国的留学生和本国大学毕业生，或是教授，在任事时期不做研究事业，就算根底很深，也会没有进步，就连已有的也不免荒落。许多人初登台倒也很轰轰烈烈的，不过几年，就无声无息地变成'学术界之落伍者'了！大概都因为太自满或者太懒怠。求学问是终生的事业，哪有终局的时候？希望将来各大学都设有研究院，还希望个个学者都川流不息的做研究事业。"[2]在朱光潜看来，应当在中国境内普遍设立研究所，好让学者在国内能得一研究之场所。

1917年底，北京大学率先成立了文、理、法三科共9门研究所，开创了我国大学设立研究所的先河。1922年，北京大学改组各门研究所，并成立了研究所国学门。在其示范下，清华大学、厦门大学、交通大学、中山大学等校也纷纷设立了研究院所。至1934年《大学研究院暂行组织规程》颁布前，已设立研究院所的大学达十余所。1934年，教育部为进一步规范大学研究院所，制定公布了《大学研究院暂行组织规程》，对于大学研究院的院长、教授、学生、肄业年限等事项，均有详细规定。至此，各高校成立研究院所开始有了正式的法律依据。1935年，国民政府又公布了《学位授予法》。其中规定："曾在公立或已立案私立大学或独立学院之研究院或研究所，继续研究2年

---

[1] 蔡元培：《北京大学国学研究所一览序》，蔡元培研究会编：《蔡元培全集》第五卷，浙江教育出版社，1997年版，第341页。
[2] 朱光潜：《怎样改造学术界》，载《时事新报》1922年3月30日，转引自陈元：《民国时期我国大学研究院所创设的动因述论》，《高教探索》2012年第4期，第107页。

以上,经该院所考核成绩合格者,得由该院所提出为硕士学位候选人。"①由此,大学研究院所成为兼有研究生培养与科研工作两种职能的机构,而设立研究院的初衷,实际上是为本科毕业学生提供一个继续深造的研究生培养机构,教授在研究院的学术研究,也同样是围绕人才培养这一核心任务而开展的。

三、建立现代化的教研结合培养机制

根据现代高等教育理论,高校主要担负四大基本职能,包括:人才培养、科学研究、社会服务和文化传播,其中人才培养是高等学校最基本的职能。高等学校在人才培养过程中,尤其要正确处理好教学工作与科研工作的关系,主要包括以下三点:

(一)教学工作是高等教育的中心工作

高等教育的主要任务是培养社会需要的合格人才。高等学校是人才培养的重要场所,是人才培养的重要基地,高等学校的建设和发展对高素质合格人才的培养起着非常重要的作用。在高等学校的四大基本职能中,人才培养是其最基本的职能,也是最重要的职能。高等学校的教师是人才培养的工程师,是知识和技能的传授者、传播者和指导者,肩负着"传道、授业、解惑"的使命,并具有教育、培养、塑造学生的责任,在合格人才培养中处于中心地位,起着主导作用。教师对合格人才的培养是通过教育教学活动完成的,教学过程无疑在人才培养过程中处于中心地位。在高等教育中,教学工作的中心地位主要体现在:教学工作是一切工作的中心,是第一位的,是其他一切工作所不能替代的,教师在工作实践中,当教学与科研之间发生矛盾时,应该明确教学是重点,是中心,是第一位的;同时,高等学校的科研工作应当服从于教学工作,教师的一切科研工作都必须围绕教学工作进行,科学研究的目标、科学研究的过程、科学研究的成果等都最终使教学获益,促进教育教学质量的提高。因此,对高等学校教师来说,教学工作和科研工作都非常重要,教师的教育教学水平和教学

---

① 《第二次中国教育年鉴》,商务印书馆,1948年版,第535页。

质量是衡量教师工作好坏的重要指标,教学水平是衡量高等学校教师水平的唯一标准①。

(二)科研工作是高等教育的重点工作

我们强调教学工作的中心地位,并不是意味着科学研究工作不重要,相反,在高等学校的四大基本职能中,科学研究对培养社会需要的合格人才非常重要。在高等学校人才培养过程中,不但要进一步强化教学工作的中心地位,而且要强调科学研究的重要性。对高等学校的教师而言,科研工作与教学工作同等重要。教师必须非常重视科研工作,只有将自己的科研工作搞好,教学工作才能搞上去,教学水平和质量才能全面提高,教学效果才能好,才能培养出高质量的合格人才。教师在日常的工作实践中,在处理科研与教学之间的关系时,必须清楚地认识到,只有教学而没有科研的教师是不合格的教师,其教学水平不会太高,是培养不出高素质的、具有开拓精神和创新能力的合格人才的。科研工作能够促进教师的教学工作,促进教师教学水平的全面提高,提高教师教学的效果,在人才培养过程中非常重要。首先,科研工作搞得好的教师,掌握了自己研究领域的国际前沿和最新知识,掌握了现代科技发展的前沿技术和动态,思想意识和观念都非常超前,能够将这些国际前沿的新知识、新技术及时应用到自己的教学实践中去,教学过程就会变得生动、有趣、有效,能够更好地开阔学生的视野,启迪学生的思维,培养学生的学习兴趣,激发学生的想象力和创造力,甚至影响学生未来一生的成长和发展。其次,通过科学研究的熏陶和训练,能够不断增强高等学校教师的专业素质,提高其科学思考、提出问题、观察事物、分析问题、解决问题、组织管理等各方面的能力,训练其细心认真、科学严谨、实事求是的工作作风,从而使其教学水平和能力不断提高,促进其教学工作,因此,教学水平高的教师一定具备一流的科学研究素养。再次,教师经

---

① 张宝芹:《高等教育中教学与科研的关系问题探讨》,《兰州交通大学学报》2012年第5期,第122-123页。

历一定的科学研究实践和锻炼,就会形成科学严谨的工作作风,养成规范系统的工作程序,培养出积极向上和对事业孜孜以求的工作热情,这些优良品质就会被教师带进课堂,言传身教,这对人才培养具有非常巨大的作用。所以,广大教师,特别是青年教师,要非常重视科研工作,积极投身于科学研究中去,不断提高自己科学研究的能力和水平,从而提高自己的教学水平[①]。

(三)教学科研应相互补充,共同促进人才培养

高等教育是一项系统的、复杂的教育活动,教学工作和科学研究是高等教育的最基本的教育活动,正确处理好教学与科研之间的关系,对高等学校的人才培养至关重要。在高等教育过程中,教学与科研同等重要,二者相辅相成,缺一不可,必须同样重视,不可厚此薄彼。教学与科研之间的关系应该是以教学带科研,以科研促教学,教学、科研共同发展。教学过程是科学研究的总结,是科研成果的展示,教学工作能够促进科研工作的进一步开展,能够带动科学研究迈向更高、更深的层次,促使其获得更多的研究成果;反过来,科学研究是源泉,是动力,科学研究能够极大地促进教师专业综合素质的提高,促进教师工作能力的提升,极大地激发教师的工作积极性和工作热情,促进教师教学水平和能力的提高,从而促进教学质量的提高。因此,高等学校的教师在自己的教学工作实践中,一定要把自己的教学工作与科研工作有机地结合起来,正确处理好两者之间的关系,使教学带动科研,科研促进教学,相互促进,相得益彰。另外,国家教育主管部门和高等学校职能部门必须制定完善相应的管理政策和人事分配制度,建立健全一系列竞争激励机制,从政策导向和制度管理方面真正能够强化教学工作的中心地位,提高教学工作的劳动报酬,将高等教育中教学工作的中心地位真正落到实处,引导和激励广大教师能够正确处理好教学工作与科研工作之间的关系,教学工作和科

[①] 张宝芹:《高等教育中教学与科研的关系问题探讨》,《兰州交通大学学报》2012年第5期,第122-123页。

研工作两手都要抓,两手都要硬,使教学和科研工作相互促进,共同促进教师教学水平的全面提高。

总之,在高等教育中教学工作处于中心地位,科研工作与教学工作同等重要。两者之间的关系是教学带动科研,科研促进教学,两者的结合共同促进教师教学水平的提高,促进高等教育的快速健康发展。高等学校必须通过政策引导和完善竞争激励机制引导广大教师同样重视教学工作与科研工作,正确处理好教学工作与科研工作之间的相互关系,促进教师教学水平的提高,使高等教育走上良性发展的轨道,为社会培养高素质、强能力的社会需要的合格人才[1]。

---

[1] 张宝芹:《高等教育中教学与科研的关系问题探讨》,《兰州交通大学学报》2012年第5期,第122-123页。

结　语

　　自清末变法以来,传承了数千年的中国传统教育制度被废除,取而代之的是伴随着坚船利炮传入中国的西方近代教育制度。中国逐步开始仿效西方,从办学模式、课程体系、考试制度等方面建立新的教育体制。此外,辛亥革命的爆发也使得中国学人两千年来以忠君为取向的精神根基发生了动摇,进而确立了民主、科学的理念。因此在民国初年(1912—1927),南京临时政府及北京国民政府陆续颁布了一系列法令,先后确立了以"壬子癸丑"学制和"壬戌"学制为代表的中国近代大学制度。到了南京国民政府时期(1927—1949),政府开始加强对高等教育内部的调整和宏观控制,除了强调以"三民主义"思想为一切活动的主旨外,更以不断加强立法的形式来加强对高等教育的管理。总的来看,南京国民政府时期高等教育立法,已经逐渐形成体系,从宪法到各种法律、法规、法令,到高等教育的各项规章制度及地方性教育法规等各个立法层面,都从不同方面、不同角度对高等教育进行了诠释和约束,使我国的高等教育向法制化管理大大迈进了一步。虽然随着新中国的建立,我国的高等教育立法已日趋完善,但是研究民国时期的高等教育立法仍然有助于我们探寻中国高等教育制度产生的根源与演变历程,并且对探寻近代中国高校的"大学精神"有着不可替代的作用。

　　在物质文明和精神文明高速发展的今天,随着大学使命感与责任感的不断增强,围绕当代中国核心价值观构建高等教育法律体系显得尤为重要。因为大学不仅是一种物质的存在,更是一种精神的存在。因此,是否具有独立的"精神",也是大学区别于其他社会组织的重要标志。20世纪初,民国肇造,在这样一个破除旧制、政治涤荡的特殊时期,很多像蔡元培、叶圣陶这样的教育家用毕生精力探索并弘扬了中国近代的"大学精神",培养出了一批杰出的实用人才及学问大家,留下了一笔宝贵的精神财富。可令人担忧的是,随着社会经济、政治、文化的发展,当代大学教育不可避免地出现了一定程度市场化、功利化的趋势,这也导致了当代"大学精神"的日益淡化和削弱。在大学的价值和功能需要重新定位的时候,我们可以追本溯源,在研究近代中国高等教育发展历程的同时,结合当代高等教育发展的实际情况,重新定位大学存在的使命和价值。

发展是大学永恒的主题,要培育大学精神,建立当代中国"大学之道",就应当求真务实,立意高远,在传承与创新的过程中建设富有个性特色的大学文化,促进大学全面、协调、可持续的发展。

总而言之,当我们接纳和引进现代教育制度的同时,应该相应地塑造出这种制度所应当具有的精神,并且经过多年的探寻和摸索,真正探寻到所谓的中国"大学之道",使得当代的教育制度得到深层次的文化指引。因为对一所高校而言,独特的大学精神不仅是其核心竞争力,而且也是其持续发展的动力。通过对近代以来中国高等教育发展的研究,笔者认为,"大学之道"可以包括以下四点:一、必须是良好法治环境下的产物,因此"道"必须包含系统的规范以及良性的引导;二、必须与当代社会的核心价值观相契合,甚至对社会核心价值观有修正及导向的作用;三、必须指明当代大学的使命与责任,对大学存在的必要性及社会价值给出一个完美的诠释;四、必须阐明"教育"这一永恒的历史命题的意义,以及"大学精神"的实质与内涵。基于以上的理解与定位,我们可以把"大学之道"看作:一、大学本身的运作模式以及围绕大学而建立的一整套制度体系;二、大学与社会之间的互动关系;三、"大学精神"的构建。其中,"大学精神"是核心,是"大学之道"的根本所在。

回望过去,重构中国大学精神的实质与内涵,将会是我们一代代人为之努力的方向。在高等教育飞速发展的今天,发展是大学永恒的主题,因此要培育大学精神,建立当代"大学之道",就应当求真务实,立意高远,在传承与创新的过程中建设富有个性特色的大学文化,促进大学全面、协调、可持续的发展。同时也应该注重通才教育、培养学生全面发展,建立知识集权、形成教授治校的管理机制以及以育人为本、兼顾学术科研工作的教学体系。大学精神既是历史的,又是现在的,更是未来的。

附录1
民国时期(1912—1948)高等教育立法年表

1912年	9月	教育部公布《教育宗旨》：注重道德教育，以实利教育、军国民教育辅之，更以美感教育完成其道德。
	9月	教育部公布学校系统，称"壬子学制"。
	9月	教育部公布《教育会规程》。
	10月	教育部公布《大学令》。
1913年	1月	教育部公布《大学规程》《视学规程》。
	2月	教育部公布《高等师范学校规程》。
	8月	教育部颁布《经理欧洲留学生事务暂行规程》。
	9月	教育部公布《经理留美学生暂行办法》。
	12月	教育部公布《留欧官费学生规约》。
1914年	1月	教育部公布《经理留学日本学生事务暂行规程》。
	7月	大总统令修正公布《教育部官制》，教育部直辖于大总统，管理教育、学艺、历象事务。总长随国务总理同进退，下设次长1人，为事务官。
	8月	教育部公布《经理美洲留学生事务暂行规程》。
1915年	1月	大总统下发《教育纲要》交部办理。
	2月	大总统颁定《教育宗旨》：爱国、尚武、法孔孟、重自治、戒贪争、戒躁进。
	10月	教育部颁布《通俗图书馆规程》。

	12月	教育部公布《学务委员会规程》。
1916年	10月	教育部公布《选派留学外国学生规程》。
1917年	6月	教育部公布改订《大学学制办法》,修业年限订为预科2年,本科4年。
	9月	教育部公布《各省教育厅暂行条例》,教育厅直辖于教育部,设厅长1人,由大总统简任,下设3科。
	9月	教育部修正公布《大学令》18条,准大学单设1科者,得称某科大学。
	11月	教育部公布教育厅署组织大纲。
1918年	4月	教育部订定《省视学规程》《县视学规程》。
	6月	全国教育会联合会第4次会议,呈部议案有:推广体育计划、速办全国及各省区运动会等,并呈请国务院及部厉行教育政策。
1919年	3月	教育部公布《女子高等师范学校规程》。
	10月	全国教育会联合会第5次会议,呈请废行《教育宗旨》,宣布《教育本义》,推行国语。推广童子军,改进学校体育,促行义务教育,订定失学人民补习教育办法。
1920年	10月	全国教育会联合会第6次会议,呈请从速恢复地方自治以固教育根本,推广蒙养园,促进男女同学,教育经费独立,定北京音为国音并颁《国音字典》等。
1921年	10月	全国教育会联合会第7次会议,议决学制系统草案咨行各省征求意见。
1922年	10月	全国教育会联合会第8次会议,议决学校系统案,组织课程标准起草委员会,并拟请国会将教育一项加入《宪法》列为专章。
	11月	大总统令公布《学校系统改革案》,即"壬戌学制",又称"新学制",采六三三制,但小学得分初、高2级,前4年为初级,得单设,为义务教育。

1923 年	1 月	教育部咨各省区施行《学校系统改革案》。
	3 月	教育部公布《特别市教育局规程》《县教育局规程》，各县废劝学所，改设教育局。
	10 月	全国教育会联合会第 9 次会议，议决新制中学及师范宜试行道尔顿制，推行教育心理测验等案。
1924 年	1 月	中国国民党第 1 次全国代表大会，发表宣言，有关教育者为：庚子赔款完全划作教育经费，确立男女受教平等，厉行教育普及，全力发展儿童本位教育，整理学制系统，保障教育经费独立。
	2 月	教育部公布《国立大学条例》，废止前《大学令》《大学规程》。
	7 月	教育部公布《管理自费留学生规程》。
	10 月	全国教育会联合会第 10 次会议，呈请严定大学设立标准，催促各省区实施义务教育，议决取缔外人在国内办理教育事业，中小学特重训育，各省区赞助拒毒运动等，另呈请教育部速颁初等教育及中等教育法令。
1925 年	1 月	教育部划定全国教育区域，大学教育分 7 区，高等师范教育分 6 区；小学区每省分 8 或 10 区，每区应设小学 120 所。
	10 月	全国教育会联合会第 11 次会议，议决今后教育宜注意民族主义，请设全国生物调查所，学校应注意军事训练，各教育机关宜重教育统计，促行平民教育等。
1926 年	2 月	国民政府公布《教育行政委员会组织法》。3 月 1 日委员会成立。
	6 月	全国教育会联合会庚款董事会对于全部庚款处理发出第 1 次宣言。
1927 年	6 月	国民党中央政治会议通过蔡元培提案，组织中华民

		国大学院为全国最高学术、教育行政机关。
	6月	教育行政委员会通过《大学规程》。
	6月	教育行政委员会公布《大学教员资格条例》,教员分教授、副教授、讲师、助教4等。
	6月	教育行政委员会公布《中华民国大学院组织法》。
	6月	国民党中央执委会咨国民政府请定大学区制,国民政府教育行政委员会议决先在江、浙两省试办。
	7月	教育行政委员会议决《学校施行党化教育办法》。
	7月	江苏省遵令裁撤教育厅,试办大学区制;随后浙江、北平亦试办大学区制。
	8月	教育行政委员会公布《教育会规程》。
1928年	2月	大学院、财政部呈准会同整顿《教育经费暂行办法》。
	5月	大学院召集第1次全国教育会议,内分三民主义教育、教育行政、教育经费、普通教育、社会教育、体育与军事教育、职业教育、科学教育、艺术教育、出版物及图书馆、改进私立学校等组,通过议案百余件。
	5月	大学院通令专门学校以上一律加授军事教育,中学以下学校一律注重体育。
	5月	国民政府公布《大学区组织条例》。
	5月	国民党中央执委会通过《各级学校党义教师检定委员会组织条例》及《检定各级学校党义教师条例》。
	7月	国民政府公布《高级中学以上学校军事教育方案》。
	8月	国民政府公布《各级学校增加党义课程暂行通则》。
	10月	国民政府令改大学院为教育部,特任蒋梦麟为部长。
	11月	国民政府公布《中央研究院组织法》;研究院直隶国民政府。
	12月	国民政府公布《教育部组织法》。

1929 年	2 月	教育部公布《督学规程》。
	4 月	国民政府公布《国民体育法》。
	4 月	国民政府公布《中华民国教育宗旨及其实施方针》。
	7 月	国民政府公布《大学组织法》《专科学校组织法》。
	7 月	教育部颁布《待遇蒙藏学生章程》。
	8 月	教育部公布《大学规程》。
	8 月	教育部公布《华侨教育设计委员会组织大纲》。
	8 月	教育部公布《专科学校规程》。
	8 月	教育部公布《私立学校规程》。
	9 月	教育部令各省市严厉制止外国人及教会所设学校作宗教宣传。
	12 月	教育部公布《医学教育委员会章程》。
1930 年	2 月	教育部令颁《各省市对于教会学校应行注意要点》。
	4 月	教育部召集第 2 次全国教育会议。
	4 月	国民政府公布《学位授予法》。
1931 年	1 月	国民政府公布《教育会法》。
	3 月	教育部修正公布《专科学校规程》。
	5 月	教育部制定《地方教育经费保障办法》。
	5 月	国民会议通过《教育设施趋向案》《设立国立编译馆案》。
	6 月	国民政府公布《中华民国训政时期约法》,其第 5 章 47 至 58 条为国民教育专章。
	6 月	教育部公布《省市督学规程》。
	8 月	教育部公布《教育部督学规程》。
	9 月	国民党中执会通过三民主义教育实施原则。
	11 月	教育部颁布《学生义勇军训练办法》。
1932 年	3 月	教育部开始编辑《第一次中国教育年鉴》。
	10 月	教育部颁布《国民体育实施方案》。
	12 月	国民政府公布《师范学校法》《职业学校法》。

1933 年	3 月	教育部公布《师范学校规程》《职业学校规程》,并订颁《职业科教师登记训练办法大纲》。
	3 月	教育部公布《民众教育委员会章程》。
	3 月	教育部公布《国外留学规程》。
	10 月	教育部修正公布《私立学校规程》。
1934 年	4 月	《第一次中国教育年鉴》出版。
	5 月	教育部颁发《大学研究院暂行组织规程》,规定凡含3研究所以上者始得称研究院。
	8 月	国民政府修正颁布《高中以上学校军事教育方案》。
	9 月	教育部公布《师范学校课程标准》。
1935 年	4 月	国民政府公布《学位授予法》,7 月 1 日起实施。
	5 月	教育部公布《学位分级细则》。
1937 年	7 月	教育部公布《战区内学校处置办法》。
	8 月	教育部颁发《总动员时期督导教育工作办法纲领》。
1938 年	3 月	行政院核定《教育部训育研究委员会规程》。
	3 月	教育部颁发《中等以上学校导师制纲要》。
	4 月	中国国民党临时全国代表大会通过《战时各级教育实施方案》。
	6 月	教育部公布《限制留学暂行办法》。
	6 月	教育部公布《青年训练大纲》。
	7 月	国民参政会通过《战时各级教育实施方案》。
	7 月	教育部修正公布《图书馆规程》。
	8 月	教育部公布《师范学院规程》,创立师范学院制度。
	9 月	教育部规定全国各级学校共同之国训为:忠孝仁爱信义和平。
1939 年	3 月	召开第 3 次全国教育会议。
	5 月	教育部通令"礼义廉耻"为全国各级学校共同校训。
	9 月	教育部颁发《训育纲要》。
1940 年	3 月	教育部公布《国民教育实施纲领》。

	3月	教育部公布《各级学校体育实施方案》。
	4月	教育部设学术审议委员会,奖励研究和著作发明。
	7月	教育部公布《师范学院辅导中等教育办法》。
	8月	中国国民党七中全会通过《推进侨民教育方案》,为抗战后推动侨教的具体规划。
	10月	教育部公布《大学及独立学院教员资格审查暂行规程》。
	11月	教育部订定《员生膳食费用补助办法》,后由贷金办法而演变成公费制度。
1941年	1月	开始实施《第一次国民教育五年计划》,至民国34年止。
	5月	教育部公布《国立专科以上学校教授休假进修办法》。
	5月	教育部公布《免费公费生条例》,开公费制度之始。
	6月	教育部公布《教育部视导规程》《教育部视导室办事细则》。
	6月	教育部公布《教育部设置部聘教授办法》。
	7月	教育部公布《国立中等以上学校学生贷金暂行规则》。
	8月	教育部颁布《教育部设置师范学院初级部办法》。
	9月	国民政府修正公布《国民体育法》。
	12月	教育部公布《师范学校(科)学生实习办法》。
1942年	3月	教育部颁《教育部训育委员会章程》。
	8月	教育部公布《修正师范学院规程》。
	10月	教育部颁布《各省国民教育辅导研究办法大纲》,并饬成立乡(镇)、县(市)、省师范校区、省(市)等4级国民教育研究会。
1943年	3月	教育部公布《专科以上学校导师制纲要》。
	5月	教育部颁布《师范学校辅导地方教育办法》。

	6月	教育部公布《师范学校及简易师范学校课程标准》。
	10月	教育部颁《自费留学生派遣办法》。
	11月	教育部公布《私立学校规程》《青年节纪念日办法》。
1944年	4月	国民政府修正公布《省政府组织法》,规定省教育厅为省政府组织之一,其厅长为省府委员,由行政院提请国民政府任命。
	6月	国民政府公布《学校教职员抚恤条例》《学校教职员退休条例》。
	6月	教育部公布《边疆学生待遇办法》。
	7月	教育部颁发《学校卫生设施标准》。
	9月	教育部修正公布文、理、法、师范4学院,分院共同必修科目表,正式将三民主义及伦理学列入。
	10月	行政院公布《全国师范学校学生公费待遇实施办法》。
	12月	教育部公布《国外留学办法》。
1945年	4月	国民政府公布《教育部教育研究委员会组织条例》。
	4月	教育部公布《国民学校教师进修大纲》。
	10月	国民政府公布《教育部训育委员会组织条例》。
	11月	教育部公布《国民学校教员检定办法》。
1946年	1月	教育部拟订《第二次国民教育五年计划》,由行政院核准,自本月公布实施。
	12月	教育部修正《大学研究院暂行组织规程》,更名为《大学研究所暂行组织规程》。
1947年	1月	国民政府颁布《中华民国宪法》,于"人民之权利义务"1章列教育条文2条,于"基本国策"1章列有教育文化1节,条文10条。
	4月	教育部公布《国外留学规则》。
	5月	国民政府修正公布《捐资兴学褒奖条例》。
1948年	1月	国民政府公布《大学法》《专科学校法》。

7月　立法院通过《考试法》。

12月　《第二次中国教育年鉴》出版。

12月　教育部修正公布《师范学院规程》。

附录2
民国时期重要高等教育法律、法规、法令

教育部公布教育宗旨令
（中华民国元年九月初二日部令第二号）

兹定教育宗旨，特公布之，此令。

注重道德教育，以实利教育军国民教育辅之，更以美感教育完成其道德。

教育部公布学校系统表令
（中华民国元年九月初三日部令第七号）

兹定学校系统，特公布之，此令。

初等小学校四年毕业，为义务教育，毕业后得入高等小学校，或实业学校；高等小学校三年毕业，毕业后得入中学校，或师范学校，或实业学校；初等小学校及高等小学校，设补习科，为毕业生欲升入他校者补修学科兼为职业上之预备，均二年毕业。

中学校四年毕业，毕业后得入大学，或专门学校，或高等师范

学校。

大学本科三年或四年毕业,预科三年。

师范学校本科四年毕业,预科一年;高等师范学校本科三年毕业,预科一年。

实业学校分甲乙二种,各三年毕业。

专门学校本科三年或四年毕业,预科一年。

前表所注年龄,系略示标准,非限定某年龄入某种学校。各学校修业期限,有随宜增减者,详见各学校令及规程。

教育部公布专门学校令

(中华民国元年十月二十二日部令第十六号)

兹订定专门学校令十二条,特公布之,此令。

第一条 专门学校以教授高等学术,养成专门人才为宗旨。

第二条 专门学校之种类,为法政专门学校,医学专门学校,药学专门学校,农业专门学校,工业专门学校,商业专门学校,美术专门学校,音乐专门学校,商船专门学校,外国语专门学校等。

第三条 国立专门学校,统由教育部管辖。

第四条 各地方于应设学校外,确有余款,依本令之规定,设立专门学校,为公立专门学校。

第五条 凡私人或私法人筹集经费,依本令之规定,设立专门学校,为私立专门学校。

第六条 公立私立专门学校之设立变更废止,均需呈报教育总长得其认可。

第七条 专门学校学生入学之资格,须在中学校毕业,或经试验有同等学力者。

第八条 专门学校得设预科及研究科。

第九条 专门学校之修业年限、学科、科目,别以规程定之。

第十条 公立私立专门学校教员之资格,别以规程定之。

第十一条 凡公立私立学校不合本令所规定者,不得称为专门学校。

第十二条 本令自公布日施行。

教育部公布大学令

(中华民国元年十月二十四日部令第十七号)

兹订定大学令二十二条,特公布之,此令。

第一条 大学以教授高深学术,养成硕学闳才,应国家需要为宗旨。

第二条 大学分为文科、理科、法科、商科、医科、农科、工科。

第三条 大学以文理二科为主,须合于左列各款之一,方得名为大学:

一、文理二科并设者;

二、文科兼法商二科者;

三、理科兼医农工三科或二科一科者。

第四条 大学设预科,其学生入学资格须在中学校毕业,或经试验有同等学力者。

第五条 大学各科学生入学资格,须在预科毕业,或经试验有同等学力者。

第六条 大学为研究学术之蕴奥,设大学院。

第七条 大学院生入院之资格,为各科毕业生,或经试验有同等学力者。

第八条 大学各科之修业年限,三年或四年,预科三年,大学院不设年限。

第九条 大学预科生修业期满,试验及格,授以毕业证书,升入本科。

第十条　大学各科学生修业期满,试验及格,授以毕业证书,得称学士。

第十一条　大学院生在院研究有新发明之学理,或重要之著述,经大学评议会及该生所属某科之教授会认为合格者,得遵照学位令授以学位。

第十二条　大学设校长一人,总辖大学全部事务;各科设学长一人,主持一科事务。

第十三条　大学设教授、助教授。

第十四条　大学遇必要时,得延聘讲师。

第十五条　大学各科设讲座,由教授担任之;教授不足时,得使助教授获讲师担任讲座。

第十六条　大学设评议会,以各科学长及各科教授互选若干人为会员。大学校长可随时召集评议会,自为议长。

第十七条　评议会审议左列诸事项:

一、各学科设置及废止;

二、讲座之种类;

三、大学内部规则;

四、审查大学院生成绩,及请授学位者之合格与否;

五、教育总长及大学校长咨询事件。

凡关于高等教育事项,评议会如有意见,得建议于教育总长。

第十八条　大学各科各设教授会,以教授为会员。学长可随时召集教授会,自为议长。

第十九条　教授会审议左列诸事项:

一、学科课程;

二、学生试验事项;

三、审查大学院生属于该科之成绩;

四、审查提出论文,请授学位者之合格与否;

五、教育总长大学校长咨询事件。

第二十条　大学预科,须附设于大学,不得独立。

第二十一条 私人或私法人亦得设立大学,除本令第六条,第十一条,第十七条第四款,第十九条第三款、第四款外,均适用之。

第二十二条 本令自公布日施行。

教育部公布私立大学规程令

(中华民国二年一月十六日部令第三号)

兹订定私立大学规程令十七条,特公布之,此令。

第一条 私人或私法人设立大学除遵照大学令第三条及第二十一条所规定外,应开具左列事项呈报教育总长认可:

一、目的;二、名称;三、位置;四、学则;五、学生定额;六、地基房舍之所有者及其平面图;七、经费及维持之方法;八、开校年月。在设置医科者并须开具临床实习用病院之平面图,及临床实习用病人之定额解剖用尸体之预定数目。本条第一项第六款,及第二项之平面图,应备载面积地质及附近状况并附饮用水之分析表。本条第一项第一款至第七款及第二项所载事项如有变更时,应呈请教育总长认可。

第二条 私立大学,呈请教育总长认可时,除依前条规定外,并须开具代表人之履历,代表人对于该校应负完全责任。私立大学如系一人设立者,即以设立者为代表人,其他非负完全责任之发起人及赞成人,均不在代表之列。代表人如有变更之时,应详具理由及继任者之履历,呈请教育总长认可。

第三条 私立大学呈请教育总长认可时,其呈请书中未经代表人签名盖印者概不收受。

第四条 私立大学于校地、校舍、校具及其他需要者均需完全设备。

第五条 校地须有宽广之面积,并须于道德及卫生上均无妨害。

第六条 校舍除各种教室及事务室外应备设图书室、实习室、实验室、器械标本室、药品室、制炼室等,以供实地研究。在文科并应设历史博物室、人类模型室、美术室等;在理科并应设附属气象台、植物园、动物园、临海实验所等;在商科并应设商品陈列所、商业实践室等;在医科并应设附属病院;在农科并应设农事实验场演习林家畜病院等在工科并应设各种实习工场。

第七条 校具除教授上必须具备者外并应采集本国天产物自制标本模型器械等。

第八条 凡具有左列各款资格之一者得充私立大学教员。具有左列各款资格之一,且曾充大学教员一年以上者,得充校长:

一、在外国大学毕业者;

二、在国立大学或经教育部认可之私立大学毕业并积有研究者;

三、有精深之著述,经中央学会评定者。

如校长教员一时难得合格者,得延聘相当之人充之,但须呈请教育总长认可。

第九条 私立大学之学则应规定之事项如左:

一、入学资格、修业年限、学科、学科目、学科程度等;

二、学年、学期、修业日等;

三、入学、退学、升级、毕业等;

四、儆戒事项;

五、学费事项。

第十条 私立大学之学科目应遵照大学规程第七条至第十三条所规定。

第十一条 私立大学各科之授业时间及学生应选修之科目由校长订定,呈报教育总长。

第十二条 校长认为教育上有重要关系时,得依学校管理规程第七条施儆戒于学生,或命其退学。

第十三条 私立大学因事废止,须详具理由,并处置学生之法,呈请教育总长认可。

第十四条 本规程自公布日施行。

高等师范学校规程

(中华民国二年二月十四日部令第六号)

第一章 学科

第一条 高等师范学校分预科、本科、研究科。

第二条 本科分国文部、英语部、历史地理部、数学物理部、物理化学部、博物部。

第三条 预科之科目为伦理学、国文、英语、数学、伦理学、图画、乐歌、体操。

第四条 本科各部通习之科目为伦理学、心理学、教育学、英语、体操。

第五条 本科各部分习之科目如左：

国文部国文及国文学、历史、哲学、美学、言语学。

英语部英语及英文学、国文及国文学、历史、哲学、美学、言语学。

历史地理部历史、地理、法制、经济、国文、考古学、人类学。

数学物理部数学、物理学、化学、天文学、气象学、图画、手工。

物理化学部物理学、化学、数学、天文学、气象学、图画、手工。

博物部植物学、动物学、生理及卫生学、矿物及地质学、农学、化学、图画。

各部可加授世界语、德语、乐歌为随意科。文科第二部可授法语。

第六条 预科及本科各科目授业时间，由校长订定，呈报教育总长。

第七条 研究科就本科各部择二三科目研究之。

第八条 高等师范学校得设专修科。

前项专修科于师范学校及中学校某科教员缺乏时设之。

第九条 专修科之科目及授业时间由校长订定，呈请教育总长认可。

第十条　高等师范学校得设选科。

前项选科,为愿充师范学校及中学校教员者设之,其科目得选习本科及专修科中之一科目,或数科目;但伦理及教育学均须兼习。

第二章　学额及修业年限

第十一条　预科本科学生之总额,须在六百人以下,研究科及专修科无定额;预科学生之定额一百五十人;本科每学级之定额,国文部、英语部、历史地理部各三十人;数学物理部、物理化学部、博物部各二十人;研究科与专修科之额数由校长酌定,呈请教育总长认可。

第十二条　高等师范学校之修业年限,预科一年,本科三年,研究科一年或二年,专修科二年或三年,选科二年以上,三年以下。

第十三条　本科第三级学生应令在附属中学校、小学校实地练习;专修科、选科生最后学年亦如是。

第三章　入学、退学及惩戒

十四条　预科及专修科入学资格须身体健全,品行端正,在师范学校、中学校毕业或与有同等学历者,由省行政长官保送,并由妥实之保证人,具保证书,送校长试验收录。

前项保送之人,非由师范学校及中学校毕业者其试验科目之程度,应以师范学校、中学校为标准,并加口答试验。

第十五条　预科每年招生一次,专修科临时招生,其日期及额数,由校长酌定,先期通告。

第十六条　预科均为公费生,但得酌量情形收录自费生。

第十七条　本科由预科毕业生升入。

第十八条　研究科公费生由校长在本科及专修科毕业生中选取之。

在本国或外国专门学校毕业及从事教育有相当之学识经验者,经校长认可得以自费入学。

第十九条　专修科生及选科生之入学规则由校长订定,呈请教育总长认可。

第二十条 学生犯左列各项之一,校长得命其退学:

一、身体羸弱难望成就者。

二、成绩过劣者。

三、性质不良,不宜于教职者。

第二十一条 学生非有不得已事故经校长许可,不得任意退学。

第二十二条 学生违背校规,校长得施以儆戒

第四章 学费

第二十三条 公费生免纳学费,并由本学校给以膳费及杂费。

前项费额,由校长预算,呈请教育总长核定。

自费生之人数及费额由校长酌定,呈请教育总长认可。

第二十四条 专修科生、选科生俱为自费,但专修科生亦得视特别情形,给予公费。

第二十五条 学生因第二十条及第二十一条事故退学或任意告退者,在公费生应令偿还学费及给予各费,在自费生应令偿还学费,但得酌量情形,免其一部或全免之。

前项偿还学费之数,以专门学校学费为标准。

第五章 服务

第二十六条 本科公费生之服务期,自受毕业证书之日起,以六年为限,但经教育总长特别指定职务及服务于边远之地者,得减至四年。

第二十七条 专修科公费生之服务期,自受毕业证书之日起,以四年为限,但经教育总长特别指定职务及服务于边远之地者,得减至三年。

第二十八条 本科专修科之自费生其服务期限均视公费生减半。

第二十九条 本科及专修科毕业生遇有特别情事不能依规定期限服务者,教育总长得酌量展缓或免除之。

第三十条 本科及专修科毕业生在服务期内有左列情事之一,在公费生令偿还学费及给予各费,在自费生应令偿还学费,但得酌量

情形,免其一部或全免之:

一、无正当事由而不尽第二十六、第二十七、第二十八条之义务者;

二、因惩戒免职者;

三、教员许可状被褫夺者;

四、依第二十九条情事免服务者。

第三十一条 在服务期内愿入大学或高等师范学校研究科者,得呈请教育总长认可。

第三十二条 本科毕业生依第二十九条展缓服务期限及第三十一条入大学或研究科之在学时间,均不得算入义务年限。

第六章 附属学校

第三十三条 高等师范学校应设附属中学校及小学校。

第三十四条 附属中学校应遵照中学校施行规则办理,但每学级之学生数须在四十人以下。

附设初等小学校应分设单级编制之学级,二学年以上合编之复式学校及一学年之编制之单式学校,并酌用二部教授法

附属高等小学校,得仅设一学年编制之单式学级。

第七章 附则

第三十五条 本规程自公布日施行。

学校系统改革令

（中华民国十一年十一月一日部令第二十三号）

年龄	初/中/高等教育	学校类型		
25岁	高等教育	大学院		
24岁				
23岁		大学	大学校	
22岁				
21岁				专门学校
20岁				
19岁				
18岁				
17岁	中等教育	师范学校	高级中学校	职业学校
16岁				
15岁				
14岁			初级中学校	
13岁				
12岁				
11岁	初等教育	高级小学校		
10岁				
9岁		初级小学校		
8岁				
7岁				
6岁				
6岁以下		幼稚园		

标　准

（一）适应社会进化之需要；（二）发挥平民教育精神；（三）谋个性之发展；（四）注意国民经济力；（五）注意生活教育；（六）使教育

易于普及；(七)多留各地方伸缩余地。

说　明

一、初等教育

(一)小学校修业年限六年。(附注一：依地方情形得暂展长一年。)

(二)小学校得分初高两级，前四年分为初级，得单设之。

(三)义务教育年限暂以四年为标准，但各地方至适当时期得延长之。义务教育入学年龄，各省区得依地方情形自定之。

(四)小学课程，得于较高年级斟酌地方情形增置职业准备之教育。

(五)初级小学修了后，得予以相当年期之补习教育。

(六)幼稚园收受六岁以下之儿童。

(七)对于年长失学者，宜设补习学校。

二、中等教育

(八)中学校修业年限六年，分为初高两级，初级三年，高级三年。但依设科性质，得定为初级四年，高级二年；或初级二年，高级四年。

(九)初级中学得单设之。

(十)高级中学应与初级中学并设，但有特别情形时，得单设之。

(十一)初级中学施行普通教育，但得视地方需要，兼设各种职业科。

(十二)高级中学分普通、农、工、商、师范、家事等科，但得斟酌地方情形，单设一科或兼设数科。(附注二：依旧制设立之甲种实业学校，均改为职业学校或高级中学农工商科等。)

(十三)中等教育得用选科制。

(十四)各地方得设中等程度之补习学校或补习科，其补习之种类及年限视地方情形定之。

(十五)职业学校之期限及程度得酌量各地方实际需要情形定之。(附注三：依旧制设立乙种实业学校，酌改为职业学校，收受高级小学毕业生,但依地方情形有得收受相当年龄之修了初级小学学生。)

(十六)为推广职业教育计,得于相当学校内,酌设职业教员养成科。

(十七)师范学校修业年限六年。

(十八)师范学校得单改后二年或后三年,收受初级中学毕业生。

(十九)师范学校后三年得酌行分组选修制。

(二十)为补充初级小学教员之不足,得酌设相当年限之师范学校或师范讲习科。

三、高等教育

(二十一)大学设数科或一科均可,其单设一科者,称某科大学校,如医科大学校、法科大学校之类。

(二十二)大学校修业年限四年至六年(各科得按其性质之繁简,于此限度内斟酌定之)。

医科大学校及法科大学校修业年限至少五年;师范大学校修业年限四年。(附注四:依旧制设立之高等师范学校,应于相当时期内提高程度,收受高级中学毕业生,修业年限四年,称为师范大学校。)

(二十三)大学校用选科制。

(二十四)因学科及地方特别情形,得设专门学校;高级中学毕业生入之,修业年限三年以上,年限与大学校同者,待遇亦同。(附注五:依旧制设立之专门学校,应于相当时期内提高程度,收受高级中学毕业生。)

(二十五)大学校及专门学校得附设专修科,修业年限不等(凡志愿修习每种学术或职业而有相当程度者入之)。

(二十六)为补充初级中学教员之不足,得设二年之师范专修科,附设于大学校教育科或师范大学校,亦得设于师范学校或高级中学,收受师范学校及高级中学毕业生。

(二十七)大学院为大学毕业及具有同等程度者研究之所,年限无定。

四、附则

（二十八）注重天才教育，得变通年期及教程，使优异之智能尽量发展。

（二十九）对于精神上或身体上有缺陷者，应施以相当之特种教育。

南京国民政府教育行政委员会公布大学教员资格条例

（中华民国十六年六月十五日颁布）

第一章　名称

第一条　大学教员名称分一、二、三、四四等，一等曰教授，二等曰副教授，三等曰讲师，四等曰助教。

第二条　以上四种名称，惟大学之教员得用之。

第二章　资格

（甲）助教

第三条　国内外大学毕业，得有学士学位，而有相当成绩者。

第四条　于国学上有研究者。

（乙）讲师

第五条　国内外大学毕业，得有硕士学位，而有相当成绩者。

第六条　助教定满一年以上之教务，而有特别成绩者。

第七条　于国学上有贡献者。

（丙）副教授

第八条　外国大学研究院研究若干年，得有博士学位，而有相当成绩者。

第九条　讲师满一年以上之教务，而有特别成绩者。

第十条　于国学上有特殊之贡献者。

(丁)教授

第十一条 副教授完满两年以上之教务,而有特别成绩者。

第三章 审查

第十二条 凡大学教员均须受审查,审查时须呈验:(一)履历;(二)毕业文凭;(三)著作品;(四)服务证书于审查机关。

第十三条 大学之评议会为审查教员资格之机关,审查时由中央教育行政机关派代表一人列席。

第十四条 前项教员资格审查合格后,由中央教育行政机关认可给予证书。

第十五条 凡私立大学审查合格之教员,必须经该大学呈请中央教育行政机关立案,报由认可,给予证书,方为有效。

第四章 附则

第十六条 除国内外国立大学外,其他大学给予之学位,经中央教育行政机关认可方为有效。

第十七条 工程师学位与学士学位或硕士学位相等者,可由大学评议会指定之。

第十八条 国内外大学同等级之学位而取得之程度有差别者,可由大学之评议会特别指定之。

第十九条 凡于学术有特别研究而无学位者,经大学之评议会议决,可充大学助教或讲师。

第二十条 大学教员以专任为原则,如有特别情形不能专任时,其薪俸得以钟点计算。

国民政府颁布大学组织法

(中华民国十八年七月二十六日颁布)

第一条 大学应遵照十八年四月二十六日国民政府公布之中华民国教育宗旨及其实施方针,以研究高深学术,养成专门人才。

第二条　国立大学由教育部审察全国各地情形设立之。

第三条　由省政府设立者,为省立大学;由市政府设立者,为市立大学;由私人或私法人设立者,为私立大学。

前项大学之设立、变更及停办,须经教育部核准。

第四条　大学分文、理、法、农、工、商、医各学院。

第五条　凡具备三学院以上者,始得称为大学。不合上项条件者,为独立学院,得分两科。

第六条　大学各学院或独立学院各科,得分若干学系。

第七条　大学各学院及独立学院得附设专修科。

第八条　大学得设研究院。

第九条　大学设校长一人,综理校务。国立大学校长由国民政府任命之,省立市立大学校长,由省市政府分别呈请国民政府任命之。除国民政府特准外,均不得兼任其他官职。

第十条　独立学院设院长一人,综理院务。

国立者由教育部聘任之,省立、市立者由省政府请教育部聘任之,不得兼职。

第十一条　大学各学院设院长一人,综理院务,由院长聘任之。

独立学院各科各设科主任一人,综理各科教务,由院长聘任之。

第十二条　大学各学系各设主任一人,办理各该系教务,由院长商请校长聘任之。

独立学院各系主任,由院长聘任之。

第十三条　大学各学院教员分教授、副教授、讲师、助教四种,由院长商请校长聘任之。

第十四条　大学得聘兼任教员,但其总数不得超过全体教员三分之一。

第十五条　大学设校务会,以全体教授、副教授所选出之代表若干人,及校长、各学院院长、各学系主任组织之。校长为主席。

前项会议,校长得延聘专家列席,但其人数不得超过全体人数五分之一。

第十六条 校务会议审议左列事项：

一、大学预算；二、大学学院学系之设立及废止；三、大学课程；四、大学内部各种规则；五、关于学生试验事项；六、关于学生训练事项；七、校长交议事项。

第十七条 校务会议得设各种委员会。

第十八条 大学各学院设院务会议，以院长、系主任及事务主任组织之，院长为主席，计划本院学术设备事项，审议本院一切进行事宜。

各学系设系教务会议，以系主任及本系教授、副教授、讲师组织之，系主任为主席，计划本系学术设备事项。

第十九条 大学职员、事务员由校长任用之。

第二十条 大学入学资格，须曾在公立或已立案之私立高级中学或同等学校毕业，经入学试验及格者。

第二十一条 大学修业年限，医学院五年，余均四年。

第二十二条 大学学生修业期满，考核成绩及格，由大学发给毕业证书。

第二十三条 本法第三条第二项及第十三条至第二十二条之规定，独立学院准用之。

第二十四条 私立大学或私立独立学校董事会之组织及职权，由教育部定之。

第二十五条 大学或独立学院之规程，由教育部遵照本法另定之。

第二十六条 本法自公布日施行。

教育部公布大学规程

（中华民国十八年八月十四日）

第一章　总纲

第一条 大学依大学组织法第四条之规定，分文、理、法、教育、农、工、商、医各学院。独立学院依大学组织法第五条第二项之规定，得分两科。

第二条 大学依大学组织法第五条第一项之规定，至少须具备三学院，并遵照中华民国教育宗旨及其实施方针，大学教育注重实用科之原则，必须包含理学院或农、工、商、医各学院之一。

第三条 大学或独立学院入学资格，须曾在公立或已立案之私立高级中学或同等学校毕业，经入学试验及格者。

大学或独立学院得酌收特别生，其具有前项学校毕业资格，于第一年内补受入学试验及格者，得改为正式生。

第四条 大学或独立学院转学资格，须学科程度相同，有原校修业证明书，于学期开始以前经试验及格者。但未立案之私立大学或独立学院学生，不得转学于公立及已立案之私立大学或独立学院。

大学各学院或独立学院各科最后一年级，不得收转学生。

第二章　学系及课程

第五条 大学各学院或独立学院各科，依大学条例第六条之规定，得分若干学系。

第六条 大学文学院或独立学院文科，分中国文学、外国文学、哲学、史学、语言学、社会学、音乐学及其他各学系。

大学理学院或独立学院理科，分数学、物理学、化学、生物学、生理学、心理学、地理学、地质学及其他各学系，并得附设药科。

大学法学院或独立学院法科，分法律、政治、经济三学系，但得专设法律学系。

大学或独立学院之有文学院或文科而不设法学院或法科，及设法学院或法科而专设法律学系者，得设政治、经济二学系于文学院或文科。

大学教育学院或独立学院教育科，分教育原理、教育心理、教育行政、教育方法及其他各学系，大学或独立学院之有文学院或文科而不设教育学院或教育科者，得设教育学系于文学院或文科。

大学农学院或独立学院农科，分农学、林学、兽医、畜牧、蚕桑、园艺及其他各学系。

大学工学院或独立学院工科,分土木工程、机械工程、电热工程、化学工程、造船学、建筑学、采矿、冶金及其他各学系。

大学商学院或独立学院商科,分银行、会计、统计、国际贸易、工商管理、交通管理及其他各学系。

大学医学院或独立学院医科不分系。

各学系遇必要时,得再分组。

第七条 大学各学院或独立学院各科学生(医学院除外),从第二年起,应认定某学系为主系,并选定他学系为辅系。

第八条 大学各学院或独立学院各科,除党义、国文、军事训练及第一、第二外国文为共同必修科目外,须为未分系之一年级生设基本课目。各学校或各科之课目分配及课程标准另定之。

第九条 大学各学院或独立学院各科课程,得采学分制。但学生每年所修学分须有限制,不得提早毕业。

聪颖勤奋之学生,除应修学分外,得于最后一学年选习特种课目,以资深造,试验及格时,由学校给予特种奖励。

第三章 经费及设备

第十条 大学各学院或独立学院各科,开办费及每年经常费之最低限度(开办费包含建筑设备费等),暂定如左表:

院列或科别	开办费	每年经常费
文学院或文科	100 000 元	80 000 元
理学院或理科	200 000 元	150 000 元
法学院或法科	100 000 元	80 000 元
教育学院或教育科	100 000 元	80 000 元
农学院或农科	150 000 元	150 000 元
工学院或工科	300 000 元	200 000 元
商学院或商科	100 000 元	80 000 元
医学院或医科	200 000 元	150 000 元

凡性质相类之学院或科同时并设者，其开办费得酌减之，各学院或各科第一年之经常费，至少需各有额定数目三分之二。

第十一条　大学或独立学院须有相当校地、校舍、运动场、图书馆、实验室、实习室及其图书、仪器、标本、模型等设备。

大学各学院或独立学院各科之设备标准另定之。

第十二条　大学各学院或独立学院每年扩充设备费，至少应占经常费百分之十五。

第四章　试验及成绩

第十三条　大学试验分左列四种：

一、入学试验；二、临时试验；三、学期试验；四、毕业试验。

第十四条　入学试验由校务会议组织招生委员会于每学年开始以前举行之，各大学因事业上之便利，得组织联合招生委员会。

第十五条　临时试验由各系教员随时举行之，每学期内至少须举行一次。临时试验成绩须与听讲笔录、读书札记及练习、实习、实验等成绩，分别合并核计，作为平时成绩。

第十六条　学期试验由院长会同各系主任及教员于每学期之末举行之。学期试验成绩须与平时成绩合并核计，作为学期成绩。

第十七条　毕业试验由教育部派校内教授、副教授及校外专门学者组织委员会举行之，校长为委员长。每种课目之试验，须于可能范围内有一校外委员参与，遇必要时教育部得派员监试。

毕业试验即为最后一学期之学期试验，但试验课目须在四种以上，至少须有两种包含全年之课程。

第十八条　毕业论文须于最后一学年之上学期开始时，由学生就主要课目选定研究题目，受该课教授之指导，自行撰述。在毕业试验期前，提交毕业试验委员会评定。毕业论文得以译书代之。

第十九条　毕业论文或译书认为有疑问时，得举行口试。

毕业论文或译书成绩，须与毕业试验成绩及各学期成绩合并核计，作为毕业成绩。

第二十条　农、工、商各学院学生，自第二学年起须于暑假期内，在校外相当场所实习若干时期,无此项实习证书者,不得毕业。实习程序由各该学院自定,但须呈经教育部核准。

第二十一条　本章各条之规定,独立学院准用之。

第五章　专修科

第二十二条　大学各学院或独立学院各科,得分别附设师范、体育、市政、美术、新闻学、图书馆学、医学、药学及公共卫生等专修科。

第二十三条　各专修科以党义、军事训练、国文、外国文为共同必修课目。各专修科之课目分配及课程标准另定之。

第二十四条　专修科入学资格,须在高级中学或同等学校毕业,经入学试验及格者。

第二十五条　专修科之修业年限为二年或三年,但医学专修科于三年课目修毕后,需再实习一年。

第二十六条　专修科学生修业期满,考核成绩及格,由大学或学院给予毕业证书。

第二十七条　专修科得适用第十三条至第十七条之规定。

第六章　附则

第二十八条　私立大学或私立独立学院,除适用本规程外,并须遵照私立学校规程办理。

第二十九条　本规程由教育部根据大学组织法第二十五条之规定公布之。

第三十条　本规程自公布日施行。

南京国民政府公布修正大学区组织条例

（中华民国十七年一月二十七日颁布）

一、全国依各地之教育经济及交通状况,定为若干大学区,以所辖区域之名名之。每大学区设大学一所,除在广州者永远定名为中山大学以纪念总理外,均以所在地之名名之。大学设校长一人,总理大学区内一切学术与教育行政事项。

二、大学区设评议会为本区立法机关。

三、大学区设秘书处,辅助校长办理本区行政上一切事务。

四、大学区设研究院,为本大学研究专门学术之最高机关;院内设设计部,凡区内关于一切建设问题,随时可以提交研究。

五、大学区设高等教育部,部内设部长一人,管理本区各学院及留学事项,并监督区内私立大学及专门学校。

六、大学区设普通教育部,部内设部长一人,管理区内公立中小学校及监督私立中小学教育事业。

七、大学区设扩充教育部,部内设部长一人,管理区内劳农学院、劳工学院,及关于社会教育之一切事项。

八、大学区评议会、秘书处、研究院、高等教育部、普通教育部、扩充教育部之组织与职权另定之。

九、大学区内特殊情形,得于区内设分区委员会,分理各地学术与教育行政事项,其组织与职权另定之。

十、本条例经国民政府核准后,暂在浙江、江苏省试行之。

学校系统原则、系统表及说明

(中华民国十七年五月颁布)

一、中华民国学校系统原则

(一)根据本国实情;(二)适应民主需要;(三)增高教育效率;(四)谋个性之发展;(五)使教育易于普及;(六)留地方伸缩可能。

二、学校系统表

上表入学年龄系平均标准,实施时以智力、学力或其他关系得伸缩之。

三、学校系统表说明

（一）初等教育

1. 小学分初高两级，前四年为初小，得单设之。

2. 小学校课程于较高年级，斟酌地方情形，增设职业准备学科。

3. 初级小学修业后，得施行相当年期之补习教育。

（二）中学教育

4. 中学校修业年限六年，分为初、高两级，初级三年，高级三年。但依科性质，得定为初级四年，高级二年。

5. 初级中学得单设之。

6. 高级中学应于初级中学并设，但有特别情形时，得单设之。高级中学以集中设立为原则。

7. 初级中学施行普通教育，但得视地方需要，兼没各种职业科。

8. 农、工、商、师范等科，得单独设立为高级职业中学校，修业年限，以三年为原则。

9. 中学校，初级三年以上得酌行选科制。

10. 各地方应设中等程度之补习学校（或称民众学校），其补习之种类及年限，视地方情形酌定之。

11. 为推广职业教育计划，得于相当学校内附设职业师资科。

12. 为补充乡村小学教员之不足，得酌设乡村师范学校，以受初级中学毕业生或相当程度学校肄业生之有教学经验，且对于乡村教育具改革之志愿者，修业年限一年以上。

（三）高等教育

13. 大学校修业年限四年至七年，医科及法科修业年限至少五年。

14. 为补充初级中学教员之不足，得设二年之师范专修科，附设于大学教育学院，收受高级中学及师范学校毕业生。

15. 研究院为大学毕业生而设，年限不定。

南京国民政府公布大学院大学委员会组织条例
（中华民国十七年五月三日颁布）

第一条 大学院大学委员会依本条例决议全国教育及学术上重要事项。

第二条 大学委员会委员分左列二种：

（甲）当然委员：一、大学院院长；二、大学院副院长；三、国立各大学校长及副校长。

（乙）聘任委员：四、曾任大学院院长、副院长及曾任国立大学校长、副校长者；五、具有特殊之教育学识或于全国教育有特殊之研究或贡献者；六、国内专门学者。

聘任委员之人数为五人至九人，由大学院院长取得当然委员多数之同意，以大学院之名义聘任之，其任期三年。

第三条 大学委员会应决议之事项如左：

一、大学院组织法之修正事项；二、教育制度及教育行政制度之更变事项；三、教育方针之制定事项；四、大学院长及各国立大学校长之人选事项；五、大学院及直属各机关预算决算事项；六、专门委员会之设立事项；七、其他由大学院院长交议之事项。

第四条 大学委员会以大学院院长为委员长。

第五条 大学委员会每年于八月间开大会一次，每月开常会一次，均由委员长召集之，遇必要时，得由委员会召集临时会。

第六条 大学委员会大会，须有全体委员三分之二出席，常会、临时会均须有全体委员二分之一以上出席，方得开议。

第七条 大学委员会开会时由委员长主席，委员长因故缺席时，得由委员会于到会委员中公推一人为临时主席。

第八条 大学委员会设秘书一人，由大学院秘书长兼任之。

第九条 大学委员会遇有必要时，得召集各省区最高教育行政长或其他代表列席会议。

第十条 大学委员会当然委员中国立各大学校长因事不能出席时,得派遣代表与会。

第十一条 大学委员会因区域及时期之关系,遇必要时得设大学委员会分会,其条例另定之。

第十二条 大学委员会议事细则,由委员会自定之。

第十三条 大学委员会议决事项,由大学院执行之。

第十四条 本条例自公布日施行。

南京国民政府公布修正中华民国大学院组织法

(中华民国十七年六月十三日颁布)

第一条 中华民国大学院为全国最高学术教育机关,直隶于国民政府,依法令管理全国学术及教育行政事宜。

第二条 大学院对于各省及各地方最高级行政长官之执行本院主管事务,有指挥监督之责。

第三条 大学院主管事务对于各省各地方最高行政长官之命令或处分,认为违背法令或逾越权限者,得呈请国民政府变更或撤销之。

第四条 大学院设左列各处:

一、秘书处;二、总务处;三、高等教育处;四、普通教育处;五、社会教育处;六、文化事业处。

第五条 秘书处办理院长委办事务。

第六条 总务处之职掌如左:

一、关于撰拟收发保存文件事项;二、关于本院会计事项;三、关于本院庶务事项;四、关于记录职员之进退事项;五、关于典守印信事项;六、关于其他不属于各处之事项。

第七条 高等教育处之职掌如左:

一、关于大学校事项；二、关于专门学校事项；三、关于国外留学事项；四、关于学位考试事项；五、关于各种学术机关事项；六、关于其他高等教育事项。

第八条 普通教育处之职掌如左：

一、关于师范学校事项；二、关于职业学校事项；三、关于初高等两级中学校事项；四、关于小学校事项；五、关于与上列各校相类之各种学校事项；六、关于幼稚园事项；七、关于取缔及改良私塾事项；八、关于检定教员事项；九、关于调查学龄儿童就学事项；十、关于地方学务机关之设立及变更事项；十一、关于教育会议事项；十二、关于其他普通教育事项。

第九条 社会教育处之职掌如左：

一、关于公民教育事项；二、关于平民教育事项；三、关于低能及残废者之教育事项；四、关于公共体育事项；五、关于民众剧院及其他美化教育事项；六、关于博物馆及其他教育博览会事项；七、关于共他社会教育事项。

第十条 文化事业处之职掌如左：

一、关于全国出版物之征集保存及奖进事项；二、关于图书馆及保存文献事项；三、关于国际出版品交换事项；四、关于编制统计报告及公报事项；五、关于教科图书之审查事项；六、关于教科书及其他教育上必要图书之编纂事项；七、关于其他不属于各处之文化事业事项。

第十一条 大学院置院长一人，承国民政府之命，总理本院事务，并监督所属职员及所辖学术教育机关。

第十二条 大学院置副院长一人，辅助院长掌理院务。

第十三条 大学院置参事二人至四人，承长官之命，掌理拟订关于本院主管之法律命令事项。

第十四条 大学院置秘书长一人，承长官之命，掌理秘书处一切事务，置秘书四人至六人，佐理处务。

第十五条 大学院置处长五人，承长官之命，分掌第四条第二款至第六款各处事务。

第十六条　大学院除秘书处外,各处分科办事,各科置科长一人,科员若干人,承长官之命,办理各科事务,科长科员额数以院令定之。

第十七条　大学院设大学委员会,依大学委员会组织条例,审议全国学术上、教育上一切重要事项。大学院委员组织条例另定之。

第十八条　大学院设中央研究院为全国最高之学术研究机关。中央研究院组织条例另定之。

第十九条　大学院为实行所定计划,得设学校及其他教育学术机关。

第二十条　大学院因事务上之必要得设专门委员会。

第二十一条　大学院因缮写文件及其他事务,得酌用雇员。

第二十二条　大学院办事细则以院令定之。

第二十三条　本组织法自公布日施行。

国民政府颁布专科学校组织法

（中华民国十八年七月二十六日颁布）

第一条　专科学校应遵照民国十八年四月二十六日国民政府公布之中华民国教育宗旨及其实施方针,以教授应用科学养成技术人才。

第二条　国立专科学校由教育部审察全国各地情形设立之。

第三条　专科学校由省政府或市政府设立者,为省立或市立专科学校,由私人或私法人设立者,为私立专科学校。

前项专科学校之设立、变更及停办,须经教育部核准。

第四条　专科学校设校长一人,综理校务。

国立专科学校校长由教育部聘任之;省立或市立专科学校校长,由省市政府请教育部聘任之。

第五条 专科学校设校务会议,其规则由学校自定,呈请教育部核准。

第六条 专科学校教员,分专任兼任两种,由校长聘任之,但兼任教员总数不得超过全体教员三分之一。

第七条 专科学校职员及事务员,由校长任用之。

第八条 专科学校入学资格,须曾在公立或已立案之私立中学毕业或具有同等学力,经入学试验及格者。

第九条 专科学校修业年限为二年或三年。

第十条 专科学校学生修业期满、考试及格,由学校给予毕业证书。

第十一条 私立专科学校校董会之组织及职权,由教育部定之。

第十二条 专科学校之规程由教育部遵照本法另定之。

第十三条 本法自公布日施行。

教育部订定私立大学、专科学校奖励与取缔办法
（中华民国十九年八月二十三日）

一、奖励办法

（一）凡已经立案之私立大学、学院及专科学校成绩优考〔良〕者,得由中央或省市政府酌量拨款补助,或由教育部转商各庚款教育基金委员会拨款补助。

（二）某学院或某科系在教育学术上有特殊贡献者,得由教育部或省市教育行政机关褒奖或给补助费。

（三）有实验性质而实验成绩优良者,得由教育部褒奖或给补助费。

二、取缔办法

（一）凡未立案之私立大学、学院及专科学校,应分别限期遵令呈请立案,不遵令如期呈请立案,勒令停办;遵令呈请立案者,经视察

后分别准予立案或准予试办,或勒令停办或限期结束,或立予封闭。

(二)已立案之私立大学、学院及专科学校,应由教育部随时派员视察,如内容不合规定标准或亏空过巨时,教育部应酌量情形限期改善或筹备,违者予以警告或封闭;凡经教育部指导后不加改善者予以警告,情形重大或受警告后经过若干时期仍未改善者,封闭。

(三)新创办之私立大学、学院及专科学校,应依照大学及专科学校法规办理,并按照私立学校规程,先行呈请设立之,违者立予封闭。

修正专科学校规程

(中华民国二十年八月二十六日颁布)

第一章

第一条 专科学校之设立,应依照专科学校组织法第一条之规定,以教授应用科学,养成技术人才。

第二条 专科学校修业年限为二年或三年,得由学校各依某种类分别自定之,但须呈经教育部核准。医学专科学校修业年限,于三年课目修毕后,须再实习一年。

第三条 专科学校入学资格,须曾在公立或已立案之私立高级中学毕业,同等学力经入学试验及格者。各校取录同等学力之学生,最多不得超过取录总额五分之一。

第四条 专科学校转学资格,须与学校性质相同,学科程度相等,有原校修业证明书,于学年或学期开始以前经试验及格者。但未立案之私立专门或专科学校学生,不得转学于公立及已立案之私立专科学校。专科学校最后一年级不得收转学生。

第二章 种类及课程

第五条 专科学校之种类如左:

甲类(设下列两种专科以上者得称工业专科学校):

一、矿冶专科学校；二、机械工程专科学校；三、电机工程专科学校；四、化学工程专科学校；五、土木工程专科学校；六、河海工程专科学校；七、建筑专科学校；八、测量专科学校；九、纺织专科学校；十、染色专科学校；十一、造纸专科学校；十二、制革专科学校；十三、陶业专科学校；十四、造船专科学校；十五、飞机制造专科学校；十六、其他关于工业之专科学校。

乙类（设下列两种专科以上者，得称农业专科学校）：

一、农艺专科学校；二、森林专科学校；三、兽医专科学校；四、园艺专科学校；五、蚕桑专科学校；六、畜牧专科学校；七、水产专科学校；八、其他关于农业之专科学校。

丙类（设下列两种专科以上者，得称商业专科学校）：

一、银行专科学校；二、保险专科学校；三、会计专科学校；四、统计专科学校；五、交通管理专科学校；六、国际贸易专科学校；七、税务专科学校；八、盐务专科学校；九、其他关于商业之专科学校。

丁类：

一、医学专科学校；二、药学专科学校；三、艺术专科学校；四、音乐专科学校；五、体育专科学校；六、图书馆专科学校；七、市政专科学校；八、商船专科学校；九、其他不属于甲乙丙三类之专科学校。

第六条 专科学校得依其种类，分别附设职业性质之高级中学。

第七条 专科学校课程遇必要时得分若干组。

第八条 各种专科学校以党义、军事训练、国文、外国文为共同必修课目。

各种专科学校之科目分配，及课程标准另定之。

第九条 专科学校课程采学分制，但学生每学期所修学分，须有限制，不得提早毕业。

第三章 经费及设备

第十条 各种专科学校开办费及每年经常费之最低限度（开办费包含建筑费设备费等），暂定如左表：

类别	开办费	每年经常费
甲类之一、二、三、四等项专科学校	二十万元	十万元
甲类之五、六、七、九、十一、十五、十六等项专科学校	十五万元	八万元
甲类之八、十、十二、十三、十四等项专科学校	十万元	八万元
乙类之一、二、六、七、八等项专科学校	十万元	八万元
乙类之三、四、五等项专科学校	六万元	五万元
丙类之各项专科学校	六万元	五万元
丁类之医学专科学校	十五万元	十万元
丁类之药学专科学校	十万元	八万元
丁类之商船专科学校	十万元	六万元
丁类之三、四、五、六、七、九等项专科学校	六万元	五万元

各专门学校第一年之经常费，至少须各有本表额定类目三分之二。至设立两科以上之工业、农业、商业各专科学校，其开办费及每年经常费之数目，应视其所设各科之数目及种类而定，如所设各科系性质相同者，得照本表额定标准酌量减少。

第十一条 专科学校每年扩充设备费，至少应占经常费百分之十五。

第十二条 专科学校设备标准另定之。

第四章　试验及成绩

第十三条 专科学校试验分左列四种：

一、入学试验；二、临时试验；三、学期试验；四、毕业试验。

第十四条 入学试验由校务会议组织招生委员会，于每学年开始以前举行之。

第十五条 临时试验由各科教员随时举行之，每学期内至少须举行一次。临时试验成绩须与听讲笔录、读书札记及实习实验等成绩分别合并核计，作为平时成绩。

第十六条 学期试验由校长会同各教员于学期终举行之。学期试验成绩须与平时成绩合并核计，作为学期成绩。

第十七条 毕业试验即最后一学期之学期试验，但试验课目须在五种以上,至少须有三种包含全学期之课程。毕业试验由教育部派校内校员及校长专门学者组织委员会举行之,校长为委员长,每种科目之试验须于可能范围内有一校外委员参与,遇必要时教育部得派员监视。

第十八条 甲乙丙三种专科学校之学生,须于每年暑假或寒假期内在相当场所实习若干星期,无此项之实习证明书者,不得毕业。实习程序由各校自定,但须经教育部核准。

第十九条 私立专科学校除适用本规程,并须遵照私立学校规程办理。

第二十条 本规程由教育部根据专科学校组织法第十二条之规定制定公布之。

第二十一条 本规程自公布之日施行。

教育部颁发《施行学分制划一办法》

(中华民国二十一年一月三十日颁布)

查大学规程规定学分制与学年制同时并用,各大学施行学分制办法多有不同,兹为划一起见,特规定办法如下:

一、凡采取"绩点"或其他名称者,应一律改称学分。

二、凡需课外自习之课目,以每周上课一小时满一学期者为一学分;实习及无需课外自习之课目,以二小时为一学分。

三、大学修业年限概为四年,在四年修业期间须习满一百三十二学分。

四、大学各院系学生,前两年以至多修四十学分,至少修三十六学分为限,后两年以至多修三十六学分,至少修三十学分为限。

五、上列各条所称学分,系指一般科学而言,党义、军事训练及体育均不在其内。医学院修业年限不同,其学分俟另行规定后再行公布。

右列各点,定于二十一年度开始实行。

教育部颁发专科以上学校组织职业介绍机关办法
（中华民国二十三年十月二十四日颁布）

本部与全国经济委员会为使全国学术人才供需方面得有适当联络起见，合组全国学术工作咨询处，业于十月一日成立，制定学术人才，暂以国内外专科以上学校毕业生为限，该处所管事务，在与各校有密切关系，应即由各该校成立职业介绍机关以谋通力合作。兹规定方法如次：

一、凡公私立专科以上学校均应组织职业介绍机关。

二、各校应将职业介绍机关简章、成立日期及委员名单呈部备案，并函知全国学术工作咨询处。

三、各校职业介绍机关，得商请全国学术工作咨询处协助办理调查登记介绍等事宜。

四、各校职业介绍机关应将会议录及工作状况等件随时径送全国学术工作咨询处，并将每届毕业生名册，签注有无职业，函送该处。

五、各校职业介绍机关遇有全国学术工作咨询处委托事件，应负责办理。

以上各种要项，除另令全国学术工作咨询处外，所有公私立专科以上各校，均应切实照办。再查公私立各大学及独立学院，兹经通令酌设毕业生职业介绍机关，应即并入本案办理。

教育部关于专科学生或专科毕业生升学办法的训令
（中华民国二十四年四月三十日颁布教育部训令第五四二〇号）

查公立或已立案之私立专科学校及大学各学院或独立学院各科

附设专科毕业生升学,尚无任何规定,各大学或独立学院招收是项学生,办法亦不一致,亟应规定上项毕业生升学办法如后:

一、修业二年期满之专科学校或专科毕业生,得投考大学或独立学院第二年级第一学期。

二、修业三年期满之专科学校或专科毕业生,得投考大学或独立学院第三年级第一学期。

三、投考大学各学院系、独立学院各科,均以与其原学科性质相同者为限。

四、此项大学考试得酌量加考大学或独立学院第一年级所授科目。除分令外,合即令仰该校院遵照。此令。

参考文献

一、档案文献与资料汇编

1. 《蔡元培全集》第 8 卷,浙江教育出版社 1997 年版。

2. 蔡元培研究会:《蔡元培全集》第五卷,浙江教育出版社 1997 年版。

3. 陈谷嘉、邓洪波:《中国书院史资料(下册)》,浙江教育出版社 1998 年版。

4. 陈学恂主编:《中国近代教育史教学参考资料(中册)》,人民教育出版社 1987 年版。

5. 《筹办夷务始末(咸丰朝)》,中华书局 1979 年版。

6. 《第二次中国教育年鉴》,商务印书馆 1948 年版。

7. 《第一次中国教育年鉴(甲编)》,开明书局 1934 年版。

8. 高叔平编:《蔡元培全集(第三卷)》,中华书局 1984 年版。

9. 《革命文献》第 54 辑,台北"中央"文物供应社 1971 年版。

10. 耿云志、欧阳哲生编:《胡适书信集(上)》,北京大学出版社 1996 年版。

11. 耿云志主编:《胡适遗稿及秘藏书信》(第五册),黄山书社 1994 年影印版。

12. 郭齐家主编:《中华人民共和国教育法全书》,北京广播学院出版社 1995 年版。

13. 国民政府教育部参事室编:《教育法规》,润华印书馆1946年版。

14. 国务院法制办公室编:《中华人民共和国教育法典(注释法典18)》,中国法制出版社2012年版。

15. 何东昌:《中华人民共和国重要教育文献(1949—1975)》,海南出版社1998年版。

16. 《胡适日记全编(第6册)》,安徽教育出版社2001年版。

17. 《胡适文存》,黄山书社1996年版。

18. 《教育法令选》,上海商务印书馆1925年版。

19. 《历届教育会议议决案汇编》,教育编译馆1935年版。

20. (清)王懋竑:《朱熹年谱》,中华书局1998年版。

21. 璩鑫圭、唐良炎:《中国近代教育史资料汇编·学制演变》,上海教育出版社1991年版。

22. 宋恩荣、章咸:《中华民国教育法规选编(1912—1949)》,江苏教育出版社1990年版。

22. 吴惠龄主编:《北京高等教育史料》,北京师范学院出版社1992年版。

23. 中国第二历史档案馆编:《中华民国史档案资料汇编》第五辑第一编,教育,江苏古籍出版社1994年版。

24. 《中华民国教育新法令》,商务印书馆1912年版。

25. 竺可桢:《竺可桢文集》,科学出版社1979年版。

26. 《最近三十五年之中国教育》,商务印书馆编1931年版。

二、著作

1. 陈宝泉:《中国近代学制变迁史》,北京文化学社1927年版。

2. 陈平原著:《民国时期的大学:大学之大的典范》,北京大学出版社2006年版。

3. 方增泉:《近代中国大学(1898—1937)与社会现代化》,北京师范大学出版社2006年版。

4. 高平叔编:《蔡元培政治论著》,河北人民出版社1985年版。

5. 胡建华:《现代中国大学制度的原点——50年代初期的大学改革》,南京师范大学出版社2001年版。

6. 黄源盛著:《法律继受与近代中国法》,智胜文化有限公司2007年版。

7. 霍益萍著:《近代中国的高等教育》,华东师范大学出版社1999年版。

8. 李露:《中国近代教育立法研究》,广西师范大学出版社2001年版。

9. [美]伯顿·克拉克主编,王承绪等译:《高等教育新论——多学科的研究》,浙江教育出版社1998年版。

10. 米俊魁:《大学章程价值研究》,中国海洋大学出版社2006年版。

11. 《人权论集》,新月书店1930年版。

12. 谭双泉:《教会大学在近现代中国》,湖南教育出版社1995年版。

13. 王炳照、阎国华:《中国教育思想通史(第六卷)》,湖南教育出版社1994年版

14. 谢振民著:《中华民国立法史》,中国政法大学出版社1999年版。

15. 杨东平:《通才教育论》,辽宁教育出版社1989年版。

16. 叶澜著:《教育概论》,人民教育出版社1991年版。

17. 张学仁、陈宁生:《二十世纪之中国宪政》,武汉大学出版社2002年版。

18. 郑登云编著:《中国高等教育史(上)》,华东师范大学出版社1994年版。

19. 周川、黄旭:《百年之功》,福建教育出版社1994年版。

20. 周南照等:《教师教育改革与教师专业发展》,华东师范大学出版社2007年版。

21. 周予同:《中国现代教育史》,良友图书印刷公司1934年版。

22. 朱汉国、杨群：《中华民国史》（第五册），四川人民出版社 2006 年版。

三、期刊

1. 安东强：《国民政府教育委员会与北伐政局初探》，《中山大学学报（社会科学版）》2007 年第 2 期。

2. 陈东升、李璐璐：《通才、专才教育的论争与发展趋向》，《教育研究与实验》1996 年第 1 期。

3. 陈康：《民国时期高等教育的本土化表现及主要动因探析》，《河南师范大学学报（哲学社会科学版）》，2011 年第 6 期。

4. 陈新立：《民国初期私立高等教育发展探析》，《学习月刊》2012 年第 1 期。

5. 陈旭、刘志杰：《通才教育与专才教育关系辨析》，《内蒙古师范大学学报（教育科学版）》2010 年第 5 期。

6. 陈元：《近百年来关于民国时期大学研究院所研究述评》，《河北师范大学学报（教育科学版）》2013 年第 1 期。

7. 陈元：《民国时期我国大学研究院所创设的动因述论》，《高教探索》2012 年第 4 期。

8. 《第一次全国教育会议报告》，《大学院公报》，1928 年第 7 期。

9. 《二十七年度国立各院校统一招生办法大纲》，《教育通讯》1938 年第 1 卷第 15 期。

10. 冯友兰：《怎样办现在中国的大学》，《现代评论》，1925 年。

11. 高天明：《近代我国大学精神透视》，《中国地质大学学报（社会科学版）》2008 年第 3 期。

12. 高天明：《学术自由与近代中国大学精神》，《中国地质大学学报（社会科学版）》2007 年第 1 期。

13. 谷贤林：《百年回眸：外来影响与中国高等教育发展》，《北京科技大学学报（社会科学版）》，2001 年第 1 期。

14. 胡适：《书院制史略》（1923 年 12 月 10 日），《北京大学日刊》

1923 年第 12 期。

15. 胡万庆、林美群:《浅析晚清洋务学堂》,《宜宾学院学报》2005 年第 2 期。

16. 黄和平:《从民国教育法规看民国的大学自治》,《大学教育科学》2006 年第 2 期。

17. 黄馨馨、罗克文:《民国时期教会大学的发展研究》,《中国电力教育》2010 年第 16 期。

18.《教育部公立各院校统一招生委员会章程》,《教育通讯》第 3 卷第 21 期。

19. 李罡:《略论南京国民政府初期的高等教育立法》,《清华大学教育研究》1997 年第 2 期。

20. 梁尔铭:《全国教育会联合会与壬戌学制》,《河北师范大学学报(教育科学版)》2010 年第 9 期。

21. 刘兵:《从科学主义到人文主义》,《史学月刊》2007 年第 9 期。

22. 刘超:《中国大学的去向——基于民国大学史的观察》,《开放时代》2009 年第 1 期。

23. 刘华:《试论中国高等教育近代化初期的基本特征——以京师同文馆为例》,《南京师大学报(社会科学版)》,2002 年 11 月第 6 期。

24. 刘敬坤、徐宏:《中国近代高等教育发展历程回顾(上)》,《东南大学学报(哲学社会科学版)》2004 年第 6 卷第 1 期。

25. 刘淑华:《试论我国高等教育立法的完善》,《教育与职业》2010 年第 9 期。

26. 刘涛:《论大学精神失落的理论根源》,《湖北社会科学》2009 年第 1 期。

27. 刘孝勇:《浅论欧洲中世纪大学的起源》,《佳木斯教育学院学报》2009 年第 3 期。

28. 马娟、周川:《中国近代高等教育由仿日转向仿美的原因探析》,《煤炭高等教育》2008年第1期。

29. 马廷奇:《大学管理的科层化及其实践困境》,《清华大学教育研究》2006年第1期。

30. 毛亚庆:《我国高等教育制度创新乏力分析》,《北京师范大学学报(社会科学版)》1998年第4期,总第148期。

31. 米红、李小娃:《曲折中前进:民国初年高等教育的发展及其特点》,《煤炭高等教育》2009年第二期。

32. 庞慧、罗继荣:《民国时期大学章程的特点分析》,《赣南师范学院学报》2010年第2期。

33. 彭江、刘仲全:《中国高等教育近代化中的科学与人文之争——基于文化心态与斗争轨迹的分析》,《黑龙江高教研究》2009年第3期。

34. 彭阳红:《"教授治校"与"教授治学"之辨——论中国大学内部治理结构变革的路径选择》,《清华大学教育研究》2012年第6期。

35. 齐志凯:《大学精神的培养和现实意义》,《前沿》2010年第12期。

36. 沈骊天:《中国古代教育制度的历史反思》,《南京大学学报(哲学·人文·社会科学)》1996年第1期。

37. 史万兵:《我国高校法人地位及其内部治理结构研究》,《国家教育行政学院学报》2011年第8期。

38. 宋文生:《浅谈大学精神的演变与重构》,《改革与开放》2011年12期。

39. 苏刚、张青:《试论民国时期教育立法的特色及其当代启示》,《现代教育科学》2009年第1期。

40. 汤雯:《解读大学精神——组织文化的视角》,《改革与开放》2009年第10期。

41. 田正平、张建中:《国民政府时期大学委员会考述》,《华东师范大学学报(教育科学版)》2005年第4期。

42. 涂怀京、陈冬:《民国元年教育立法探微》,《阿坝师范高等专科学校学报》2006年3月第23卷第1期。

43. 王宝玺:《改革开放三十年高等教育制度变迁分析》,《黑龙江高教研究》2008年第12期,总第176期。

44. 王冀生:《文化个性与争创一流》,《西安交通大学学报(社会科学版)》,2005年第4期。

45. 王建华:《中国高等教育理念近代化初探》,《青岛化工学院学报》2001年第1期。

46. 王昆:《高等教育立法与高等教育改革》,《辽宁高等教育研究》1994年第4期。

47. 王运来:《试谈我国高教史研究的现状和走势》,《高教研究与探索(哲社版)》,1994年第4期。

48. 吴锦旗:《民国时期大学中教授治校的制度化分析——从北京大学到清华大学的历史考察》,《山西师大学报(社会科学版)》2011年第1期。

49. 吴有训:《学术独立与留学考试》,《独立评论》1935年第5期。

50. 熊贤君:《民国时期解决教育经费问题的对策》,《教育评论》1995年第2期。

51. 徐洁:《民国时期(1927—1949)中国大学课程整理过程及发展特点》,《江苏高教》2007年第2期。

52. 徐亭:《西方现代大学坚守的基本准则》,《福建论坛·人文社会科学版》2010年专刊。

53. 杨绍军:《西南联大与当代中国高等教育》,《学术探索》2000年第6期。

54. 杨卫明、黄仁贤:《中国教育管理体制改革的非凡尝试——民国时期的"大学院"与"大学区"制》,《国家教育行政学院学报》2006年第10期。

55. 余凯:《大众高等教育时代大学的理想》,《高等教育研究》2002年第3期。

56. 张君辉:《论教授委员会制度的本质——"教授治学"》,《东北师大学报(哲学社会科学版)》2006 年第 5 期。

57. 张晓唯:《民国时期的"教育独立"思潮评析》,《高等教育研究》2001 年第 5 期。

58. 张元隆:《民国教育经费制度述论》,《安徽史学》1996 年第 4 期。

59. 赵晓明:《洪堡"大学理念"对我国高等教育的启示》,《无锡职业技术学院学报》2009 年第 4 期。

60. 郑璐:《建国初期高校院系调整的评价与反思》,《教育评论》2011 年第 6 期。

61. 中华民国大学院编:《大学院公报》,1928 年第 1 期。

62. 周菲:《论中国古代教育思维方式》,《社会科学辑刊》1993 年第 5 期,总第 88 期。

63. 周谷平、章亮:《蔡元培和民初学制改革——纪念蔡元培诞辰 130 周年》,《杭州大学学报》1998 年第 4 期。

64. 周婕:《试论欧洲中世纪大学的特征与历史地位》,《哈尔滨学院学报》2005 年第 11 期。

65. 周文佳:《民国初年"壬子癸丑学制"述评》,《河北师范大学学报(教育科学版)》2011 年第 11 期。

66. 朱国仁:《西方大学职能观演变之历史考察》,《国外社会科学》1995 年第 3 期。

四、学位论文

1. 崔恒秀:《民国教育部与大学关系之研究》,博士学位论文,苏州大学,2008 年。

2. 方文晖:《我国大学章程制定路径研究》,博士学位论文,南京大学,2011 年。

3. 高志刚:《民国前期教育立法研究》,硕士学位论文,东北师范大学,2007 年。

4. 胡仁智:《南京国民政府前期教育立法的历史考察》,硕士学位论文,西南政法大学,2002年。

5. 任艳红:《民国高等教育立法与现代大学制度的形成》,硕士学位论文,陕西师范大学,2006年。

6. 王言法:《近代中国高等教育与社会的嬗变》,博士学位论文,山东大学,2011年。

7. 荀渊:《中国高等教育从传统向现代的转型——对1901—1936年间中国高等教育变革的考察》,博士学位论文,华东师范大学,2002年。

索 引

B

北京大学　15,43,44,62,89,90,101,
　　110,118,140,144－146,156,
　　163,164,176,182

C

蔡元培　4,12,29,31,36,47,58,61,
　　62,68,70,84,85,88－90,100,
　　107,109,119,120,143,156,159,
　　161,163－166,174,181,182,
　　188,192

D

大学教员　69,71,87,124,128,129,
　　131,143,164,193,204,212,213
大学精神　3,4,8,11－13,17,49,58,
　　92,100,159,163,166,187－189
大学院　33,47,56,69－73,83－85,
　　95,103－107,110－112,119,
　　120,156,161,162,174,193,201,
　　202,211,222－225
大学章程　14,87－92,98,99,101
大学之道　1－3,5,8,9,12,13,17,
　　19,21,188,189
大学自治　50,53,89,95,116,119,
　　153,155－158,162,163,165
大学组织法　73,77,85,97,110,112,
　　116－119,124,132,141,145,
　　148,174,175,180,194,213,215,
　　216,219
东南大学　24,40,43,51,62,89－92,
　　94,95,98－101,144,145
杜威　40,67,103,166

F

法政专门学校规程　30,37
冯友兰　143

G

《高等教育法》　7－11,179
高等师范学校　30,32,33,35,37,38,

40,43,47,62,93,94,190,191,
200,205,206,208,211

工业专门学校规程 30,37

国立大学 19,43,44,80,85,88,89,
94 - 96,105,110,112,117,124,
141,144 - 148,155,159,192,
204,213,214,222

国立中央大学 91,92,96,98 - 100,
134,141

H

洪堡 57 - 60,177,181

J

蒋梦麟 66,72,89,97,118,193

教会大学 15,19,49,149 - 153

教授会 90,91,95,96,98,99,101,
109,110,154,157,166,174 -
176,202

教授治校 12,19,42,48,89,90,92,
95,100,101,110,116,118,119,
156 - 158,166,167,173 - 177,
179,180,189

教育部 3,5,10,29,31,32,35 - 37,
46 - 48,50,68 - 70,72 - 75,77,
84 - 88,90,91,94,97,100,104,
106 - 117,120,124 - 142,144 -
146,148,149,151,154,155,159,
160,162,168 - 170,180 - 182,
190 - 201,203,204,214,215,
218 - 220,225 - 227,230,231

《教育部组织法》 72,73,77,84,193

教育经费 48,51,71,72,74,79 - 81,
83,119 - 124,144,145,149,163 -
165,191 - 194

教育行政委员会 68 - 70,83,95,
103,104,106,128,192,193,212

教育宗旨 21,29,31,32,40,41,67,
80,102 - 104,162,172,180,181,
190,191,194,199,200,213,216,
225

教职人员 54,124

京师同文馆 22 - 26,88

军国民教育 32,66,102,190,199

L

两江师范学堂 91 - 93

罗家伦 100,169

M

梅贻琦 12,101,119,165,167,176

N

南京大学 2,12,26,71,91 - 99,101

南京高等师范学校 43,91 - 94,98

P

平民教育 41,42,66,67,103,166,
192,209,224

Q

清华大学 13,15,16,67,76,119,

134,140,145,146,165,170,
175-177,179,182

R

壬戌学制 38-42,46,145,191

壬寅癸卯学制 40

壬子癸丑学制 29,30,32-38,40-
42,44,46,160

S

三江师范学堂 88,91-93,98,99

三民主义 18,76-78,81,103,104,
138,139,154,156,167,170,187,
193,194,197

三三制 12,39,191

书院 21,61-65,88,91,92

私立大学 19,30,43-45,49,85,
88-91,110,117,119,127,141,
146-151,156,168,182,203,
204,213-216,219,220,226,227

《私立学校规程》 73-75,97,148,
194,195,197

孙科 80,120,164

T

通才教育 5,12,19,42,100,168-
173,189

W

五权宪法 78

X

新文化运动 38,42,66,162,163

学术自由 42,48,50,53,58-61,89,
116,156-159,164-167

学位授予法 73,77,86,141,161,
182,194,195

《学校系统改革案》 39,103,137,
191,192

Y

研究生教育 112,140

Z

张君劢 78

《中央研究院组织法》 84,193

《专科学校组织法》 73,77,85,97,
113,116,145,194

专门学校 3,30,32,33,35-37,40,
44-47,51,89,93,95,104,119,
148,193,199-201,206,207,
211,220,224,229

后　记

　　《南京国民政府时期的高等教育立法》是教育部人文社会科学研究基地重大研究项目"国家建构与大学治理——民国时期的大学与国家关系研究"的成果,项目主持人是朱庆葆教授。

　　本书是在作者的博士毕业论文《南京国民政府时期高等教育立法研究》的基础上修改完成。由于女儿诞生于论文写作的攻坚阶段,再加上当时工作繁忙,其间所承受的压力不言而喻。在拙作终将顺利出版之际,谨此向所有帮助、关心过我的师长、亲友们致以最衷心的感谢!

　　衷心感谢我的导师张仁善教授和师母许秀媛老师。无论在论文的开题、搜集资料以及最终定稿,每个阶段自始至终都倾注着先生的心血。先生以严谨的治学之道、宽广仁厚的胸怀,为我树立了一生学习的典范。他的教诲与鞭策将继续激励我在治学的道路上不断进取,开拓创新。

　　衷心感谢《大学与现代中国》系列丛书的主编朱庆葆教授。教授在中国近现代史、高等教育研究、当代台湾研究等领域成果斐然、享誉盛名。本书以法律与史学相结合的研究视角,能够得到教授的青睐与指导,实属甚幸。

　　衷心感谢南京大学出版社官欣欣老师对本书认真细致的修改与校对工作。

　　衷心感谢长期以来默默支持和关心我的亲人。感谢我的父亲骆智辉先生、母亲王咏梅女士,没有你们从小对我辛勤的养育和严格教导,也不会有我今天在学业上的一点成果;感谢我的岳父杨秀平先生和岳母吴银珠女士,你们不辞辛劳,牺牲了自己安度晚年的闲暇时光帮我照顾孩子,使我能够有充分的时间进行写作;感谢我的妻子杨靓女士,在我因科研与工作原因一时无法尽到家庭责任的时候,不仅没有任何抱怨,而是对我的写作提供了大量帮助,使我能够及时搜集资料、理清思路,在三年之内完成论文并顺利拿到博士学位。另外特别感谢我的外公王知十先生,您自抗战以来浴血奋战的光荣经历和在学术与文学方面的深厚造诣,都是我一生学习的楷模与典范。

还有很多帮助和关心过我的师长和亲友,在此无法一一列举,谨以此书向你们致以最崇高的敬意!

最后感谢我的女儿鲜鲜。虽然你的出现客观上推迟了我论文完成的时间,但在写作过程中我品尝的所有苦涩与艰辛,都在你天真无邪的笑容里融化和消散……